UTB 3573

Eine Arbeitsgemeinschaft der Verlage

Böhlau Verlag · Wien · Köln · Weimar
Verlag Barbara Budrich · Opladen · Farmington Hills
facultas.wuv · Wien
Wilhelm Fink · München
A. Francke Verlag · Tübingen und Basel
Haupt Verlag · Bern · Stuttgart · Wien
Julius Klinkhardt Verlagsbuchhandlung · Bad Heilbrunn
Mohr Siebeck · Tübingen
Nomos Verlagsgesellschaft · Baden-Baden
Orell Füssli Verlag · Zürich
Ernst Reinhardt Verlag · München · Basel
Ferdinand Schöningh · Paderborn · München · Wien · Zürich
Eugen Ulmer Verlag · Stuttgart
UVK Verlagsgesellschaft · Konstanz, mit UVK/Lucius · München
Vandenhoeck & Ruprecht · Göttingen · Oakville
vdf Hochschulverlag AG an der ETH Zürich

Markus Pohlmann, Hristina Markova

Soziologie der Organisation

Eine Einführung

UVK Verlagsgesellschaft mbH · Konstanz
mit UVK/Lucius · München

Bibliografische Information der Deutschen Nationalbibliothek
Die Deutsche Nationalbibliothek verzeichnet diese Publikation in der Deutschen
Nationalbibliografie; detaillierte bibliografische Daten sind im Internet über
http://dnb.d-nb.de abrufbar.

ISBN 978-3-8252-3573-4

© UVK Verlagsgesellschaft mbH, Konstanz und München 2011

Satz und Layout: Claudia Wild, Konstanz
Einbandgestaltung: Atelier Reichert, Stuttgart
Einbandmotiv: © Friedberg – Fotolia.com
Druck und Bindung: fgb · freiburger graphische betriebe, Freiburg

UVK Verlagsgesellschaft mbH
Schützenstr. 24 · 78462 Konstanz
Tel. 07531-9053-0 · Fax 07531-9053-98
www.uvk.de

Inhaltsverzeichnis

Tabellenverzeichnis

Vorwort

Universitäten sind Organisationen, die, wie andere auch, eine Tendenz zur Vereinnahmung haben. Was ihnen an formaler Betriebsförmigkeit fehlt, machen sie gerne durch Betriebsamkeit wett. Dennoch eröffnen sie ihrem wissenschaftlichen Personal immer wieder die Möglichkeit, einen Moment inne zu halten und ihre Gedanken in einem Buch zu versammeln. Dafür sind wir dankbar. Die Universität Heidelberg hat dieses Buch durch die Gewährung eines Forschungssemesters unterstützt und dadurch seinen Abschluss möglich gemacht. Wir sind aber nicht nur der Universität, sondern insbesondere auch dem Max-Weber-Institut für Soziologie zu Dank verpflichtet. Ohne die Heidelberger Soziologie mit ihrer sehr lebendigen Weber-Tradition wäre dieses Buch ein anderes geworden.

Dass es uns überhaupt möglich war, dieses Lehrbuch zu schreiben, verdanken wir auch der tatkräftigen Unterstützung zahlreicher Kolleginnen und Kollegen. Allen voran möchten wir Gert Schmidt für seine hilfreichen Anregungen danken, die uns in der Konzeption des Lehrbuches weitergebracht haben. Philipp Hessinger hat uns mit wichtigen Kommentaren und Hinweisen unterstützt und uns ermutigt, unsere Linie beizubehalten. Kathia Serrano-Velarde, Ulrich Bachmann und Mateusz Stachura konnten uns mit gezielten Kommentaren und Kritik hinsichtlich der von uns ausgewählten Theorieansätze, ihrer Darstellung und Interpretation ebenfalls sehr helfen. Das wissenschaftliche Team im Bereich der Organisationssoziologie in Heidelberg, allen voran Julian Klinkhammer, Volker Helbig, Stefan Bär, Rafael Bauschke, Sonja Gwinner und Thorsten Zillmann, haben das Buch mit Rat und Tat sowie mit sehr viel Engagement vorangebracht. Dasselbe gilt auch für unser Sekretariat, insbesondere Frau Chaluppa und Frau Ponier, die uns vor allem bei der formalen Aufbereitung des Buches zur Seite standen. Den Studierenden Kristina Bitsch, Viviane Bressem, Mareike Daiber, Franziska Gässler, Mathias Köhler, Stefanie Krieg, Christian Menn und Michael Trampota, welche die Vorfassungen der einzelnen Kapitel gelesen haben, sind wir ebenfalls sehr zu Dank verpflichtet. Dem Verlag und seinen Lektorinnen Frau Artz und Frau Rothländer sind wir vor allem für die Geduld und das Verständnis dankbar, die sie im Rahmen des Entstehungsprozesses aufgebracht haben. Wir hoffen, dass unser Buch das Engagement von allen Beteiligten rechtfertigen und vielen Leserinnen und Lesern die Tür zu einer so verstandenen Soziologie der Organisation öffnen möge.

1 Einleitung – Eine Einladung zum organisationssoziologischen Denken

In diesem Kapitel erfahren Sie
➢ warum wir uns mit Organisationen beschäftigen,
➢ welches die Ziele des Buches sind,
➢ wie wir vorgehen, um diese Ziele zu erreichen.

Es kann viele Gründe geben, sich mit Organisationen zu beschäftigen. Für die Soziologie ist vor allem die Tatsache interessant, dass Organisationen zu einem erheblichen Maße unser Leben und unseren Alltag bestimmen. Nicht nur, weil sie unseren Lebenslauf prägen, sondern auch, weil moderne Gesellschaften sie als ein wichtiges Instrument nutzen, um ihre Probleme zu lösen.

Wir erfahren Organisationen zum einen als schicksalshafte Macht, wenn über unsere Leistung oder Karriere entschieden und bestimmt wird, ob es in unserem Lebenslauf bergauf oder bergab geht. Zum anderen signalisieren die Personalabteilungen, dass wir für diesen Lauf des Lebens selbst verantwortlich und also gehalten sind, unser Leben selbst in die Hand zu nehmen. Sie legen uns, wenn die Leistung stimmt, Karrieren unabhängig von sozialer Herkunft, Geschlecht, Alter oder Ethnie nahe. Die Träume von Glück, Reichtum und Macht werden in modernen Gesellschaften nach Maßgabe der Organisationen geträumt, die den Zugang dazu eröffnen. Allerdings können sie diese Zugänge auch verschließen. Denn Organisationen sind insofern exklusiv, als sie selbst entscheiden, wer Mitglied wird und wer nicht. Dadurch geben sie in modernen Gesellschaften den Takt für den Lebenslauf jedes Einzelnen vor: Wann man zu jung ist, wann zu alt, welchen Einstieg man hätte wählen und wann man hätte aussteigen sollen. Da Organisationen Karrieren ermöglichen und außerhalb von Organisationen kaum mehr Karrieren stattfinden, sind sie die Taktgeber gesellschaftlicher »Normalbiografien« sowie der (positiven und negativen) Diskriminierung dessen, was davon abweicht. Ohne den Selektionsmodus der Organisation kämen keine Karrieren mehr zustande, schreibt Luhmann (2000 : 101 f.). Auch dann, wenn man nicht die Karriereleiter hinauf möchte oder ganz andere Wege sucht, wird man in der Fremdzurechnung anderer – der Eltern, der Schulfreunde, der Vereinskollegen oder Facebook-Freunde – oft dem Karrieretakt der Organisation ausgesetzt. Er orientiert berufliche Erfolgs- und Misserfolgszuschreibungen. Er sagt uns, welche Züge bereits abgefahren oder welche Chancen nicht genutzt worden sind. Jede Abweichung von ihm erhöht die Begründungslasten für den eigenen Weg. Denn ob wir dies wollen oder nicht: Organisationen sorgen in modernen Gesellschaften für unsere gesellschaftliche Positionierung, indem sie zu einem erheblichen Maße die gesellschaftliche Rang- und Statusordnung orientieren.

Zugleich sind sie für moderne Gesellschaften zum Erreichen kollektiver Ziele nahezu unersetzbar und eine ihrer bedeutendsten Kulturtechniken geworden. Wann immer moderne Gesellschaften Probleme bewältigen, Problemlösungen auf Dauer stellen oder Ziele erreichen wollen, kommen Organisationen ins Spiel. Sie sorgen für die kollektive oder korporative Entscheidungs- und Handlungsfähigkeit. Genau in diesem Sinne lässt sich die Organisation als eine gesellschaftliche Institution verstehen: Sie formuliert ein Rationalitätsversprechen instrumenteller Art und erfährt in diesem gesellschaftliche Anerkennung. Selbst wenn es darum geht, die Verbreitung oder Einhaltung bestimmter Werte, Normen oder Moralstandards zu verfolgen, bilden sich in aller Regel Organisationen aus, deren Aufgabe es ist, dies zu bewerkstelligen. Sehr oft also, wenn kollektive Handlungsfähigkeit sichergestellt, wenn etwas kollektiv erreicht oder entschieden werden soll, bedienen sich moderne Gesellschaften der Organisationsform.

Natürlich gibt es noch eine Vielzahl anderer sozialer Gebilde, wie etwa Familien, Gruppen, Netzwerke, soziale Bewegungen, welche dauerhaft eine Rolle spielen. Aber überall dort, wo es um den Leistungsbezug der Teilsysteme[1] oder um die Wirkmächtigkeit der institutionellen Ordnungen verschiedener Wertsphären, wie z. B. der Wissenschaft, der Politik, der Kunst, der Wirtschaft oder der Religion geht, haben sich Organisationen ausgebreitet. Sie spezialisieren sich auf die institutionellen Logiken der Teilsysteme oder Wertsphären und wählen diese als »Lebensmittelpunkt« (vgl. dazu Schimank 2002). Das bedeutet nicht, dass sie nicht auch andere Logiken zu bedienen haben, also als Universität auch wirtschaften, Politik machen, auf Ästhetik achten oder Rechtsnormen befolgen müssen. Aber dennoch wäre ihr Charakter und ihre Legitimation als Universität gefährdet, wenn etwas anderes als wissenschaftliche Erkenntnisproduktion und -vermittlung im Mittelpunkt stünde: Ein Professor, der Doktorarbeiten meistbietend vergibt oder sich am Verkauf von Doktortiteln beteiligt, der für Scheine Geld verlangt oder in der Prüfung anstelle eines Arguments 50 Euro akzeptiert, wirtschaftet zwar, bewegt sich damit aber außerhalb der normativen Zwecksetzungen einer Universität. Ein solches Handeln würde und wird skandalisiert und macht auf die Legitimitäts- und Legalitätsgrenzen des Wirtschaftens der Organisation »Universität« aufmerksam. Diese dominante Sinnspezialisierung der Organisation ist ein Grund, warum sich die gesellschaftliche Leistungserbringung in den Teilbereichen, wie z. B. der Wissenschaft, an sie knüpfen kann.[2]

Es ist diese Schicksalshaftigkeit der Organisation für das Personal und für die Institutionenordnungen moderner Gesellschaften, gepaart mit einer Faszination dafür,

---

1   Mit dem Begriff der »Wertsphäre« beziehen wir uns auf das Wertsphärenmodell von Max Weber, der die Ausdifferenzierung der Wertsphären Politik, Wirtschaft, Religion, Kunst, Wissenschaft, Erotik und Recht konstatiert (Weber 1904/1988:536-573). Mit »Teilsystem« führen wir die systemtheoretische Perspektive ein (siehe Luhmann 1997; 2002).

2   Siehe hierzu auch den Sammelband von Tacke (2001) sowie die Beiträge von Drepper (2003), Kneer (2001) und Lieckweg (2001).

wie weit es moderne Gesellschaften mit dieser Kulturtechnik gebracht haben, die uns zu einer eingehenden Beschäftigung mit Organisationen inspiriert hat. Ähnlich wie bei Max Weber, einem der Begründer der modernen Organisationssoziologie, ist unsere Faszination für deren instrumentelle Funktionsweise zugleich mit der Sorge verbunden, wie viel an wertbezogener (materialer) Unvernunft mit dieser Rationalisierung durch formale Organisation einhergeht. Wir übernehmen von ihm daher die Perspektive, Organisation in einem größeren Zusammenhang mit der Entwicklung (bei Weber: »Rationalisierung«) moderner Gesellschaften zu sehen und diese Entwicklung nicht als etwas zu fassen, das weitgehend außerhalb der Organisation stattfindet. Die nachstehende Infobox zu Max Weber soll diese für das Buch wichtige Perspektive verdeutlichen helfen.

Infobox 1.1: Max Weber und die Gefährten

Kommission für Sozial- und Wirtschaftsgeschichte der Bayerischen Akademie der Wissenschaften, Max Weber-Gesamtausgabe, München.

Als Max Weber mit seinen Gefährten 1904 zur Weltausstellung nach St. Louis fuhr und dabei auch durch Chicago kam, stach ihm einmal mehr die rationelle Betriebsform des Kapitalismus in der neuen Welt ins Auge. In den Schlachthöfen Chicagos wurde das Fließband erfunden, lange bevor es mit Henry Ford Einzug in die Automobilindustrie hielt. Der Überlieferung Marianne Webers zufolge war Weber von dem rationellen Verarbeitungsprozess beeindruckt. Wie das getötete Rind an eisernen Klammern unaufhaltsam an immer neuen Arbeitern vorbeiwanderte, welche in ihrem Arbeitstempo an den Rhythmus des Fließbands, an den Rhythmus der Maschine gebunden waren, bewegte ihn. Aber auch in Chicago zeigte sich für ihn am Beispiel der Kostenkalkulation eines Transportunternehmens von jährlich 400 Toten und Verletzten, wie schnell sich die formale Vernunft der Kostenrechnung gegen die auf Lebenserhaltung zielenden Werthorizonte des Wirtschaftens selbst richten kann.

»Ueberall fällt die gewaltige Intensität der Arbeit auf: Am meisten in den Stock yards mit ihrem ›Ozean von Blut‹, wo täglich mehrere tausend Rinder und Schweine geschlachtet werden. Von dem Moment an, wo das Rind ahnungslos den Schlachtraum betritt, vom Hammer getroffen zusammenstürzt, dann alsbald von einer eisernen Klammer gepackt, in die Höhe gerissen wird und seine Wanderung antritt, geht es unaufhaltsam weiter, an immer neuen Arbeitern vorüber, die es ausweiden, abziehen usw., immer aber, im Tempo der Arbeit, an die Maschine gebunden sind, die es an ihnen vorbeizieht. Man sieht ganz unglaubliche Arbeitsleistungen in dieser Atmosphäre von Qualm, Kot, Blut und Fellen, in der ich mit einem boy, der mich gegen 1/2 Dollar führte, herumbalanzierte, um nicht im Dreck zu ersaufen – und wo man das Schwein von der Kofe bis zur Wurst und Konservenbüchse verfolgt. Stundenweit haben die Leute vielfach, wenn um 5 Uhr die Arbeit aus ist, nach Hause zu fahren, – die Tram-Gesellschaft ist bankerott, seit Jahren – wie üblich – verwaltet sie ein ›Receiver‹, der kein Interesse an der Abkürzung der Liquidation hat und daher keine neuen Wagen anschafft – die alten versagen alle Augenblick. Jährlich gegen 400 Leute werden tot oder zu Krüppeln gefahren, ersteres kostet laut Gesetz die Gesellschaft 5000 Dollar (an die Witwe oder Erben), letzteres 10000 Dollar (an die Verletzten solange sie nicht bestimmte Vorsichtsmaßregeln trifft). Sie hat nun kalkuliert, daß sie die 400 Entschädigungen weniger kosten, als die verlangten Vorsichtsmaßregeln und bringt diese nicht an. (…) Es war den Gefährten so, als würden sie erst hier aus träumerischem Halbschlaf wachgerüttelt: ›Sieh, so ist die moderne Wirklichkeit.‹«

Im Hintergrund einer für Weber durchdringenden Rationalisierung der Welt steht für ihn nicht nur die kapitalistische Maschinerie, sondern auch die alle Lebenssphären durchdringende »Apparatur« der Bürokratie, welche eine bestimmte Form zweckrationaler Organisation als universelles Mittel der formalen Vernunft verbreitet. Sie ist für ihn nicht nur eigentümlichster Ausdruck des Prozesses der okzidentalen Rationalisierung, sondern vor diesem Hintergrund auch die Herrschaftsapparatur, derer sich der individuell Handelnde zugleich bedient und zu erwehren hat: »Und so fürchterlich der Gedanke erscheint, daß die Welt etwa einmal von nichts als Professoren voll wäre – man müßte ja in die Wüste entlaufen, wenn derartiges einträte – noch fürchterlicher ist der Gedanke, daß die Welt mit nichts als jenen Rädchen, also mit lauter Menschen angefüllt wäre, die an einem kleinen Pöstchen kleben und nach einem größeren streben. (…) Es fragt sich, was wir dieser Maschinerie entgegenzusetzen haben, um einen Rest des Menschentums frei zu halten von dieser Parzellierung der Seele, von dieser Alleinherrschaft bürokratischer Lebensideale …« (Weber 1926/84:421).

Für Weber war klar: Rationale Organisation ist mehr als ein instrumenteller Entscheidungszusammenhang zur Verfolgung beliebiger Zwecke. Gerade weil sie dies ist, wird sie damit zu einer kulturbedeutsamen Rationalisierungsform moderner Gesellschaften, welche die kollektiven Lebensschicksale ebenso prägt wie deren Wert- und Sinnhorizonte. Auf die Wahrnehmung, dass Organisationen kulturbedeutsame Techniken und institutionelle Formen moderner Gesellschaften sind, kommt es uns an. Jede Organisationssoziologie muss darauf in der einen oder anderen theoretischen Form Bezug nehmen.

Organisationen sind für uns Teil der Gesellschaft. Sie geben dieser eine bestimmte Form und konkretisieren sie (siehe dazu Kap. 3). Daher lässt sich Gesellschaft für die Organisationssoziologie nicht auf eine wie immer geartete »Umwelt« der Organisation reduzieren. Organisationen erscheinen vielmehr als typische Formen der Gesellschaft, die sich durch ihre Art der Sinngebung von anderen gesellschaftlichen Formen wie Gruppen, Netzwerken oder Märkten unterscheiden lassen (siehe dazu Kap. 2). Diese Auffassung markiert den Ausgangspunkt des vorliegenden Buches.

Es möchte auf dieser Basis an eine soziologische Beschäftigung mit dem Phänomen »Organisation« heranführen und zum organisationssoziologischen Denken einladen. Es ist daher in Aufbereitung und Form kein klassisches Einführungsbuch und kann ein solches auch nicht ersetzen. Sein Ziel ist es nicht, alle zentralen organisationssoziologischen Ansätze oder Debatten umfassend darzustellen. Dazu gibt es bereits hinreichend Einführungsliteratur (u. a. Tacke 2001; Preisendörfer 2008; Bonazzi 2008; Abraham/ Büschges 2009; Müller-Jentsch 2003). Vielmehr möchten die Autoren zentrale Begriffe und Perspektiven organisationssoziologischen Denkens vorstellen, um den Blick für die soziologische Perspektive zu schärfen, so dass diese von betriebswirtschaftlichen, psychologischen oder pädagogischen Herangehensweisen hinreichend unterscheidbar wird. Zugleich ist die vorliegende Einladung zum organisationssoziologischen Denken ein Versuch, das Denken über Organisationen von einem alltagstheoretischen Zugang zu lösen und darzulegen, welche anderen oder zusätzlichen Einsichten eine soziologisch präzisierte Herangehensweise bringt. Dasselbe gilt für den sehr eingängigen, in der Praxis der Organisationen und bei ihren Experten gepflegten Diskurs, der uns unter der Hand schnell zu (vermeintlich kundigen) Gestaltern, Beratern oder Praxeologen der Organisation werden lässt. Wir wollen mit diesem Buch hinter die Selbstbeschreibungen der Praxis zurückgehen und diese selbst zum Gegenstand unserer Reflexionen werden lassen. Die von uns gewählten Beispiele dienen dazu, den gesellschaftlichen Horizont der angesprochenen Praxis des Organisierens sichtbar werden zu lassen; sie eröffnen uns einen Zugang zu den Mythen und Fiktionen der Praxis, deren Analyse eine soziologische Aufklärung erst möglich macht. Wir sind dabei notwendigerweise sehr selektiv in unserem Zugang, haben aber unsere Themen so ausgewählt, dass sie jeweils zentral für die Reflexionen der Organisationssoziologie sind. Wir wollen erreichen, dass Studierende und Praktiker[3] eine Art »Grammatik« organisationssoziologischen Denkens zur Verfügung haben, mit der sie beginnen können, selbst organisationssoziologisch zu denken und zu arbeiten. Dies wird bisweilen bei unseren Lesern ein Umdenken erforderlich machen. Und genau darauf zielt unser Buch: Dieses Umdenken zu ermöglichen und Brücken zu bauen, um sich in dem fremden Terrain der Organisationssoziologie zurechtzufinden.

Der Argumentationspfad des Buches ist – gemessen an der Vielfalt der Organisationssoziologie – sehr schmal angelegt und im Wesentlichen auf drei Theorieansätze beschränkt: die Theorie rationaler Wahl, die neue Institutionentheorie und die Systemtheorie. Wir haben gerade diese Ansätze ausgewählt, weil sie für grundlegende Perspektiven einer Soziologie der Organisation stehen, an denen niemand, der sich ernsthaft mit dem Fach beschäftigt, vorbeikommt.

1.1   Die Vorgehensweise

Um klar zu machen, worüber in diesem Buch gesprochen wird, beschäftigen wir uns zunächst mit dem soziologischen Verständnis von Organisation (Kap. 2). Dieses wird am Beispiel der Mafia erläutert und im Vergleich mit anderen sozialen Gebilden wie Gruppen, totalen Institutionen, sozialen Netzwerken und Märkten vertieft. Wenn man weiß, was unter Organisation sozialwissenschaftlich verstanden wird, versteht man auch, woher ihre Schlagkraft, aber auch ihr Unvermögen in bestimmten Kontexten rührt. Natürlich wird dieses Verständnis durch die verschiedenen Denk- und Theoriemodelle der Organisationssoziologie moderiert, die oft eng mit den »großen« soziologischen Theorien verbunden sind, weil eine Gesellschafts- ohne eine Organisationsanalyse (und umgekehrt) mittlerweile nicht mehr vorstellbar ist. Wir wählen für unsere Beschäftigung mit Organisationen drei zentrale Denktraditionen aus, ohne damit zu beanspruchen, die vielfältige Landschaft der Organisationstheorien abzubilden oder auch nur alle wichtigen Ansätze damit abzuhandeln. Dafür gibt es andere Bücher (siehe z. B. Kieser 2006; Walter-Busch 1996; Ortmann/Sydow/Türk 2000). Vielmehr haben wir zwei Ansätze ausgesucht, die in ihren Grundannahmen diametral entgegengesetzte Positionen vertreten: die Rational-Choice-Theorie und die Systemtheorie. Hinzu tritt ein dritter Ansatz, der mit seiner moderierenden Position zwischen den genannten liegt und beansprucht, die gesellschaftliche Seite der Organisationstheorie wieder stärker zu betonen: der neue Institutionalismus.[4] Unser Ziel ist

---

3   Bei der Wahl der männlichen Form ist zugleich auch immer die weibliche Darstellungsform gemeint.
4   Vom neuen Institutionalismus der Organisationssoziologie zu unterscheiden sind sowohl die allgemeine soziologische Institutionentheorie, die in verschiedenen Ansätzen ausformuliert wurde (siehe dazu u. a. Schluchter 1996, 2006; Stachura u. a. 2009), als auch der neue ökonomische Institutionalismus (siehe z. B. North 1990, Williamson 1990.).

jedoch nicht, diese Ansätze vollständig abzubilden oder die wissenschaftliche Kritik, die sie erfahren haben, zu diskutieren. Vielmehr sollen sie uns in diesem Kapitel und in den folgenden helfen, einen Zugang zu relevanten organisationssoziologischen Themen zu eröffnen. Mit diesen drei Ansätzen ist ein Feld der organisationssoziologischen Theorien abgesteckt, das nicht nur helfen soll, einige grundlegende Herangehensweisen der Organisationssoziologie zu verstehen, sondern auch einen Sortiermechanismus bietet, mit dem sich die Vielfalt der anderen Ansätze und Perspektiven einfacher ordnen und bewältigen lässt (Kap. 3).

Dass in einer Organisation Menschen zusammenarbeiten und sie als eine ihrer Kooperationsformen verstanden werden kann, vermittelt bereits der erste Eindruck, wenn man die Gebäude einer Organisation betritt. Es fällt oft schwer, hinter diesen ersten Eindruck zurückzugehen. In den Sozialwissenschaften, und zumal in der Organisationssoziologie, ist dies jedoch wichtig. Denn »Menschsein« ist in der Regel sehr viel mehr als Organisationen verstehen, einbeziehen oder verkraften können. Viele menschliche Komponenten, wie z. B. unbewusste chemische oder molekulare Prozesse des biophysischen Organismus werden in der Regel sowohl gesellschaftlich als auch organisational ausgeblendet. Auch die sogenannten privaten Probleme sind normalerweise kein Thema für eine Arbeitsorganisation. Natürlich kann man sich mit seinen Kolleginnen und Kollegen darüber unterhalten, aber die organisationalen Verarbeitungsprozesse in einer Universität, bei einem Motorenproduzenten oder in einer Pflegeeinrichtung werden sich daran nicht orientieren können und wollen. Die innere Gefühlswelt hält in der Regel viel mehr bereit als gesellschaftlich oder organisational zum Ausdruck kommen kann. Das bedeutet, jede Organisation kann nur selektiv auf Menschen bzw. Personen zugreifen. Sie kann diese nicht als Ganzes einbeziehen. Für diesen selektiven Einbezug steht auch der Begriff des Personals, der sich nicht auf die Menschen in einer Organisation bezieht, sondern darauf, wie diese Personen und deren Arbeitskraft nutzt. Personal sein bedeutet nicht nur, den Nützlichkeitserwartungen der Organisation ausgesetzt zu sein, sondern auch als Ressource auf Märkten gehandelt zu werden. Dabei überträgt man durch die Mitgliedschaft – zumeist im Tausch gegen ein Entgelt – der Körperschaft bestimmte Rechte, die wiederum sicherstellen möchte, dass die Interessen der Agenten mit den Zielen der Körperschaft übereinstimmen. Die Motive, die dabei im Spiel sind, werden in den hier herangezogenen soziologischen Ansätzen nicht so sehr als innere Beweggründe thematisiert (denn als solche sind sie nicht beobachtbar oder direkt zugänglich), sondern als Ausdrucksformen der Person im Kontext von Gesellschaft und Organisation. So erscheint es im Kontext der Organisation legitim, bestimmte Motive zu artikulieren, während andere (gleichwohl relevante) Ausdrucksformen als illegitim diskreditiert werden. Sowohl der neue Institutionalismus als auch die Systemtheorie interessieren sich daher in unterschiedlicher Weise für diesen Prozess der gesellschaftlichen oder organisationalen Motivproduktion, wenn sie von Motivation sprechen. Auch daran kann man erkennen, dass eine solche Umstellung auf einen soziologischen Personen- und Personalbegriff weitreichende Konsequenzen dafür hat, wie der Zusammenhang von Organisation, Person und Motivation gefasst wird (Kap. 4). Auch Macht und Geld sorgen für den Zusammenhalt in der Organisation und werden in der Soziologie als »Beziehungsmittel« oder Medien in Organisationen thematisiert (Kap. 5). Wir zeigen, welche Rolle Macht in Organisationen spielt, und vergleichen anhand der Argumentationen von Coleman, Crozier/Friedberg und Luhmann die Erklärungsweise der verschiedenen Machttheorien. Der Bedeutung von Geld als »Beziehungsmittel« in Organisationen widmen wir uns sehr selektiv, indem wir am viel diskutierten Beispiel der Managergehälter fragen, wie sich deren Höhe soziologisch erklären lässt. Das Beispiel der Managergehälter dient uns zugleich als Überleitung zu einem soziologischen Begreifen des Managements der Organisation. »Management« wird in diesem Kapitel thematisiert als Steuerung und Koordination in der Organisation; als eine Position im Unternehmen, die z. B. mit einem bestimmten Tätigkeits- und Entscheidungshorizont verknüpft ist; oder als Personal, z. B. in Gestalt des Managers Herr Müller, der durch seine Visionen und Überzeugungen organisationale Prozesse wesentlich beeinflussen kann. Bezogen auf die Funktion des Managements vertiefen wir in demselben Kapitel zwei weitere für die Praxis wichtige Begrifflichkeiten: »Mitarbeiterführung« und »Unternehmensstrategie«. Dabei beschäftigen wir uns weniger mit den Eigenschaften eines Managers, die er benötigt, um eine gute Führungskraft zu sein. Sondern im Mittelpunkt steht die soziale Beziehung, die Führung erst ermöglicht. So kann Herr Müller nur dann führen, wenn ihm Führungsqualitäten und Autorität zugeschrieben werden. Ist dies nicht der Fall, droht ein Positions- und Führungsverlust. Auch bezüglich des Verständnisses von Unternehmensstrategien bieten wir in diesem Kapitel von der Theorie rationaler Wahl über den neuen Institutionalismus bis zur Systemtheorie verschiedene soziologische Perspektiven an, mit jeweils unterschiedlich gearteter Skepsis gegenüber den Möglichkeiten des Managements, eine Organisation strategisch zu steuern.

Damit leiten wir dann über zu den Gründen für diese Skepsis, die u. a. in der schwer beweglichen Kultur einer Organisation zu finden sind. In Kapitel 7 befassen wir uns daher mit dem Phänomen der Organisationskultur aus soziologischer Sicht. Zweifelsohne handelt es sich um eine für den organisationalen Alltag wichtige Kategorie, der in letzter Zeit sehr viel Aufmerksamkeit geschenkt wurde. Durch die Gestaltung einer »intakten« Organisationskultur sollen Konflikte und Störungen in Organisationen vermieden werden. Im genannten Kapitel zeigen wir exemplarisch anhand von drei soziologischen Theorierichtungen auf, wie der Begriff »Organisationskultur« definiert werden kann, und fragen, inwiefern eine gezielte Veränderung von Organisationskulturen realistisch ist. Dabei werden wir sowohl die kognitiven Deutungsschemata der Organisationsmitglieder berücksichtigen als auch die Frage, welche Auswirkungen die institutionelle Abhängigkeit der Organisation auf ihre Kulturproduktion hat: Gesellschaftlich etablierte Erwartungsstrukturen spielen eine wesentliche Rolle, wenn man sich dem Kulturphänomen nähern möchte. Nicht zuletzt erläutern wir die systemtheoretische Fassung von Organisationskultur, die darin einen Komplex unentscheidbarer Entscheidungsprämissen sieht, die, ohne eigens thematisiert zu werden, den Horizont organisationaler Entscheidungen abstecken.

Mit dem soziologischen Begreifen von »Organisationskulturen« sowie der »institutionellen Einbettung von Organisationen« ist auch das letzte von uns ausgewählte organisationssoziologische Thema des Buches eng verknüpft: jenes der Moral und Korruption in Organisationen. In Kapitel 8 klären wir, inwiefern nach den verschiedenen soziologischen Ansätzen Organisieren überhaupt etwas mit Moral zu tun hat und wie man dieses Thema wissenschaftlich, und damit jenseits der eigenen Moral, behandeln kann. Wir schildern am Beispiel eines aktuellen Falls, warum es Organisationen den unterschiedlichen Ansätzen zufolge nicht verhindern können, dass es zu Abweichungen von formalen Normen kommt, und welche Möglichkeiten die verschiedenen Ansätze sehen, in der Organisation unerwünschte und/oder illegale Abweichungen von organisationalen Normen, also ggf. Korruption und Bestechung, zu bekämpfen.

2 Das sozialwissenschaftliche Verständnis der Organisation

In diesem Kapitel erfahren Sie
> was die Sozialwissenschaften unter Organisationen verstehen,
> ob die Mafia in diesem Sinne eine Organisation ist und
> wie sich Organisationen von anderen sozialen Gebilden unterscheiden lassen.

Wir beginnen unsere Überlegungen in diesem Kapitel mit der italienischen Mafia.[5] Das mag ungewöhnlich erscheinen, aber immerhin wird die Mafia als eine sehr erfolgreiche und zugleich beständige kriminelle Organisation gesehen. Nicht ohne Grund sprechen Polizei und Justiz in ihrem Falle von »organisierter« Kriminalität. Haben wir es hier also mit einem althergebrachten Prototyp von Organisation zu tun und woher rührt dessen Beständigkeit? Diese Frage leitet unsere Beschäftigung mit der italienischen Mafia an. Unsere Absicht ist es, im idealtypischen Vergleich mit anderen sozialen Gebilden herauszuarbeiten, welches die besonderen Merkmale moderner Organisationen sind. Dabei rücken wir vor allem die Form und Art der Mitgliedschaft ins Zentrum, um beispielsweise Gruppen oder Familien von Organisationen unterscheiden zu können, und orientieren uns dabei gleichermaßen am Organisationsverständnis von Max Weber und Niklas Luhmann. Obwohl Weber handlungstheoretisch argumentierte und Luhmann systemtheoretisch, ergänzen sich ihre Perspektiven in Bezug auf die Form der Organisation in sinnvoller Weise.

2.1 Die Mafia als Organisation?

Ist die italienische Mafia im sozialwissenschaftlichen Sinne eine Organisation? Um eine Antwort auf diese Frage zu finden, beschäftigen wir uns zunächst mit drei Aspekten: 1. Wie ist der Ein- und Austritt bei der Mafia gestaltet? 2. Wie sind die Mafiosi in die Mafia integriert und welche Regeln der Mitgliedschaft gelten? 3. Welche Zwecke werden auf Basis welcher Strukturen verfolgt?

---

5   Mafia bezeichnete im engeren Sinne einen streng hierarchischen Geheimbund, der seine Wurzeln im Sizilien des 19. Jahrhunderts hat. Heute bezeichnet man nicht nur die sizilianische Cosa Nostra als Mafia, sondern auch ähnliche kriminelle Vereinigungen wie die neapolitanische Camorra oder die kalabrische 'Ndrangheta (Paoli 2003). Wir verwenden die Bezeichnung hier in Bezug auf die eben benannten kriminellen Vereinigungen in Italien und verwenden daher die Bezeichnung italienische Mafia synonym, weil häufig auch von russischer, rumänischer, chinesischer oder anderer Mafia die Rede ist.

Begriffsbox 2.1:
Organisierte Kriminalität

»Organisierte Kriminalität ist die von Ge-
winn- und/oder Machtstreben bestimmte
planmäßige Begehung von Straftaten, die
einzeln oder in ihrer Gesamtheit von er-
heblicher Bedeutung sind, wenn mehr als
zwei Beteiligte auf längere oder unbe-
stimmte Dauer arbeitsteilig (a) unter Verwendung gewerblicher oder geschäfts-
ähnlicher Strukturen, (b) unter Anwendung von Gewalt oder anderer zur
Einschüchterung geeigneter Mittel oder (c)
unter Einflussnahme auf Politik, Massen-
medien, öffentliche Verwaltung, Justiz
oder Wirtschaft zusammenwirken.«
(RiStBV 1991).

Ein erstes alltagstheoretisches Verständnis der Mafia legt die Vorstellung einer Organisation nahe. Wir haben Hierarchien – von der obersten Position des sogenannten Paten oder »capo dei capi« über die »consiglieri« (Berater) bis hinunter zu den einfachen Mitgliedern (vgl. Arlacchi 1995; Paoli 1999) – und auch die Polizei spricht von organisierter Kriminalität (siehe Begriffsbox 2.1)

Organisationen implizieren außerdem klare Anweisungsstrukturen, Über- und Unterordnungsverhältnisse und gemeinsame Ziele, die mit ihrer Hilfe verfolgt werden. Dies können auch kriminelle Ziele sein. Alles trifft für die italienische Mafia zu. Auf den ersten Blick ließe sich also sagen, bei der Mafia handelt es sich um eine Organisation. Trotzdem stellt sich die Frage, inwiefern es nach dem hier vorgestellten Verständnis von Organisation tatsächlich sinnvoll ist, die Mafia als eine solche zu bezeichnen. Denn formale Organisationen in modernen Gesellschaften zeichnen sich außerdem dadurch aus, dass sie Ein- und Austritte vertraglich regeln und die Beschäftigten nur in einem begrenzten Umfang formal beanspruchen, nämlich in ihrer Rolle als Personal.[6] Gilt das auch für die Mafia?

Dazu kehren wir zu den Fragen vom Anfang des Kapitels zurück: Wie ist der Ein- und Austritt bei der Mafia gestaltet? Die italienische Mafia ist ein soziales Gebilde (vgl. Paul und Schwalb 2011 : 126), welches sich durch die Art, wie Personen integriert werden, von anderen sozialen Gebilden unterscheidet. Die Soziologie spricht hier von der Integration[7] (vgl. z. B. Lockwood 1964) oder in der systemtheoretischen Fassung von der Inklusion von Personen (vgl. Luhmann 1995a, 1997, 2000 : 390 f., 2005; Stichweh 1997). Dabei interessieren wir uns zunächst für deren Ein- und Austritt. Wie erfolgt dieser in der Mafia? Darüber kann man inzwischen einiges sagen (vgl. Paoli 1999 : 4 f.; Paoli 2003 : 21): Die italienische Mafia rekrutiert ihre Mitglieder in der Regel durch Zuwahl. Man kann sich nicht bewerben. Sehr häufig werden Familien- und Sippenmitglieder vorgeschlagen und nach Abstimmung mit den anderen Mafia-Familienoberhäuptern aufgenommen. Eine reine Blutsverwandtschaft oder nur die Ehe mit einem Mafioso reichen hingegen nicht aus, um dazu zu gehören.

---

6   Siehe dazu Kapitel 4.
7   Zur Frage der sozialen Integration siehe auch Durkheim 1893/2004, Simmel 1890/2006, Spencer 1877, Friedrichs/Jagodzinski 1999.

Bereits in dieser Art der Aufnahme und den dazugehörigen Ritualen erkennt man eine Besonderheit: Der Schwur von Gehorsamkeit und Schweigsamkeit bis in den Tod sieht einer Organisation nicht ähnlich und erinnert eher an geheimbündische Traditionen[8]. Damit nimmt der Eintritt nicht, wie in Organisationen üblich, die Form eines zweckgebundenen Kontrakts an, denn diese Verträge kann man immer auch kündigen. Die Mitgliedschaft in der Mafia hat die Form eines »Verbrüderungsvertrages«.[9] Sie setzt die Bereitschaft zu einer grundlegenden Veränderung der gesamten Person voraus und ist nach der vollzogenen Verbrüderung unkündbar, weil man »ein anderer Mensch« geworden ist. Dadurch schafft der Beitritt eine umfassendere Form von Zugehörigkeit, die Leib und Seele mit einschließt und damit weit über das hinausgeht, was eine Organisation üblicherweise von seinem Personal verlangt (vgl. dazu auch Hessinger 2002).

Noch interessanter für eine soziologische Betrachtung ist der Austritt aus der italienischen Mafia bzw. die Tatsache, dass er lebend nur schwer möglich ist. Die Auftragsmörder und Verbündeten von Salvatore › Totò‹ Riina, dem Boss der Mafia aus Corleone in den frühen 1980er-Jahren, ermordeten nicht nur reihenweise Richter, Polizei- und Justizbeamte, christdemokratische und kommunistische Spitzenpolitiker, Journalisten, Ärzte oder Priester. Nein, sie massakrierten auch ganze Familien von zu Feinden erklärten Mafiosi. Insgesamt kam der Blutzoll auf schätzungsweise 2000 Tote, die von 1981 bis 1983 Opfer des Mafia-Krieges in Italien wurden (vgl. Pfletschinger und Spadi 2003 : 8 f.). Dabei ist ihre Anzahl sicher noch unterschätzt. Nicht nur der reale Mafia-Krieg, auch die entsprechenden Genrefilme zeigen deutlich: Die Mafia ist keine »Organisation«, aus der man lebend austreten kann. Zumeist erfolgt der Austritt durch den Tod oder die Tötung des Austrittswilligen. Selbst wenn man ins Gefängnis kommt, ist man vor dem Zugriff der Mafia nicht gefeit. Allein ein Zeugenschutzprogramm des Staates vermag vielleicht noch vor dieser häufigen Austrittsform zu schützen, sicher können sich die Zeugen da jedoch nicht sein[10].

In der Mafia wird man also komplett, mit Leib und Leben vereinnahmt und diese Totalinklusion betrifft oft nicht nur das eigene Leben, sondern auch das von Frau und

---

8   Das Ritual selbst grenzt an Kitsch. Der angehende Ehrenmann Mafioso hält ein mit seinem Blut bespritztes, brennendes Heiligenbildchen in der Hand. Der Pate spricht dazu die Worte: ›Wenn du die 'Ndrangheta verrätst, wird dein Fleisch brennen wie dieser Heilige.‹ Während die Flammen den Heiligen verzehren, schwört der Novize Gehorsam und Schweigsamkeit bis in den Tod.« (vgl. Frentzen 2007)

9   Weber (1922/85 : 401 f.) unterscheidet in diesem Zusammenhang »Status«-Kontrakte von »Zweck«-Kontrakten (siehe dazu auch Paoli 1999 : 4 f.). Die Kriminologin Letizia Paoli (2003) bezeichnet die italienischen Mafiavereinigungen daher folgerichtig als »Bruderschaften«.

10   Das zeigt u. a. das Interview mit dem geständigen Mafia-Killer Basile: »Sie werden mich finden«, flüstert Basile (ehemaliger Mafia-Killer im Zeugenschutzprogramm, d. V.). »Nicht heute, nicht morgen, aber irgendwann. Gott vergibt – die Mafia nie.«. Zum Schluss des Interviews zeigt sich doch noch so etwas wie eine Gefühlsregung unter der Maske des »eiskalten Engels«. »Damals waren wir Bestien. Kein Richter kann uns bestrafen, nur Gott – wenn es einen gibt.« (Vgl. Hell 2006).

Kindern, Familie und Sippe. Um einer späteren »Blutrache« (vendetta) zu entgehen, bringt die italienische Mafia nicht selten auch diese um.

Ein interessanter Aspekt – denn um von Organisationen in einem sozialwissenschaftlichen Sinne sprechen zu können, bedarf es einer bestimmten Form der Mitgliedschaft. Sie ist zumeist kontraktuell geregelt, auch dann, wenn kein schriftlicher Vertrag geschlossen wurde. Der Eintritt erfolgt über eine vertragliche Bindung, welche der Austritt wieder auflöst, oft durch Kündigung oder im wechselseitigen Einvernehmen. Man kann Organisationen in dem von uns präferierten soziologischen Verständnis einfach daran erkennen, dass der Ein- und Austritt zwar an bestimmte Bedingungen geknüpft ist, aber prinzipiell ohne Schaden für Leib und Leben möglich sein muss.[11] Denn nochmals: Jeder Vertrag ist kündbar, auch wenn darin gegebenenfalls Vertragsstrafen und Laufzeiten festgelegt sein sollten. Die Form der Mitgliedschaft gibt also bereits zu erkennen, mit welchem sozialen Gebilde wir es zu tun haben. Andere soziale Gebilde, wie z. B. Märkte oder Institutionen kennen hingegen in der Regel ebenso wenig eine formale Mitgliedschaft wie Familienverbände oder Sippen.

Wie sind die Mafiosi in die Mafia integriert und welche Regeln der Mitgliedschaft gelten? Die Mitgliedschaft in Organisationen schafft eine Rolle, welche das Mitglied auszufüllen hat. Mit dieser Mitgliedschaftsrolle wird die Person zum Personal (siehe dazu auch Kap. 4). Es ist die vertragliche Erlaubnis oder die Anforderung, das Arbeitsvermögen der Person in den Dienst der Organisation zu stellen. Die Person erkennt mit der Mitgliedschaft bestimmte Regeln an und verpflichtet sich zur Regelbefolgung. Mit dieser Mitgliedschaftsrolle sind aber zugleich die Zugriffsmöglichkeiten der Organisation zeitlich, sachlich und sozial begrenzt, denn moderne Industriegesellschaften verknüpfen diese Rolle durch rechtliche Normen mit staatlichen Institutionen[12] und sorgen somit für die gesellschaftliche »Einbettung«. Zeitlich regeln Gesetze und Vereinbarungen zur Arbeitszeit die größtmögliche Beanspruchung des Personals. Sie darf z. B. in Deutschland 48 Stunden (einschließlich Überstunden) nicht überschreiten (§ 14 Abs. 3 ArbZG, zit. n. ArbG). Dasselbe gilt für die soziale Seite. So sind in Bewerbungsgesprächen z. B. Fragen nach den finanziellen oder familiären Verhältnissen, nach Vorstrafen oder Schwangerschaften rechtlich nicht erlaubt (§ 7 AGG), solange sie nicht einer

Begriffsbox 2.2:
Mafia als Organisation?

Die Mafia ist im sozialwissenschaftlichen Sinne keine Organisation, weil
- der Eintritt nicht zweckvertraglich geregelt ist;
- die Mitgliedschaft nicht kündbar ist;
- eine Vereinnahmung der Person mit Leib und Leben stattfindet;
- das Personal kaum austauschbar ist
- und unbedingter Gehorsam verlangt wird.

---

11   Siehe allerdings in diesem Punkt abweichend Luhmann (1964 : 44).
12   Man denke beispielsweise an Bildungspolitik, Sozialpolitik, Arbeitsmarktpolitik, etc.

Ausübung der Tätigkeit im Wege stehen (§ 8 Abs. 1 AGG). Auch sachlich kann die Organisation das Recht auf freie Meinungsäußerung der Person nicht einschränken, solange u. a. die »Treuepflicht« gegenüber dem Arbeitgeber sowie die Persönlichkeitsrechte anderer Personen durch die Ausübung dieser Meinungsfreiheit unberührt bleiben (Art. 5 Abs. 2 GG).

Damit wird deutlich: Die gesellschaftlichen und rechtlichen Regeln sind so formuliert, dass die Mitgliedschaftsrolle in einer Organisation nie total vereinnahmend sein soll. Dagegen kann man verstoßen – und die italienische Mafia tut dies konsequent – aber im Falle einer durchgängig anderen Fassung der Mitgliedschaftsrolle hat man es im sozialwissenschaftlichen Sinne eben nicht mit einer Organisation, sondern mit einem anderen sozialen Gebilde (häufig mit »traditionalen Vergemeinschaftungsformen« oder »totalen Institutionen«) zu tun. Organisationen sind in modernen Gesellschaften gerade daran erkennbar, dass sie es dem Personal ermöglichen, mehrere Rollen anzunehmen und auszufüllen, an mehreren gesellschaftlichen Wertsphären oder Teilsystemen zu partizipieren. Auch wenn es uns manchmal anders vorkommt: Moderne Organisationen beanspruchen uns in unserer Mitgliedschaftsrolle nicht total, sondern immer nur in Teilen, also partial. Um diesen Umstand zu beschreiben, benutzt die Soziologie den Begriff der »Partialinklusion« und unterscheidet diesen von der »Totalinklusion« (siehe Kap. 4, Scherm/Pietsch 2007, Kieser/Kubicek 1977, Laux/Liermann 2005). Auf diese Weise gewinnt man einen sinnvollen Zugriff zum Phänomen der Organisation, das dadurch vor allem von anderen sozialen Anstaltsformen unterschieden werden kann. So sind Gefängnisse und Psychiatrien aber auch Familien oft total inkludierend und verlieren spätestens dann für die Insassen, Patienten oder Familienmitglieder den Charakter einer Organisation, weil der Ein- und Austritt nicht mehr ins Belieben der »Vertragspartner« gestellt ist.

So wie die Person den Vertrag mit der Organisation kündigen kann, ist dies für die Organisation selbstverständlich auch möglich. Anders als Gruppen oder Familien halten Organisationen ihr Personal für austauschbar. Deswegen sind Arbeitsmärkte für sie relevant. Die Austauschbarkeit des Personals ist konstitutiv für die Organisation (siehe ausführlich auch Kap. 4). Sie begrenzt dadurch ihre Abhängigkeit von einzelnen Personen. Theoretisch und praktisch könnte eine Organisation in kurzer Zeit ein Großteil ihres Personals austauschen, ohne ihre Existenz infrage zu stellen und ihre Legitimität zu verlieren. Wie anders ist dies bei der Mafia?! Sie könnte weder ihr ganzes Personal einfach austauschen noch einzelne Mitglieder oder Führungskräfte, auch wenn sicherlich das Auslöschen *einer* Mafia-Familie die Mafia als Phänomen nicht gefährdet (Paul und Schwalb 2011:134). Als verschworene Gemeinschaft ist sie sensibel gegenüber der Person und macht sich auch strategisch von Personen und Familien abhängig. Wenn Personal ausgetauscht wird, gelingt dies oft nur durch Intrige und Mord.

Welche Zwecke werden auf Basis welcher Strukturen verfolgt? Die Mafia ist zwar im sozialwissenschaftlichen Sinne keine Organisation, aber sie hat eine Organisationsstruktur. Zumindest wird diese von ihr simuliert. Sie ist eine Zweckgemeinschaft, die sich eine Hierarchie gibt und Karrieren kennt (Arlacchi 1995; Paoli 1999). Ihren Aktionen liegt eine paradoxe Umkehrung herkömmlichen Organisationsgeschehens zugrunde: Formale Organisationen bewegen sich nicht im rechtsfreien oder gar im berufskriminellen Raum und versuchen deshalb, im Regelfall kriminelle Aktivitäten ihrer Mitglieder negativ zu sanktionieren (siehe dazu auch ausführlich Kap. 8). Die Mafiosi hingegen sind bei Strafe für Leib und Leben zu kriminellen Handlungen verpflichtet, wenn diese ihnen aufgetragen werden. Ein Auftragsmörder kann sich nicht plötzlich entscheiden, sich an die Gesetze zu halten, wenn er einen Mord verüben soll. Unbedingter Gehorsam ist gefordert, um die kriminellen Machenschaften der Mafia voranzutreiben, während Organisationen in der Regel auf bedingte Gehorsamkeit abonniert sind. Man kann als Personal zu Entscheidungen des Vorgesetzten auch »nein« sagen oder in einem Unternehmen die kriminelle Verfolgung wirtschaftlicher Zwecke ablehnen. Organisationen sind im Weber'schen Sinne immer insofern Herrschaftsformen, als sie auf der freiwilligen Anerkennung von Regeln basieren und diese Anerkennung jederzeit durch die Mitglieder wieder entzogen werden kann: Sehe ich als Mitglied den Zweck wichtiger Mitgliedschaftsregeln nicht mehr ein, dann muss ich gegebenenfalls die Organisation verlassen (Luhmann 1964 : 36). Diese Möglichkeit des (oft nicht sanktionierten) Entzugs von Anerkennung eröffnet die Mafia nicht. Sie ist keine reine Herrschaftsform, sondern immer auch eine auf traditionelle Normen gegründete, gemeinschaftliche Ausübung von Macht und Gewalt, in welcher der Wille des Paten gerade auch gegen Widerstand vollstreckt werden muss (siehe hierzu auch ausführlich Kap. 5 und Kap. 6). Damit ist die Hierarchie keine für Organisationen typische Stellenhierarchie, sondern es handelt sich eher um das Resultat der mittelfristigen Über- und Unterordnung nach Maßgabe eines absoluten Machtanspruchs.[13]

Szenenwechsel: Es ist der 23. Mai 1992. Drei Autos nähern sich dem Ort Capaci in Richtung Palermo als in einem Abflussrohr unter der Fahrbahn 500 Kilo Sprengstoff ferngezündet werden. Die drei Autos werden von der Wucht der Explosion hochgeschleudert. Die Leibwächter sterben im Trümmerfeld. Auch Giovanni Falcone ist sofort tot, seine Frau, Francesca Morvillo, stirbt wenig später im Krankenhaus. Nur 55 Tage später, am 19. Juli 1992, werden der Richter Paolo Borsellino und seine Leibwächter in Palermo durch eine ferngezündete Autobombe hingerichtet. Es geschieht vor dem Haus der Mutter Borsellinos. (vgl. Pfletschinger und Spadi 2003 : 14 f.).

---

13   Siehe dazu die Definition des Begriffs »absolute Macht« nach Sofsky (1994) in Kapitel 3.

Infobox 2.1: Die Mafia-Bekämpfung der italienischen Justiz – Falcone und Borsellino

»Mural painting inspired by the most famous image of Italian magistrates Giovanni Falcone and Paolo Borsellino. Painting found on a wall of University of Calabria campus«. 12.06.2008.
Quelle: Wikimedia Commons, Foto: Vale maio

»Giovanni Falcone wird am 18. Mai 1939 in Palermo geboren. Sein Vater ist Chemiker, seine Mutter Hausfrau. Giovanni wächst in der Kalsa, dem sogenannten arabischen Viertel Palermo's auf, einer Hochburg der aggressivsten Mafia-Familien. Er hat Schulkameraden, die er rund dreißig Jahre später als Mafiabosse verhaften wird. 1961 promoviert er an der Juristischen Fakultät der Universität Palermo. 1979 holt der leitende Oberstaatsanwalt Rocco Chinnici, der die im Rauschgifthandel involvierten Mafia Clans verfolgt, den 40jährigen Falcone in den Justizpalast von Palermo. Im gleichen Jahr ermordet die Mafia den Untersuchungsrichter Cesare Terranova, der erfolgreich in diesem Ambiente ermittelt hatte. Oberstaatsanwalt Chinnici übergibt Falcone 1980 die Ermittlungen gegen italoamerikanische Mafia-Familien, die mittlerweile tonnenweise Heroin und Kokain in die USA schmuggeln und nicht mehr wissen, wohin mit den Abermillionen Dollars aus diesem Geschäft. Falcone knüpft in den USA die ersten Kontakte mit amerikanischen Staatsanwälten und Ermittlern, fängt an, die Spur des schmutzigen Geldes zu verfolgen. Paolo Borsellino wird am 19. Januar 1940 geboren, ebenfalls in Palermo. Seine Eltern waren Apotheker und Anhänger des faschistischen Diktators Benito Mussolini, der eine ganze Armee nach Sizilien geschickt hatte, um die Mafia zu entmachten.« (Pfletschinger und Spadi 2003:7).

»Giovanni Falcone memorial tree, in Palermo«.
Quelle: Wikimedia Commons, Foto: Dedda71

»Borsellino, ehemaliger Funktionär der neofaschistischen Studentenorganisation FUAN, wird nach seinem Jura-Studium an der Universität Palermo 1975 von Rocco Chinnici in den Justizpalast von Palermo geholt. 1980 verhaftet Borsellino sechs Mafiabosse, sein engster Mitarbeiter, der Capitano der Caribinieri Emmanuele Basile, wird von der Mafia ermordet. Als Falcone und Borsellino sich 1979 im Büro ihres Chefs Oberstaatsanwalt Rocco Chinnici begegnen – der eine Wähler einer kommunistischen Partei, der andere Anhänger des untergegangen faschistischen Regimes – hätte es eigentlich zu einer explosiven Auseinandersetzung kommen müssen. Es kam anders. Das gemeinsame Ziel, die Bekämpfung der Mafia, vereinte zwei Männer mit diametral entgegen gesetzten politischen Überzeugungen, ließ sie zu unzertrennlichen Freunden werden.« (Pfletschinger und Spadi 2003:7).

Giovanni Falcone stand kurz vor seiner Ernennung zum Leiter einer neuen, nationalen Antimafia-Behörde, einer Art Generalstaatsanwaltschaft für Mafia-Delikte, als er ermordet wurde. Das italienische Parlament hatte das Strafgesetz für Mafia-Delikte verschärft. Gerichte konnten nun bei Verurteilungen Isolationshaft in Hochsicherheitsgefängnissen verhängen. Damit findet eine Episode im Kampf der italienischen Justiz gegen die Mafia ihren traurigen Abschluss. Sie begann auch im richtigen Leben – wie im Film – im sizilianischen Corleone endete für viele Mafiosi im Gefängnis und für Falcone und Borsellino mit dem Tod. Beide hatten zusammen mit Giuseppe Di Lello sowie verbündeten Richtern und Staatsanwälten im November 1985 an die 500 Mafiosi vor Gericht gestellt und im Maxi-Prozess in Palermo im Dezember 1987 die Verurteilung von etwa 350 angeklagten Mafiosi zu fast 2600 Jahren Haft erreicht. Ihre »Strafe« folgte auf dem Fuße (vgl. Pfletschinger und Spadi 2003:12-15).

Trotz dieser Erfolge von Falcone, Borsellino und anderer seit Ende der 1990er-Jahre, aufgrund effektiverer Antimafia-Gesetze und deren Vollstreckung durch italienische Strafverfolgungsbehörden, konnte die Mafia aber nicht endgültig besiegt werden. Sie stellt nach wie vor eine ernstzunehmende Gefahr für die staatliche Ordnung in Süditalien dar. Sie wurde schon oft für tot erklärt und ging doch immer wieder gestärkt aus Phasen der existentiellen Krise hervor (vgl. Paoli 2008 : 21-27). Auf Basis des von uns erarbeiteten sozialwissenschaftlichen Verständnisses von Organisationen lässt sich nun auch begründen, woran dies liegt. Wie wir gesehen haben, ist die Mafia im sozialwissenschaftlichen Sinne keine Organisation. Unsere Einblicke legen eher ein Verständnis als »traditionelle Vergemeinschaftungsform«[14] nahe, die mit geheimbündlerischer krimineller Ausrichtung auf die von Gewinn- und/oder Machtstreben bestimmte planmäßige Begehung von Straftaten zielt.[15] Sie setzt dabei strategisch am höchsten Gut der Menschen an, an deren körperlicher Unversehrtheit. Mord und Totschlag, die Gefährdung von Leib und Leben sind konstitutiv für die Geschäftspolitik der Mafia, Blutrache an Familie und Sippe Bestandteil ihrer Tradition. Dem gegenüber stehen mit Polizei und Justiz moderne Organisationsformen, für die der Einsatz von Leib und Leben eher die Ausnahme als die Regel ist. Zwar kann sich »[f]ür Beamte der Polizei, des Strafvollzugs und der Feuerwehr (...) in bestimmen Situationen sogar die Pflicht ergeben, Leben und Gesundheit einzusetzen. Einem Polizeibeamten darf der Einsatz des Lebens jedoch nur dann zugemutet werden, wenn dies zur Abwehr von Gefahren für vorrangige Rechtsgüter des Staates oder der Bürger erforderlich und das einzugehende Risiko kalkulierbar ist.« (Jäger o. J.) Damit wird klar, woraus die Schwierigkeiten bei der Bekämpfung der Mafia resultieren: Ihr steht im Regelfall das Personal moderner Organisationen gegenüber und für dieses kommt nur in Einzelfällen eine ähnlich radikale Vereinnahmung überhaupt in Frage. Wer nimmt schon die Gefährdung seiner Person, von Frau, Kindern und Verwandten im Kampf gegen die Mafia für eine Organisation in Kauf, die sich im Regelfall weder besonders dankbar zeigt noch den Job außerordentlich gut bezahlt oder mit besonderen Karrierechancen versieht? Keine Organisationen, auch nicht Polizei und Justiz, können aufgrund der Grenzen der Inklusion ihrer Mitglieder regelmäßig so viel Engagement und Hingabe erzeugen, dass Leib und Leben gegen die Mafia dauerhaft eingesetzt werden. Falcone und Borsellino gehörten zu den wenigen Ausnahmen, welche diese Regel bestätigten. Jedenfalls ergibt sich dieser Strukturnachteil der modernen Organisation bei der Bekämpfung der Mafia daraus, dass diese eben keine Organisation ist. Sie kann mit rechtsstaatlichen Mitteln eingedämmt, mittels Polizei- und Justizorganisation verfolgt, aber dennoch nicht vollständig eliminiert werden (Paoli

---

14 Siehe Weber (1922/85 : 21 f.) zum Begriff der »Vergemeinschaftung« und für Beispiele weiterer Formen.
15 Luhmann (1995) hatte stattdessen von »Netzwerken personalisierter Hilfsbereitschaft« gesprochen. In diese Richtung argumentieren auch eher sozio-ökonomisch orientierte Analysen (Gambetta 1988; 1994) – gleichwohl aus unterschiedlichen Gründen (vgl. Paul und Schwalb 2011 : 133 f.).

2008). So bleibt die Mafia gerade durch ihre »Zurückgebliebenheit« als Vergemeinschaftungsform der modernen Polizei- und Justizorganisation immer einen Schritt
voraus. Ein soziales Gebilde aus einer alten Welt, die in die neue Welt der Organisationen hineinragt und deren Strukturmerkmale oft als defizitär erscheinen lässt
(Baecker 2000). Weil und solange es der Mafia gelingt, sich strategisch an moderne
Organisationen zu koppeln und deren Positionen systematisch auszubeuten bzw. zu
korrumpieren (vgl. Luhmann 1995; 2000 : 385 ff.), könnte sie sich auch weiterhin als
ausgesprochen vital erweisen.[16]

2.2   Auf dem Weg zu einem komparativen Organisationsverständnis

Im ersten Schritt haben wir einige Merkmale moderner Organisation kennengelernt
und Antworten darauf gefunden, warum die Mafia im sozialwissenschaftlichen Sinne
keine Organisation ist. Im zweiten Schritt wollen wir dieses Verständnis vertiefen und
durch den idealtypischen Vergleich mit anderen sozialen Formen die Besonderheiten
von formalen Organisationen weiter herausarbeiten. Ziel ist es, in idealtypischer
Zuspitzung[17] ein komparatives Organisationsverständnis zu gewinnen, welches die
formale Organisation in modernen Gesellschaften von sozialen Phänomenen »totale
Institution«, »Gruppe«, »Netzwerk« und »Markt« unterscheidbar werden lässt, auch
wenn sie organisationale Eigenschaften besitzen. Dabei werden wir versuchen, die
Typen in soziologischer Geschlossenheit zu kontrastieren. Diese Typen begreifen wir
als kulturbedeutsame Heuristik, die – zu Erkenntniszwecken konstruiert – dazu dienen soll, das sozialwissenschaftliche Verständnis von Organisationen zu vertiefen.

Nicht nur die Mafia, sondern sind auch andere Institutionen sind total vereinnahmend. Wir nennen sie deswegen in Anlehnung an Goffman (1973) »totale Institutionen«. Wer als Patient oder Strafgefangener in eine psychiatrische Anstalt oder ein
Gefängnis eingeliefert wird, verliert vorübergehend das Recht des freien Ein- und
Austritts ebenso wie die Möglichkeit, in dieser Zeit seinen Aufenthaltsort frei zu
bestimmen (Art. 104 GG; § 1906 BGB). Dabei werden die Patienten oder Insassen
total inkludiert. Goffman (1973) hat diese Vereinnahmung am Beispiel von Psychia-

---

16   Weitere Strukturbedingungen, die zwar die Existenz der Mafia nicht erklären, aber ihr das Leben
      erleichtern, sind die wirtschaftliche Unterentwicklung im sogenannten »Mezzogiorno« (Süditalien)
      und damit zusammenhängend die anhaltend hohe Jugendarbeitslosigkeit (bis über 70 %), die eine
      »Reservearmee« für kriminelle Arbeitskraft bereitstellt (vgl. Paoli 2008 : 27).
17   Mit einem Idealtypus ist hier in Anlehnung an Max Weber eine Heuristik angesprochen, die auf Basis
      erster empirischer Erfahrungen versucht, die kulturbedeutsame Logik des Phänomens in utopischer
      Geschlossenheit dazulegen. Sie dient dazu, »Ordnung ins Chaos der Empirie« zu bringen und Hypothe-
      sen zu formulieren, die einer genaueren empirischen Prüfung unterzogen werden können (vgl. Weber
      1904/1988 : 190 ff., zum Begriff des Idealtypus siehe auch Albert 2006, Abels 2009, Schluchter 2005).

trien in den 1960er-Jahren des vergangenen Jahrhundert analysiert und ist in Bezug auf sogenannte totale Institutionen zu folgenden Schlussfolgerungen gekommen (vgl. ebd.: 17)[18]:

- Totale Institutionen sind insofern allumfassend, als sich das Leben aller Mitglieder nur an diesem einzigen Ort abspielt und sie einer einzigen zentralen Autorität unterworfen sind.
- Die Mitglieder der Institution verrichten ihre alltägliche Arbeit in unmittelbarer Nähe ihrer Schicksalsgefährten aus, wobei alle gleich behandelt werden und die gleiche Tätigkeit ausüben.
- Explizite Regeln systematisieren alle Tätigkeiten und sonstigen Lebensäußerungen der Mitglieder. Diese Regeln werden durch einen Stab von Funktionären vorgeschrieben.
- Die Mitglieder werden überwacht, ihre Tätigkeiten und Lebensäußerungen sind durch einen einzigen rationalen Plan determiniert, der der Zielerreichung der Institution dienen soll.

Mögen diese Schlussfolgerungen auch heute umstritten sein und stellt sich die Situation in den Psychiatrien aktuell ganz anders dar, an der Form einer temporären totalen Vereinnahmung hat sich nichts geändert (vgl. Meier 2009; Schülein 2007). Wichtig ist, dass hier die zentralen Autoritäten auch dann handlungsfähig bleiben, wenn die Insassen die Anerkennung der Ordnung versagen.

Tabelle 2.1: Idealtypischer Vergleich der Merkmale von totalen Institutionen und Organisationen

Totale Institution	Organisation
unfreier Ein- und/oder Austritt	kontraktuell geregelter Ein- und Austritt
Totalinklusion der Mitglieder (mit Leib und Leben)	Partialinklusion der Mitglieder (begrenzter Zugriff auf Leib und Leben)
teilweise Verlust der Bürgerrechte	Beibehaltung der Bürgerrechte
Machtausübung	Herrschaft

Dennoch nehmen manche totale Institutionen, wie z. B. Gefängnisse, Psychiatrien oder teilweise auch Krankenhäuser, zugleich Organisationsform für ihr Personal an. Denn dieses ist, wie in anderen Organisationen auch, kontraktuell gebunden und partial inkludiert. Insofern haben wir es hier mit hybriden bzw. Mischformen zu tun.

---

18   Zum Begriff siehe u. a. Esser (2000), Miebach (2010: 111), Vester (2009). Siehe auch neuere Studien zum Gegenstand »totale Institution« (Göbel 2007, Täubig 2009, Knecht 2007).

Dabei gibt es für total vereinnahmende soziale Formen, wie z. B. sogenannte
»naturwüchsige« Gruppen – d. h. Stämme, Familien oder Sippen – ein weiteres
Unterscheidungsmerkmal. Sie lassen sich Adorno (1953) zufolge allein dadurch von
der Organisation unterscheiden, dass sie in der Regel kein zur Erreichung eines Ziels
geschaffener und zielorientiert gelenkter Zweckverband sind. Damit gewinnen wir
neben der Art des Ein- und Austritts sowie der Totalinklusion ein weiteres wichtiges
Kriterium, um Organisationen von »naturwüchsigen« Gruppen wie Familien, Clans
und Sippen zu unterscheiden. Denn in der Tat sind die freie Wahl der Zwecke und die
gezielte Schaffung eines Zweckverbandes wichtige Elemente jeder Organisation. Sie
kann ihre Zwecke nicht nur selbst bestimmen, sondern auch die Mitgliedschaft wird
daran orientiert (Luhmann 1964 : 108f, Preisendörfer 2008, Müller-Jentsch 2003).
Dieser Aspekt des Organisierens wird heute noch von vielen Organisationssoziologen
als ein wesentliches Charakteristikum dieses sozialen Gebildes verstanden (vgl. Abra-
ham/Büschges 2009).

Von »naturwüchsigen« Gruppen ausgehend lässt sich fragen, wie sich Gruppen
allgemein von Organisationen unterscheiden. Ein gutes Beispiel dafür ist eine Musik-
band: Wann ist sie noch Gruppe und wann wird sie zur Organisation? Betrachten wir
so unterschiedliche Bands wie Tokio Hotel oder Rammstein, dann sehen wir zunächst,
dass wir Vorderbühne und Hinterbühne unterscheiden müssen. Während auf der
Hinterbühne die Organisationsformen des Musikbetriebes dominieren, hängt auf der
Vorderbühne die Identität der Gruppe sehr stark an einzelnen Personen. Die Austauschbarkeit der Mitglieder erscheint auf der Vorderbühne jedenfalls oft als restrin-
giert. Ansonsten ist die Gruppe eben nicht mehr die, die sie einmal war – weder für
sich noch für die Fans. Das ist ebenso typisch für Musikgruppen wie für soziale Gruppen insgesamt: Sie verkraften den Wechsel ihres Personals, zumal ihrer zentralen Figu-
ren nur schwer. Darin unterscheiden sie sich von Organisationen. Zwar können bisweilen Randfiguren ausgetauscht werden, ohne die Identität der Gruppe zu ändern,
aber auch dies darf nicht zu häufig vorkommen. Zugleich sind Gruppen auf Interaktion verwiesen, und damit auf soziales Handeln oder Kommunikation zwischen
Anwesenden. Die Anwesenheit der Gruppenmitglieder – und sei es heute in virtueller
Form – ist für jede Gruppe wichtig, sonst droht sie ihren Charakter zu verändern oder
zu zerfallen (vgl. Homans 1972 : 416; Kühl 2008 : 71 ff.; Schäfers 1999 : 20 f.).[19]

---

19   Siehe grundsätzlich zum Gruppenbegriff auch Simmel/Rammstedt (2006) und von Wiese (1966).
     Zur aktuellen Gruppenforschung siehe Sader (2002), Rosenstiel (2007), Rahn (2010).

Tabelle 2.2: Idealtypischer Vergleich der Merkmale von Gruppen und Organisationen

Gruppe	Organisation
keine einfach austauschbaren Mitglieder	einfach austauschbare Mitglieder
Interaktion unter Anwesenden	mittels Kommunikation erreichbar sein
in der Mitgliederzahl eng begrenzt	in der Mitgliederzahl weniger begrenzt
sensibel in Bezug auf die Gruppengröße	in der Größe variabler
eher an Verständigung orientiert	eher instrumentell orientiert

Während es für Organisationen in der Regel reicht, mittels Kommunikation erreichbar zu sein und deren Hierarchie auch dann funktionieren kann, wenn man zum Beispiel der Vorstandsvorsitzenden nie persönlich begegnet, gilt dies für Gruppen nicht. Da es für ihre Mitglieder wesentlich ist, sich wechselseitig untereinander in persönliche Beziehung zu setzen, ist deren Zahl auch enger begrenzt. Wächst eine Gruppe auf mehr als 25 Personen an, so zerfällt sie in der Regel relativ rasch in Kleingruppen, welche dann dazu tendieren, ihre Identitäten gegenüber der größeren Gruppe aufrechtzuerhalten (siehe dazu auch Simmel 1908:38f). Organisationen sind hingegen in der Mitgliederzahl variabel, auch wenn es kritische Grenzen des Größenwachstums gibt. Sie können mit 30 Mitgliedern Autoteile produzieren oder mit 30.000. Dies hängt auch damit zusammen, dass Organisationen Zweckverbände sind, was soziale Gruppen nicht unbedingt sein müssen. Zwar mag man sich in Gruppen treffen, um gemeinsam Tennis zu spielen oder zu Abend zu essen, aber der Zweck allein ist selten konstitutiv für eine Gruppe, sondern vielmehr die damit verbundene Gemeinschaft – die Aufrechterhaltung von erwartungsdiffusen, vielfältigen persönlichen Beziehungen (vgl. Gukenbiehl 1999). Gruppen sind viel stärker an lebensweltlicher Verständigung orientiert als Organisationen dies in der Regel zulassen können. Zwar findet auch in diesen die Kommunikation verständigungsorientiert statt (siehe dazu Saam und Kriz 2010), aber immer überformt und eingebettet in instrumentelle Sinnzuschnitte. Zwar entstehen auch in Organisationen Orte des sozialen Lebens mit ganz unterschiedlichen Sinnformen und einer Vielfalt von persönlichen Beziehungen, aber die Organisation schließt viele von diesen Sinn- und Beziehungsformen aus und unterwirft andere der Erwartung, sich als für die Organisation nützliche auszuweisen und als solche geprüft werden zu können.

Neben Gruppen lassen sich Organisationen von anderen sozialen Regulierungsformen wie Netzwerken und Märkten unterscheiden. »Netzwerke« werden von uns als soziale Beziehungen verstanden, in denen informelle Normen der Wechselseitigkeit Geltung erlangen, ohne dass es längerfristige vertragliche Bindungen, Anweisungsstrukturen und formale Mitgliedschaften gibt.

Tabelle 2.3: Idealtypischer Vergleich der Merkmale von Netzwerken und Organisationen

Netzwerk	Organisation
freier Ein- und/oder Austritt	durch Mitgliedschaft geregelter Ein- und Austritt
informelle Normen der Wechselseitigkeit	formalisierte Normen der Wechselseitigkeit
ohne Hierarchie	mit Hierarchie

Hier kann noch jeder Akteur verhindern, dass ihm ein missliebiges Handeln auferlegt wird, das er von sich aus in der gegebenen Situation nicht wählen würde (vgl. dazu Luhmann 2000 : 408 f.; Mayntz/Scharpf 1995 : 61 ff.; Schimank 2002). Ihnen stellt sich immer das Problem, wie sichergestellt werden kann, dass beide in einem Netzwerk verbundene Partner gleichermaßen profitieren bzw. dass die gemeinsamen erwirtschafteten Vorteile der Kooperation nicht einseitig angeeignet werden. Dieses Problem kollektiven Handelns (Kliemt 1986; Pohlmann u. a. 1995) ist bei Netzwerken in viel höherem Maße virulent als in Organisationen.

Als »Markt« bezeichnen wir zunächst nur eine Tauschform, in der das Tauschgut Warenform annimmt und sich im Austausch auf Basis von Konkurrenz und Bedarf der Tauschpartner Preise bilden. Im Sinne der Wirtschaftswissenschaften ist er dadurch definiert, dass sich Angebot und Nachfrage treffen und dadurch ebenso für Bedarfsdeckung wie für Preisbildung sorgen (Bartling und Luzius 2008; Marshall 1920). Dabei gibt es Kaufverträge, aber in der Regel keine Mitgliedschaft. Man kann zwar Mitglied eines Käufer- oder einer Verkäufervereinigung sein, aber nicht zum Personal eines Marktes werden – es sei denn wiederum im Rahmen einer Organisation, die Produkte verkauft und sich beispielsweise als »Supermarkt« bezeichnet. Aber auf einen solchen »Supermarkt« bleibt der Markt ja im Regelfall nicht beschränkt. Anders als eine Organisation ist der Markt also eine abstrakte Vergesellschaftungsform, welche nicht auf kontraktuell geregelter Mitgliedschaft beruht (White 1981; Wiesenthal 2005). Für Markttransaktionen brauchen wir weder Kommunikation unter Anwesenheit noch eine Kenntnis von Stelle, Funktion, Position oder Aufgabe der Person. Was früher der stille Tausch war, kann heute eine Börsentransaktion sein, für welche der Mausklick an einem Rechner genügt. Um Aktien zu kaufen oder zu verkaufen, braucht man nicht zwingend irgendwelche Kenntnisse über die Person des Käufers oder Verkäufers. In Bezug auf die wechselseitige Kenntnis der Person herrscht eine minimale soziale Situation vor, die für Marktvergesellschaftung konstitutiv ist, auch wenn die Varianz groß ist und Fragen der Kenntnis der Person umso wichtiger werden, je stärker wir Vertrauen für die Markttransaktionen benötigen (vgl. Beckert 1997). Dennoch handelt es sich auch bei dieser minimalen sozialen Situation, die der Markt als (oft virtueller) Ort des Tausches erlaubt, um eine Form von Vergesellschaftung. Nach Max Weber stiftet die Beteiligung an einem »Markt« Vergesellschaftung zwischen den einzelnen Tauschpartnern und eine soziale Beziehung (vor allem: »Konkurrenz«) zwischen den Tauschreflektanten, die gegenseitig ihr Verhalten aneinander orientieren müssen. Aber darüber hinaus entsteht laut Weber Vergesellschaftung nur, soweit etwa einige Beteiligte zum Zweck erfolgreicheren Preiskampfs, oder sie alle zu Zwecken der Regelung und Sicherung des Verkehrs, Vereinbarungen treffen (vgl. Weber 1922/85:23). Die Marktgemeinschaft als solche ist für ihn die unpersönlichste praktische Lebensbeziehung, in welche Menschen miteinander treten können: »Nicht weil der Markt einen Kampf unter den Interessenten einschließt. Jede, auch die intimste, menschliche Beziehung, auch die noch so unbedingte persönliche Hingabe ist in irgendeinem Sinn relativen Charakters und kann ein Ringen mit dem Partner, etwa um dessen Seelenrettung, bedeuten. Sondern weil er spezifisch sachlich, am Interesse an den Tauschgütern und nur an diesen, orientiert ist. Wo der Markt seiner Eigengesetzlichkeit überlassen ist, kennt er nur Ansehen der Sache, kein Ansehen der Person, keine Brüderlichkeits- und Pietätspflichten, keine der urwüchsigen, von den persönlichen Gemeinschaften getragenen menschlichen Beziehungen. Sie alle bilden Hemmungen der freien Entfaltung der nackten Marktvergemeinschaftung und deren spezifische Interessen wiederum die spezifische Versuchung für sie alle.« (Weber 1922/85:382-383)

Tabelle 2.4: Idealtypischer Vergleich der Merkmale von Märkten und Organisationen

Markt	Organisation
freier Ein- und/oder Austritt	durch Mitgliedschaft geregelter Ein- und Austritt
minimale soziale Situation	formalisierte Normen der Wechselseitigkeit
ohne Hierarchie	mit Hierarchie
funktioniert ganz ohne Kenntnis der Personen	funktioniert nur teilweise ohne Kenntnis der Personen

Dabei sind dem Markt zwar nicht Herrschaftsformen qua Interessenkonstellationen fremd, aber im Regelfall die Herrschaft qua Autorität. Der Markt reguliert den Tausch gerade nicht mittels Hierarchie, nicht mittels formaler Über- und Unterordnungsverhältnisse. Das ist vielmehr der Organisation vorbehalten.

2.3   Zusammenfassung

In Abgrenzung zu anderen soziologischen Kategorien wie *Vergemein-*
schaftung, totaler Institution, Gruppe, Netzwerk und *Markt* haben wir die
charakteristischen Eigenschaften des Phänomens »Organisation« aus
sozialwissenschaftlicher Sicht ausgearbeitet. In einer sozialwissenschaftlichen Perspektive erscheinen in idealtypischer Weise folgende Merkmale als wichtig,
um von einer Organisation im Vergleich zu anderen sozialen Gebilden sprechen zu
können: die qua exklusiver Mitgliedschaft geregelte Orientierung der Handlungen/
Kommunikationen an frei gewählten Zwecken; ein vertraglich geregelter Eintritt und
Austritt der Mitglieder und damit eine prinzipiell kündbare formale Mitgliedschaft;
eine nur teilweise Beanspruchung der Person (Partialinklusion); die prinzipielle Austauschbarkeit des Personals; eine formale Hierarchie mit Über- und Unterordnung
sowie die an die Mitgliedschaft gebundene Anerkennung dieser Ordnung (Herrschaftsform).

Anhand dieser Merkmale kann man erklären, warum die italienische Mafia im
sozialwissenschaftlichen Sinne keine Organisation, sondern eine traditionale Vergemeinschaftungsform ist.

Kapitel 2: Fragen zur Vertiefung

- Ist eine Armee im sozialwissenschaftlichen Sinne eine Organisation?
- Welche Schwierigkeiten haben Polizei- und Justizorganisationen aus einer
  sozialwissenschaftlichen Perspektive bei der Bekämpfung der italienischen
  Mafia?
- Sind »Teams« eine Form der Gruppenbildung in Organisationen?

Übung zu Kapitel 2: Die Pizzeria als Organisation?

Fabrizio arbeitet in einer Pizzeria. Sie gehört seinen Eltern, die im Betrieb mitar-
beiten. Irgendwann wird er sie übernehmen. Er bekommt deswegen weder ein
regelmäßiges Gehalt noch hat er einen Arbeitsvertrag. Rechtlich gilt er als mithel-
fender Familienangehöriger. Sein Taschengeld ergänzt er durch die Trinkgelder

seiner Kunden. Er hat kaum Freizeit, denn immer, wenn der Vater etwas möchte, muss Fabrizio zur Stelle sein. In der Pizzeria gibt es eine klare Hierarchie mit entsprechender Aufgabenverteilung. Außer ihm arbeiten dort noch seine Schwester und seine Nichte. Es ist ein reiner Familienbetrieb, der auch allen anderen Aktivitäten der Familie dient. Feierlichkeiten und Alltäglichkeiten – alles findet in der Pizzeria statt. Man isst abends gemeinsam und geht morgens gemeinsam einkaufen. Fabrizio hat deswegen auch keine Ausbildung gemacht. Seine Zukunft ist die Pizzeria.

Arbeitsaufgabe:
Bitte untersuchen Sie, ob es sich im soziologischen Sinne um eine Organisation handelt und begründen Sie ihre Meinung in Abgrenzung zu Merkmalen von Gruppen, von traditionelle Gemeinschaftsformen, totalen Institutionen und Märkten.

Exemplarische Antworten auf die Fragen zur Vertiefung sowie einen Lösungsvorschlag zur Übung finden Sie im Internet unter www.utb.de/soziologie-der-organisation

3 Zentrale Ansätze der Organisationssoziologie

In diesem Kapitel erfahren Sie

➤ was bürokratische Organisationen sind und wovor sie schützen,
➤ wie sich die Organisationssoziologie als Fach etabliert
   und weiterentwickelt hat,
➤ Grundlegendes über drei zentrale Denkrichtungen
   der Organisationssoziologie.

Wer heute wirtschaftlich, politisch oder gesellschaftlich etwas bewirken will, kann nicht auf Organisationen verzichten. Organisationale Formen der Koordination und Kooperation beinhalten nicht nur aus Sicht der Wirtschaftswissenschaften ein Effizienz- oder Effektivitätsversprechen versprechen[20]. Wenn es darum geht, kollektiv etwas erreichen zu wollen, erscheinen sie, so Coleman, einzelnen Akteuren oder anderen sozialen Gebilden in der Tendenz überlegen (vgl. z. B. Coleman 1986; 1991; Wiesenthal 1990). Die Organisationsform selbst wird in modernen Gesellschaften als rational anerkannt. Wer sich ihrer bedient, kann auf die Legitimität des neu gebildeten (kollektiven oder korporativen) Akteurs zählen (Meyer/Rowan 1977, Ruef/Scott 1998, Baum/Oliver 1991, zum Begriff der Legitimität siehe Walgenbach/Meyer 2008). Ohne Organisation wäre das Leben in modernen Gesellschaften kaum vorstellbar (vgl. Luhmann 2002:389). Die verschiedenen Theorien der Organisation, die in diesem Kapitel eingeführt werden, haben zwar die gesellschaftliche Bedeutung der Organisation je unterschiedlich konzipiert, aber keine der »Großtheorien« (Merton 1968) der Soziologie kann heute mehr auf einen Bezug zur Organisationsebene verzichten. Im Folgenden gilt es zu zeigen, wie dieser Bezug in den theoretischen Rahmungen der Handlungstheorie, des neuen Institutionalismus und der Systemtheorie jeweils ausgeführt wird, um die gesellschaftliche und soziologische Relevanz moderner Organisationen fundierter beschreiben zu können.

Als Ausgangspunkt unserer theoretischen Beschäftigung mit den drei Ansätzen wählen wir den klassischen Zugang über Max Webers Bürokratietheorie. Sie steht – neben Frederic Taylor (1911), Chester Barnard (1938; 1948), Talcott Parsons (1928; 1956), Theodor W. Adorno (1953) – am Anfang der Theorie moderner rationaler Organisation und hat wichtige Weichen für ihre Thematisierung in der Organisationssoziologie gestellt (siehe auch Infobox 1.1 im Einleitungskapitel).

---

20 Mit Effizienz ist gemeint, bei gegebenem Ziel den Mitteleinsatz zu minimieren, und mit Effektivität, bei gegebenem Mitteleinsatz die Zielerreichung zu maximieren (vgl. Sauerwald 2007:32-48).

3.1   Das Konzentrationslager: Auf den Spuren irrationaler/ rationaler Organisation

Was Weber mit rationaler bürokratischer Organisation meinte, soll mit Hilfe eines historischen Beispiels verdeutlicht werden, anhand dessen sich zugleich die Grenzen einer rationalen und somit bürokratischen Organisation ausloten lassen. Betrachtet man ein Konzentrationslager, kann man nicht nur etwas über die Größe der historischen Verantwortung Deutschlands lernen, sondern indirekt auch über die Funktionsweise von rationalen, bürokratischen Organisationen. Wir bedienen uns dieses Beispiels in historisch skizzenhafter Form, weil es uns durch die extremen Abweichungen vom Weber'schen Idealtyp deutlich zeigt, worauf dessen »Rationalität« auch zielte: auf den Schutz vor Willkür.

Da Weber die Bürokratie idealtypisch als formal rationales Instrument für beliebige politische Zwecke auswies (Weber 1922/85 : 128 f.), könnte man vermuten, dass die Effizienz und Effektivität der Massenvernichtung zu einem Teil der bürokratischen Organisation derselben geschuldet ist. Dies wird auch dadurch nahegelegt, dass sich das Stichwort der KZ-Bürokratie oder der NS-Bürokratie durchgesetzt hat (vgl. Benz/Distel 2008) und die Organisatoren der Massenvernichtung, wie beispielsweise Adolf Eichmann[21], nach einer bürokratischen Legitimation ihrer Taten suchten (Arendt 1963/2006; Krause 2002 : 64-66). Hannah Arendt hat dies als »die Banalität des Bösen« bezeichnet (Arendt 1963/ 2006). Doch haben wir es bei diesem historischen Beispiel wirklich mit einer bürokratischen Herrschaft, mit einer formal rationalen Organisation zu tun, die sich als geeignetes Instrument für menschenvernichtende politische Zwecke erwies? Wir möchten entlang dieser Frage die Heuristik Webers besser greifbar werden lassen und so das Grundverständnis einer »formal rationalen Organisation« vertiefen. Dabei stützen wir uns auf die Analyse der internen Lagerverwaltung der Kon-

»2005, auschwitz entrance, ›Arbeit macht frei‹
(›Labour sets you free‹).«
Quelle: Wikimedia Commons,
Photographer: Jochen Zimmermann

---

21 Adolf Eichmann (1906-1962) war ein SS-Obersturmbannführer und für die Verfolgung, Deportation und Ermordung mehrerer Millionen Menschen im Nationalsozialismus mitverantwortlich. 1960 fasste ihn in Argentinien der israelische Geheimdienst und verbrachte ihn nach Israel, wo er im Rahmen des legendären Eichmann-Prozesses zum Tode verurteilt und 1962 hingerichtet wurde.

zentrationslager von Wolfgang Sofsky (1993), die als ein anerkannter soziologischer Interpretationsversuch gelten kann (Lammers 1995; Herbert/Orth/Dieckmann 1998; Reemtsma 1993).[22] Wir können hier weder viele historische Details zur Geltung bringen noch die schwere Schuld der Akteure ausloten, sondern wollen in erster Linie das Ziel verfolgen, uns den Weber'schen Gedanken einer rationalen Organisation anzueignen.

Zunächst können wir sehen, dass wir es in Bezug auf die Häftlinge weder mit einer Herrschaftsform im Weber'schen Sinne noch mit einer Organisation zu tun haben. Für die Herrschaftsform fehlt die Freiwilligkeit in der Anerkennung der Ordnung, die Weber voraussetzte (Weber 1922/85 : 122 ff.). Denn ob die Häftlinge das Ordnungssystem anerkannten oder nicht, war im Prinzip nicht entscheidend. Sie wurden ihm mit Gewalt unterworfen. Es handelt sich also um eine Form der Machtausübung, die gegen den Willen der Unterworfenen praktiziert wurde und damit im engeren Sinne nicht um Herrschaft. Um von einer Organisation sprechen zu können, fehlt sowohl auf Seiten des Verwaltungsstabes als auch auf Seiten der Häftlinge das Element des freiwilligen, kontraktuell gebundenen Ein- und Austritts (siehe ausführlich Kap. 2). Der Verwaltungsstab der SS war nach militärischen Regeln total inkludiert und für die Häftlinge war der Eintritt weder freiwillig noch der Austritt anders als durch Tod oder in selteneren Fällen durch Flucht oder Entlassung möglich. Selbst der »freiwillige« Austritt durch Selbsttötung war untersagt und mit erheblichen Folgen für die Mithäftlinge verbunden (vgl. Sofsky 1993 : 35). Wir haben es also nicht mit einer Herrschaftsform durch Organisation zu tun, sondern mit einer totalen Institution, welche durch Machtausübung mittels körperlicher Gewalt gekennzeichnet war. Sofsky hat diese Form der Machtausübung als »absolute Macht« bezeichnet und darunter eine Form der Machtausübung verstanden, die auf Willkür, totale Bestimmung und Etikettierung gebaut und keinen Legitimationszwängen unterworfen ist. (Sofsky 1993 : 27-39) So hatte die abstrakte Regelhaftigkeit einer bürokratischen Organisation keinen bindenden Charakter für die SS-Verwaltung. Denn »im Gegensatz zu Bürokratien, die den Einsatz von Gewalt steuern, war die Lagerorganisation so konstruiert, dass sie Macht nicht begrenzte, sondern freisetzte und so in absoluten Terror verwandelte. (...) Mechanismen der bürokratischen Kontrolle waren systematisch außer Kraft gesetzt. (...) Die Aufseher im Lager hatten jede Freiheit.« (Sofsky 1993 : 136)

Die Häftlinge waren dieser Willkür so ausgesetzt, dass auch eine Unterwerfung unter alle Regeln, auch absoluter Gehorsam nicht vor der Vernichtung schützte. Selbst die Verrichtung der täglichen Arbeit war kein Schutz vor Strafe. Menschliche Arbeit war »ein Mittel der Unterdrückung und des Terrors«, das eher der Produktion »lebendiger Skelette« diente (Sofsky 1993 : 33 ff., siehe auch Benz 2005 : 21 ff., Kaien-

---

22   Siehe auch die Kritik des Sozialpsychologen Harald Welzer (1997) und der Historiker Karin Orth und Michael Wildt (1995).

Begriffsbox 3.1:
Das KZ als totale Institution der absoluten Machtausübung

- Weder Organisations- noch Herrschaftsform, sondern totale Institution und absolute Macht
- Statt Regelhaftigkeit, weitgehende Regellosigkeit ohne Begrenzung von Willkür
- Keine geschulten Verwaltungsbeamten, sondern ungeschulte politische Exekutionskräfte in militärischer Formation
- Keine straffe Amtshierarchie mit klaren Laufbahnen, sondern oft willkürliche Führungs- und Beförderungspraxis
- Statt Aktenmäßigkeit unvollständige und manipulierte Aktenführung
- Nicht »ohne Ansehen der Person«, sondern in gezielter, mörderischer Ungleichbehandlung wurde agiert

burg 2005:192). Insbesondere die jüdischen Inhaftierten konnte es so oder so treffen. Hierfür mag mit trauriger Symbolkraft das in dem Spielberg-Film »Schindlers Liste« reproduzierte Bild der sadistischen Obsession des KZ-Kommandanten von Plaszow, Amon Göth, stehen, der morgens mit einem Präzisionsgewehr willkürlich auf KZ-Häftlinge schoss und sie von seinen beiden Hunden Alf und Rolf zerfleischen ließ (Benz/Distel 2008:265). Diese Willkürherrschaft im paramilitärischen Gewande der SS galt auch in anderer Weise für den Verwaltungsstab selbst. Beförderungen, Status und Stellung – die ganze Amtshierarchie war sehr viel mehr vom Wohlgefallen der Vorgesetzten abhängig als von abstrakten Regeln oder Leistungsprinzipien (vgl. Morsch 2005). Das Laufbahnprinzip der Bürokratie oder das Karriereprinzip der rationalen Organisation unterstand der Willkür der Vorgesetzten. Die SS-Wärter und Wärterinnen waren auch nicht fachgeschult, sondern in Fragen der Verwaltung bestenfalls Laien (Sofsky 1993:129). Die Lager selbst durchliefen zwar im Laufe des Zweiten Weltkriegs einen »Funktionswandel«, dennoch stellte die Verwaltung gerade in der Hoch- und Spätphase der Konzentrationslager höchstens eine sekundäre Aufgabe dar, während die Judenvernichtung zur primären Aufgabe wurde. Vor diesem Hintergrund mutierte auch die Aktenmäßigkeit, welche den Verwaltungs- als Rechtsakt garantiert und den Bürger vor dem unkontrollierten Agieren auf Hörensagen hin schützt, und wurde schließlich den Zweckerfordernissen der Gewalt unterworfen. Die Akten führte man teils unvollständig und manipulativ, Mordbefehle wurden nur mündlich kommuniziert, die »wirklich maßgeblichen Vorgänge und Geschehnisse im Konzentrationslager kamen [in den schriftlichen Befehlen] nicht vor« (Morsch 2005:61). Bescheinigungen der SS-Ärzte enthielten vermeintliche Todesursachen, die in der Regel in keinem Zusammenhang mit der individuellen Todesursache standen (Sofsky 1997:278). Die Behandlung eines Falles »sine ira et studio«, also ohne Hass und Leidenschaft, ohne Ansehen der Person wurde in ihr Gegenteil verkehrt. Das KZ verwaltete nicht nur mit Ansehen der Person und etikettierte diese mit Symbolen (je nachdem, ob sie jüdisch, slawisch, »Zigeuner«, Homosexuelle, politische oder kriminelle Häftlinge etc. waren), sondern sorgte mit Absicht für massive Formen der Ungleichbehandlung, wofür bereits die Bezeichnung als »Untermenschen« stand. Alles in allem sehen wir – gemessen am Weber'schen Idealtypus – keine Bürokratie am Werke, sondern eine totale Institution mit willkürlicher, absoluter Machtausübung, die sich bestenfalls bürokratischer Prinzipien zu ihrer Legitimation bediente. Nicht rationale Organisation, sondern totale Machtausübung war ihr Kristallisationspunkt. Das KZ pervertierte somit die bürokratische Ordnung, deren Prinzipien den Bedürfnissen absoluter Machtausübung gebeugt wurden und schließlich den Erfordernissen einer totalen Institution wichen, welche bürokratische Regeln und Strukturen oft nur oberflächlich übernahm. Formal rational war bestenfalls die Fassade. Dahinter verbarg sich ein soziales Gebilde ganz anderer Natur, das die Rede von der KZ-Bürokratie – soweit sie den Begriff der Bürokratie soziologisch ernst nimmt – nicht rechtfertigt.[23]

Das Beispiel der sogenannten KZ-Bürokratie zeigt, dass in diesen Fällen eine formal rationale Organisation geringer entwickelt war als oft angenommen.

Begriffsbox 3.2:
Der Idealtypus der »Bürokratie« nach Max Weber – Wichtige Merkmale

- Die Politik gibt die Ziele vor, welche die Verwaltung, ohne eigene politische Vorstellungen zu verfolgen, umsetzt.
- Der Entscheidungsprozess folgt vorher festgelegten, abstrakten Regeln.
- Es gibt eine klare Amtshierarchie mit Über- und Unterordnung sowie Weisungsbefugnis.
- Das Personal ist fachlich geschult, vertraglich verpflichtet und wird nach vorher festgelegten Laufbahnen bezahlt und befördert.
- Es wird nicht nach Hörensagen, sondern in dokumentierten Verwaltungsakten gehandelt.
- In diesen wird niemand nach sozialer Stellung, Ethnie, Herkunft etc. bevorzugt oder benachteiligt, sondern »ohne Ansehen der Person« gehandelt (Weber 1922/85:124ff.; 551ff.).

Natürlich wurde der Holocaust insgesamt auch durch funktionierende Verwaltungsstrukturen im Umfeld der Konzentrationslager, in Administration und Logistik etc. ermöglicht. Aber in den Konzentrationslagern selbst fand etwas statt, das mit einer rationalen und/oder einer bürokratischen Organisation nur wenig zu tun hatte: willkürlicher Terror im (schein)bürokratischen Gewande. An diesem Negativbeispiel der Abkehr von einer rationalen bürokratischen Organisation kann man lernen, worin deren Charakter besteht: In ihr verbirgt sich »ein Element von Gerechtigkeit, ein Stück Garantie dafür, dass dank solcher Beziehung auf das Allgemeine nicht Willkür, Zufall, Nepotismus das Schicksal eines Menschen beherrschen« (Adorno 1953:447). Adorno bezeichnete dies im Anschluss an Weber als »Doppelcharakter der Organisation«, den er als Zusammenspiel und Auseinandertreten von formaler Vernunft (im Sinne einer Zweckrationalität) und materialer (Un-)Vernunft (im Sinne eines Wert-

---

23   Dass dennoch auch »ganz normale Organisationen« (Kühl 2005) an der Massenvernichtung mitwirkten, soll hier nicht bestritten werden. Eindrucksvoll zeigt Christopher Browning (1993) dies in seiner Studie zum Reserve-Polizeibataillon 101.

bezugs) analysierte. Bis heute haben bürokratische Organisationsformen nicht an Bedeutung verloren, sondern sich viel eher überall weiter ausgebreitet (vgl. Coleman 1986; DiMaggio/Powell 1983; Jacoby 1988; Perrow 2002). Die Bürokratie bleibe zwar, so Adorno (1953) sehr weitsichtig, der Sündenbock der verwalteten Welt, doch zugleich sei die Angst hinter dieser Klage nicht ein Zuviel, sondern ein Zuwenig an rationaler Organisation, aus dem dann Krieg, Krisen oder Terror resultierten (ebd.: 446).

3.2   Organisationssoziologische Ansätze im Vergleich

Wie immer diese Vorstellung einer rationalen bürokratischen Organisation in der heutigen Organisationslandschaft durchbrochen wird und wie sehr andere Organisationsformen sich durchsetzen: Für die Organisationssoziologie hat Weber einen Startpunkt geliefert, Organisation theoretisch zu denken – eine Heuristik, welche die Organisationssoziologie bis heute zu fruchtbaren Auseinandersetzungen anregt. Wie sie sich vor dem Hintergrund dieser Auseinandersetzung weiter entwickelt hat, zeigt die folgende Skizze über die Geschichte der Entwicklung der Organisationssoziologie.

 Infobox 3.1: Kurzer Ausflug in die Geschichte der Organisationssoziologie

Bereits die frühe Diskussion des Weber'schen Bürokratiemodells zeigte, dass diese idealtypisch gedachte Organisationsform nicht das Instrument der Wahl für alle Umwelten darstellte. Mit »organischen« und »professionellen« Formen wurde auf andere idealtypische Organisationsformen verwiesen, die in bestimmten Umwelten ebenso effizient oder gar effizienter seien (vgl. dazu den Sammelband von Mayntz 1968/71; für Zusammenfassungen Schluchter 1969; Offe 1974; Treutner u. a. 1978). Die Organisationstheorie nahm diese Diskussion auf und überführte sie in ein neues Paradigma, das die Passförmigkeit der Organisationsform mit ihrer Umwelt betonte: die »Kontingenztheorie«. Sie entwickelte sich vor allem in den 1970er-Jahren zu einem wichtigen Theorieprogramm. Ihre zentrale Annahme war, dass die Umwelt die Organisationsstruktur und diese die Effizienz der Organisation bestimme (vgl. dazu das Aston-Programm I-IV, Lawrence/Lorsch 1967/79; Pugh 1981 u. v. a.; vgl. für eine Wirkungsanalyse in den USA und Europa Guillen 1994). Gesellschaftliche Entwicklungen wurden in die »Umwelt der Organisation« verbannt (zur Kritik siehe Türk 1995).

Die Organisationssoziologie verlor damit tendenziell ihre Bezüge zur Gesellschaftstheorie, welche zuvor noch für das organisationssoziologische Denken wichtig gewesen waren (siehe als Belege dafür in ganz unterschiedlicher Herangehensweise Adorno 1953 und Parsons 1956). Das Fach hat sich auf diese Weise – gleichsam »freigesetzt« von den großen soziologischen Theorien und von der Frage der Bestimmung des komplexen Verhältnisses zwischen Organisation und Gesellschaft – in den USA umfassend etablieren können (vgl. dazu auch March 1996; Porter 1996; Zald 1996 u. a.). Dem »flowering« in den USA stand lange Zeit – mit der Ausnahme Großbritanniens – ein »Orchideenfach« in Europa gegenüber. Eine eigenständige europäische Entwicklung in vergleichbaren Dimensionen setzte erst spät, in den 1990er-Jahren ein.

Spätestens Ende der 1970er-Jahre hatte die Organisationstheorie begonnen, über die Kontingenztheorie hinaus mit einer Vielfalt unterschiedlicher Ansätze auch die kulturelle Heterogenität und Divergenz organisationaler Formen zu betonen. Doch auch hier, im Begreifen von Kultur, zeigte sich, dass der Bezug zur makrostrukturellen Ebene der Argumentation weitgehend ausgespart blieb. Kultur geriet in der produktiven Kontroverse über die »Kulturgeprägtheit« bzw. »Kulturfreiheit« der Organisation (vgl. Hickson/McMillan 1981; Child u. a. 1983; d'Iribarne 1991; Maurice 1991; Macharzina u. a. 1997; Hofstede 1997 u. v. a.; vgl. für eine Zusammenfassung Heidenreich/Schmidt 1991) zu einer externen Variable und wurde regional oder national identifiziert, aber eine Verbindung mit gesellschaftstheoretischen Reflexionen wurde kaum mehr hergestellt.

Erst seit den 1990er-Jahren lassen sich wieder Tendenzen erkennen, die Organisationssoziologie stärker gesellschaftstheoretisch einzubetten und das soziale Gebilde »Organisation« durch die Brille etablierter Gesellschaftstheorien zu betrachten. So wird heute das Verhältnis von »Organisation« und »Gesellschaft« auch in Deutschland erneut stärker thematisiert (vgl. z. B. Ortmann u. a. 1997; Türk 1995, 1999; Drepper 2003 etc.). In der neueren Organisationstheorie ist daher von einer »Rückkehr der Gesellschaft« (Ortmann u. a. 1997) die Rede. Gemeint ist nun konkret, dass Organisationen Gesellschaft verkörpern und jene gesellschaftlichen Strukturen und Institutionen mit produzieren, denen sie selbst ausgesetzt sind (vgl. Ortmann 1997 : 16 ff., Türk 1997 : 176).

Die Darstellung der Auseinandersetzungen mit dem neuen Institutionalismus, der Systemtheorie, aber auch der Handlungstheorie, die sich im Zuge dieser Entwicklung intensivieren, bilden den Kern dieses Kapitels. Alle drei Ansätze haben in unterschiedlicher Weise den Faden der Kritik an dieser Heuristik aufgenommen und ganz unterschiedlich darauf reagiert. In der Handlungstheorie, insbesondere der Theorie rationaler Wahl wurde versucht – teilweise in Anlehnung an, teilweise in Abgrenzung von

Max Weber – den Aspekt der Akteursrationalität enger und präziser zu fassen. Ziel war es, ein Erklärungsmodell zu gewinnen, das in der Lage ist, das Zusammenspiel der Handlungen natürlicher Personen und korporativer Akteure genau zu erfassen und unter Nutzengesichtspunkten zu analysieren. Luhmann hat mit seiner System-theorie hingegen eine Kehrtwende vollzogen und sich vom Weber'schen Rationali-tätsverständnis ganz gelöst (vgl. Luhmann 1971). Das mit diesem verbundene Zweck-Mittel-Schema[24] war ihm nur eine immer auch anders mögliche Bewertungsform in der Organisation, die selbst keine übergeordnete Rationalität für sich in Anspruch nehmen konnte. Deswegen fokussierte Luhmann seine Theorie nicht mehr auf Rati-onalität, sondern auf den Umgang mit Kontingenz und Ungewissheit in der Organi-sation. Diese wird dann als ein System verstanden, das sich in Entscheidungen selbst produziert und reproduziert (vgl. Luhmann 2000).

Tabelle 3.1: Drei organisationssoziologische Ansätze im Vergleich

	Theorie rationaler Wahl (Coleman)	Neue Institutionen-theorie (Meyer, Rowan, Zucker)	Systemtheorie (Luhmann)
Wie gehen sie mit Webers Rationali-tätsannahmen um?	Zuschnitt auf das Konzept rationaler Wahl	Bezug auf das, was als rational und legi-tim erscheint	Abkehr vom Ratio-nalitätskonzept
Was verstehen sie unter Organisation?	einen korporativen Akteur als Hand-lungssystem	ein sich als formal rational ausweisen-des Handlungssys-tem, das auf institu-tionellen Regeln basiert oder diese verkörpert	ein Entscheidungs-system, das sich selbst in Entschei-dungen (re)produ-ziert

Der neue Institutionalismus wiederum ergänzte die Perspektive Webers, indem seine Vertreter auf den Aspekt der gesellschaftlichen Legitimität dieser Formen aufmerksam machten. Die »bürokratische Organisation«, die Weber vor Augen hatte, wurde nun nur noch als Rationalitätsfassade dargestellt, die vielfach in der Welt kopiert und übernommen wurde. Die Frage war jetzt, wie viel an Ineffizienz und/oder Ineffektivi-tät sich hinter der Fassade verbarg (Meyer/Rowan 1977, siehe Kap. 3.5.). Da die Fas-sadenkonstruktion sich auf die Anerkennung und Legitimität gesellschaftlich institu-tionalisierter Regeln zurückführen lasse, könnten diese – ungeachtet ihrer tatsächlichen Effizienz oder Effektivität, so die Pointe – einfacher Ressourcen für den Bestand der

---

24   Zu Luhmanns Kritik am Weber'schen Rationalitätsverständnis siehe Luhmann 1983.

Organisation mobilisieren. Auf diese Weise könnten sie sich auch dann verbreiten, wenn ihre Arbeitsweisen tatsächlich ineffizient seien.

Zwischen Engführung und Präzisierung (z. B. durch Coleman), Ergänzung und Hinterfragung (z. B. durch den Neo-Institutionalismus) des Rationalmodells der Organisation sowie der radikalen Abkehr von ihm (z. B. Systemtheorie) bewegt sich der Diskurs der Organisationssoziologie, insoweit er sich auf die Auseinandersetzung mit dem Rationalmodell der Organisation bezieht. Wir wählen zur Einführung in die Argumentationsweise der drei Ansätze ein hypothetisches Beispiel aus, das jedoch realitätsnah entworfen wurde[25] und helfen soll, die Unterschiede in der Argumentation kenntlicher werden zu lassen.

Leitbeispiel 3.1: Die freie Universität Pellworm

Stellen wir uns vor, zwei Dutzend Studierende und eine Handvoll Lehrkräfte wollen dem üblichen Lehrbetrieb entkommen und gründen eine freie Universität auf Pellworm. Sie alle teilen das substanzielle Interesse, neue Lehr- und Lernformen auszuprobieren und sich gegenüber dem üblichen Kanon der universitären Fächer mehr Varianz und Wahlfreiheit zu gönnen.

Ihnen liegt nicht an einer Organisation, sondern an einer verbindlichen Gemeinschaft, in der jede und jeder alles lehren und lernen kann. Sie finanzieren das Projekt zunächst mit freiwilligen finanziellen Beiträgen aus ihrem Ersparten und hoffen auf Mäzene und Sponsoren. Die Gebäudemiete übernimmt der alternative Tourismusverband »Freie Nordsee« für ein Jahr. Man führt die intellektuellen, finanziellen und sozialen Ressourcen zusammen, um dem Ganzen eine Chance zu geben. Kurse über die »globale Autogenese« oder den »Wandel des Wandels« stehen ebenso auf dem Programm wie die teilnehmende Beobachtung des »Volxlebens am Meer«. In den ersten Monaten läuft alles gut. Lehrende und Studierende genießen ihr außergewöhnliches Dasein an der freien Universität

---

25　Zwei ernüchternde Praxisbeispiele, die die praktischen Herausforderungen alternativer Bildungsinstitutionen verdeutlichen, sind die Private Hanseuniversität Rostock sowie die Akkon Hochschule in Berlin. Im ersten Fall wurde das ambitionierte Projekt, das zuletzt nur noch 3 Studenten zählte, bereits nach 2 Jahren geschlossen. Eine lesenswerte Aufarbeitung des Falles findet sich bei Titz (2008). Im Fall der Akkon Hochschule konnte zwar die Schließung abgewendet werden, zahlreiche personalpolitische Querelen und Proteste der Studierenden über die anhaltenden Probleme machten einen grundlegenden Neustart erforderlich (siehe hierzu Reißmann 2010).

Pellworm

Kreis Nordfriesland
Zollgrenzbezirk

»Sign«. Quelle: Wikimedia Commons,
Foto: Joachim Müllerchen

Pellworm. Es wird gemeinsam gekocht, gelebt, geschwommen, gearbeitet und gelernt. Und die Touristen, die hinzustoßen, zahlen einen kleinen Obolus für die Teilnahme an Kursen, die auch ihnen prinzipiell offenstehen. Doch die Gemeinde Pellworm beschwert sich in der Zwischenzeit, dass sie ständig wechselnde Ansprechpartner hat, und der Energieversorger, dass die Nebenkosten nur unregelmäßig bezahlt werden. Die Winterzeit auf Pellworm bringt es zudem mit sich, dass die Touristen seltener werden und ihre finanziellen Beiträge fehlen. Die Kurse schlafen teilweise ein oder wiederholen sich, so dass auch die interne Nachfrage ausbleibt. Die Studierenden müssen immer öfter den Eltern über ihr Treiben und ihre Perspektiven Rechenschaft ablegen. Da die Eltern an der Finanzierung des Studiums beteiligt sind, verlangen sie, mit dem Dekan oder dem Rektor der freien Universität Pellworm zu sprechen – Positionen, die es innerhalb der freien Gemeinschaft gar nicht gibt. Die Studierenden selbst wollen teilweise mehr lernen und anderes hören, Gastdozenten einladen oder neue Experten gewinnen. Aber es fehlt sowohl an Geld als auch an Stellen. Manche von ihnen brauchen Bescheinigungen über das, was sie gelernt haben, andere wollen sich bewerben und sich die Studienzeiten anrechnen lassen.

Die freie Universität Pellworm reagiert zunächst, indem sie aus ihren Reihen eine Sprecherin wählt und ihr einen Stellvertreter an die Seite stellt. Beide sollen Koordinationsaufgaben übernehmen und als Ansprechpartner dienen. Dadurch vernachlässigen diese aber zunehmend ihre ursprünglichen Vorhaben. Man beschließt deswegen, ihnen zumindest eine Aufwandsentschädigung zu geben. Das geht eine Weile gut, aber nach einem Jahr taumelt die freie Universität in eine Krise. Ein paar Studierende verlassen sie, um wieder in ihr »richtiges« Studium zurückzukehren, andere wollen ein noch freieres Leben in wärmeren Gefilden auf Jamaika, den Norfolk Inseln oder Barbados realisieren. Ein Vater klagt gegen die Universität. Er habe seinem Sohn zum Studieren Geld gegeben und nicht zum Vergnügen. Die Frage taucht auf, ob sich die Gemeinschaft überhaupt Universität nennen darf? Der Vater klagt auf Schadensersatz und auf die Streichung der Benennung »Universität«. Doch gegen wen? Die Sprecher sehen sich gezwungen, die Klage anzunehmen, aber es handelte sich ja bislang um nicht mehr als einen freien Zusammenschluss einiger Menschen, ohne Vereins- oder eine andere Rechtsform. Zugleich läuft die Förderung durch den Tourismusverband aus und eine hohe monatliche Gebäudemiete fällt an. Allen Beteiligten wird klar, dass es so nicht weitergehen kann.

Um Geld einzunehmen, einigt man sich darauf, ein gebührenpflichtiges Kurssystem einzuführen. Doch dies verlangt eine Rechtsform und so wird ein gemeinnütziger Verein namens »Freie Universität Pellworm« mit sieben Gründungsmitgliedern ins Leben gerufen – samt Satzung, Vorstand und Kassenwart. In der Satzung steht ein eher allgemein gehaltener Bildungsauftrag, für die Gemeinschaft, die Gemeinde Pellworm und Touristen aus aller Welt. Zugleich gibt man das Gebäude, das bisher als Arbeits- und Lebensraum diente, auf und jedes Vereinsmitglied ist nun für Unterkunft und Verpflegung selbst verantwortlich. Die Studierenden haben teilweise weite Anfahrtswege in Kauf zu nehmen, manche ziehen sogar aufs Festland. Man mietet einen Kirchenraum an, in dem bei schlechtem Wetter oder im Winter die Kurse stattfinden sollen. Das funktioniert auch ganz gut, doch nun möchte jeder Dozent ein Honorar, das es ihm zumindest erlaubt, seinen Lebensunterhalt zu sichern. Dabei gibt es nicht nur Ärger, weil die Professoren mehr Geld verlangen, um ihren Lebensunterhalt zu sichern, sondern auch weil die Studierenden mehr Kurse geben müssen als sie belegen können, um über die Runden zu kommen. Zwar tun sie das gerne, aber andererseits wollen sie selbst auch noch lernen. Zum Glück wird die Schadenersatzklage des Vaters vor Gericht abgewiesen, aber die Bezeichnung »freie Universität« muss gestrichen werden.

Man nennt sich nun »freie Studiengruppe Pellworm« und ähnelt immer mehr einer alternativen Volkshochschule. Mit den Touristen werden »Laien« zur Hauptbuchergruppe, welche oft mehr Unterhaltung als Expertise suchen. Nach ein paar Monaten sind noch mehr Studierende und auch zwei Professoren abgesprungen und an ihre Universität auf dem Festland zurückgekehrt, während andere sich spezialisiert haben. Zwei Kurse entfalten jedoch besondere Attraktivität. Der neu eingerichtete Kurs zum »nordfriesischen Schiffsmanagement« ist immer so ausgebucht, dass mehrere Kurse zum Thema angesetzt werden und auch die »Sozio-Ökologie des Wattenmeers« erfährt großen Zuspruch. Die Übriggebliebenen der Studiengruppe »Pellworm« versuchen hier anzusetzen und eine nordfriesische Reedergruppe zu gewinnen, um mit ihnen ein Kurssystem aufzubauen. Dies fällt nicht leicht, aber die Reederei hat Interesse, ihre betriebliche Weiterbildung für das Reederei-Management zu erweitern und zusammen mit anderen Reedereien aus Hamburg eine »Corporate University« zu gründen. Da einer der Studierenden aus einer Reeder-Familie kommt und einer der Professoren im Auftrag einer Reederei eine Untersuchung über den sozialen Kosmos auf Container- und anderen Handelsschiffen durchgeführt hatte, traut die Reederei den beiden zu, erste Schritte in Richtung der Gründung einer »Corporate University« zu gehen. Ein Name ist mit »Corporate Ship Management Academy North Frisia« schnell gefunden. Die Landesregierungen von Hamburg und Schleswig-Holstein werden kontaktiert und schnell können sich beide Bundesländer vorstellen, den Ausbau zu einer Business School auch finanziell zu unterstützen. Voraussetzung ist jedoch eine Ansiedlung nicht nur in Pellworm, sondern auch in Hamburg, mit dem Ziel, einen eigenen MBA (Master of Business Administration) im Bereich »International Ship Management« anzubieten. Vertreter der Landesregierungen und der Reedereien bilden ein Konsortium, das sich allerdings relativ schnell über die Details und die Anteile der Finanzierung zerstreitet. Externe Experten empfehlen einen MBA nach dem Vorbild der Harvard Business School mit entsprechenden Anteilen von Sponsoren und Investoren sowie einer Organisationsform mit einer schlanken Struktur (Lean Management) und gut funktionierenden PPPs (Public Private Partnerships). Die Akkreditierung soll eine internationale Agentur vornehmen, die zugleich für die staatliche Anerkennung des MBA bei den Landesregierungen zu sorgen hat. Hamburg steigt dann jedoch spät aus dem Verfahren der Gründung aus. Aber Schleswig-Holstein unterstützt die Gründung der »Shipmanagement Business School Pellworm« (SBSP), wie sie dann heißen soll, weiterhin. Als Gründungspräsident fungiert jener Professor mit den guten Kontakten zur Reederei.

Ein Beirat mit Vertretern der Landesregierung und der Reedereien repräsentiert die Interessen der Träger. Einer der Professoren wird aus Altersgründen »ausgemustert« und einem anderen, der sich abwartend verhält, legt man aus Kompetenzgründen den Rückzug nahe. Die Studierenden können nun nicht mehr Dozenten sein, sondern müssen sich für einen Jahresbeitrag von 18.000 € für das MBA-Studium bewerben. Neue Professoren werden befristet angestellt und mit gut dotierten Honorarverträgen nach Pellworm gelockt. Insgesamt lassen sich im ersten Jahrgang sieben Studierende für den MBA gewinnen. Im zweiten Jahrgang sind es bereits zehn Studierende, so dass die SBSP ihren »break even point« erreicht. Die Kurse sind sehr eng auf das Schiffsmanagement ausgerichtet und der Geschäftsführer der Reederei betätigt sich bei diesen zunächst als Dozent und wird dann zum Honorarprofessor gekürt. Bis heute ist die Business School zwar ein Nischenprodukt, das sich jedoch erfolgreich in dem Segment der Schiffsmanagement-Ausbildung behaupten kann. Die »freie Universität Pellworm« ist nur noch Geschichte – eine Geschichte allerdings, die in den Annalen der Business School keine Erwähnung mehr findet.

3.3 Organisation als korporativer Akteur

Auf die Frage, warum es Organisationen gibt, lautet die Antwort eines handlungstheoretischen Ansatzes: zur Herstellung und Stabilisierung kollektiver Handlungsfähigkeit einer Mehrzahl individueller Akteure (vgl Schimank 2002:31). Je stärker dies notwendig wird, so zeigt das Beispiel der freien Universität Pellworm, desto eher kommen Organisationsformen ins Spiel. Diese Stabilisierung kann durch Netzwerke, Polyarchien[26] oder eben – wie im Falle von Organisationen – durch Hierarchien geschehen. Die freie Universität Pellworm hat in ihrer Transformation diese Formen nacheinander angenommen: Sie beginnt als Netzwerk im Sinne eines freien Zusammenschlusses verschiedener Personen, entwickelt sich zu einer Polyarchie weiter und endet als Arbeitsorganisation oder genauer: als ein korporativer Akteur. Die Entscheidungsbefugnisse über das Handeln aller Beteiligten liegen am Ende bei einer übergeordneten Leitungsinstanz. Organisationen wie die freie Studiengruppe Pellworm oder die SBSP stellen handlungstheoretisch betrachtet korporative Akteure dar. Sie erlangen im Coleman'schen Sinne durch die Zusammenlegung der unterschiedlichen Ressourcen der beteiligten Akteure auf Basis untereinander ausgehandelter, bindender Vereinbarungen ihre Handlungsfähigkeit. Diese müssen keineswegs schriftlich fixiert, sondern können vom Einverständnis in bestimmte Handlungserwartungen geprägt sein. Solche durch die Bündelung von Interessen und Ressourcen gleichsam von unten konstituierte korporative Akteure sind Interessenorganisationen, also Verbände, Vereine, Parteien, Kirchen, freie Studiengruppen etc. Die Zielsetzungen dieser »kollektiven Organisationen oder Akteure«, wie sie in der Organisationssoziologie genannt werden, bleiben an die gemeinsamen Interessen ihrer Mitglieder rückgebunden – so etwa die Entwicklung neuer Formen der Verbindung von Lernen, Lehren und Leben bei der freien Universität Pellworm. Im Idealtyp der Interessenorganisation besteht eine ursprüngliche Ranggleichheit der Mitglieder, die nach und nach durch repräsentativ-demokratische Verfahren ersetzt werden. So wie im Falle der freien Universität Pellworm nach einiger Zeit Sprecher oder später ein Vereinsvorstand gewählt werden. Es entsteht eine Hierarchie, bei der jedoch mehrere Leute an der Spitze stehen und die oft mehrere Leitungsfiguren kennt. So sind die Sprecher oder der Vereinsvorstand »primi inter pares«, ohne dass die anderen Mitglieder der selbstgegründeten freien Universität oder der Studiengruppe nichts mehr zu sagen hätten. Anders als in Arbeitsorganisationen schaffen sich also die Mitglieder hier selbst diese hierarchische oder besser polyarchische Struktur, der sie sich dann unterordnen (vgl. Schimank 2002:31-35).

Dies muss bei Arbeitsorganisationen wie der Business School SBSP nicht der Fall sein. Oft wird hier die formale Organisation »von oben«, durch einen Träger konsti-

---

26 Polyarchie meint eine Herrschaft der vielen oder mehrerer in einem sozialen Gebilde, im Idealfall eine pluralistische Demokratie (vgl. Dahl 1976:59-84).

tuiert. Dies kann ein Individuum, ein Unternehmen oder eine Schulbehörde oder ein Konsortium aus Reedereien und Landesregierung wie in unserem Falle sein. Die Interessen des Trägers sollen mittels Organisation realisiert werden, wozu es oft weiterer Mitglieder bedarf. Die »Ship Business School Pellworm« (SBSP), die sich aus der freien Universität herausbildet, ist im Ergebnis eine Arbeits- und keine Interessenorganisation mehr. Denn deren Mitglieder können auch ohne Übereinstimmung mit den gesetzten Zielen der Organisation an deren Leistungsproduktion mitwirken. Anders als bei der freien Universität Pellworm als Interessenorganisation müssen Mitgliedschaftsmotiv und Organisationszweck nicht mehr übereinstimmen oder eng verbunden sein, sondern die Dozenten oder Führungskräfte können ihren Job auch vorrangig wegen des angebotenen Honorars machen. Auf Basis dieses Tausches lässt sich in Arbeitsorganisationen eine Hierarchie aufbauen, die hierarchisch geordnete Stellen mit entsprechenden Qualifikationen und Vergütungen verknüpft. Der Geschäftsführer der SBSP erfüllt in diesem Sinne eine ganz andere hierarchische Funktion als der Vereinsvorstand, weil dieser nicht mehr direkt an die Interessen der Vereinsmitglieder rückgebunden ist, sondern auch gegenüber Angestellten mit anderen Interessen Weisungsbefugnis hat. Arbeitsorganisationen sind in der Regel also keine Interessenzusammenschlüsse, sondern bauen vor allem auf Tauschbeziehungen auf (vgl. ebd.: 34). Deswegen muss es, wie noch im Falle der »freien Studiengruppe Pellworm«, auch keine Satzung mehr geben, sondern es reichen je bilaterale Vereinbarungen, die Arbeits- oder Honorarverträge. Für festgelegte Anreize, z. B. den Arbeitslohn, werden hier die erwarteten Beiträge zur Leistungsproduktion formuliert – auch wenn man diese nicht präzise spezifiziert, sondern nur ungefähr benennt (vgl. dazu Berger/Offe 1982). Die enge Verbindung zwischen der Einbringung der je individuellen Einflusspotenziale und deren Einsatz im Sinne substanziell geteilter Interessen fehlt bei der Arbeitsorganisation in der Regel oder ist zumindest für diese nicht konstitutiv. Erkennbar ist das umgekehrt auch daran, dass man in Arbeitsorganisationen wie der SBSP ohne weiteres auch dann entlassen werden kann, wenn man mit ihren Zielen übereinstimmt – und sei es nur, weil man zu teuer geworden ist.

Von einem Akteur muss nach Coleman gesprochen werden, wenn man es mit zielgerichtetem, kohärentem Handeln zu tun hat, und von einem »korporativen Akteur«, wenn es gelingt, aus den Verhandlungskonstellationen individueller Akteure kollektive Handlungsfähigkeit zu mobilisieren (vgl. dazu Schimank 2002: 40 ff.). Hinzu kommt die Entstehung einer »juristischen Person«, auf die Handlungen zurechenbar werden. Dies ist in unserem Beispiel der freien Universität Pellworm erst mit der Gründung des Vereins erreicht.

Der korporative Akteur bekommt nach Coleman Rechte übertragen und wird zum nachgeordneten Beauftragten eines Staates oder in unserem Falle einer Interessengruppe, erhält teilweise Souveränität, Herrschaft, Kontrolle über bestimmte Personen (Coleman 1986: 48 ff.), auch wenn er an die Interessen der Mitglieder rückgebunden bleibt. Ein korporativer Akteur verfügt als Interessenorganisation über eine Verfassung, die zur Entscheidungsfindung beitragen soll. Dadurch kann zielgerichtetes Handeln im Sinne von Coleman ermöglicht werden. Wenn wir uns z. B. die freie Studiengruppe Pellworm genauer anschauen, dann stellen wir schnell fest, dass dieser Zusammenschluss (wie jede andere formale Organisation) auch zu einem Gebilde wird, in dem Herrschaft ausgeübt wird. Die Gründer einer Organisation übertragen die Nutzungsrechte über die Ressourcen an die Agenten der Organisation und die Ressourcen werden organisationsintern verplant und verteilt, ohne dass die Gründer einen direkten Einblick und Einfluss auf diese Prozesse haben müssen (Kappelhoff 1997:251). Formale Organisationsstrukturen und Hierarchien bestimmen nun immer mehr die Entscheidungswege und sorgen gleichzeitig für Orientierung und Transparenz.

Die Organisation als Akteur bekommt somit eine formal einheitlichere Gestalt und kann in unterschiedlichem Ausmaß die eigenen Ziele vertreten. In Colemans Worten: »Wenn alle Agenten ein Interesse an dem gemeinsamen Ziel haben, dann wird die Allokation von Autorität im Hinblick auf Entscheidungen an Schnittstellen weniger wichtig. Obwohl verschiedene Agenten das Problem möglicherweise unterschiedlich betrachten, werden ihre Interessen nicht unterschiedlich, sondern ähnlich sein« (Coleman 1992:159). Bei widersprüchlichen Interessen der Agenten liege es dann im Interesse der Körperschaft, die Identifikation jedes einzelnen Agenten mit der Körperschaft herbeizuführen (ebd.: 160). Die Beziehungsstruktur zwischen den Positionen wird durch ein zentrales Management festgelegt. Ist sie gut angelegt, können Agenten sogar ihre eigenen Ziele verfolgen und zugleich den Zweck der Körperschaft erreichen (ebd.: 166). Erziehung und Steuerung durch ein zentrales Management sorgen also dafür, dass auch widersprüchliche Individual- und Kollektivinteressen in Einklang gebracht werden. Erst in dieser Form, in unserem Beispiel in der Form der Business School SBSP, erscheint die freie Universität Pellworm im Coleman'schen Sinne als ein vollendeter korporativer Akteur.

Für Coleman ist damit klar: Auch bei der Verfolgung eigener, nicht gemeinsamer Interessen der Agenten greift die sichtbare Hand einer vom Management angelegten Struktur, welche die Agenten mit hoher Wahrscheinlichkeit die Ziele der Korporation erfüllen lässt. Das Problem des zielgerichteten Zusammenhandelns wird durch die interne Struktur der Korporation gelöst, die das Vertrauen in die notwendige Konformität der Mitglieder zu gewährleisten vermag (vgl. Schneider 2002:102-107), und ist daher in der Tendenz kein Problem für den korporativen Akteur. Über Austausch und Kontrolle der Agenten, Anreiz, Belohnung und Bestrafung wird die strategische Handlungsfähigkeit und Zielgerichtetheit des Akteurs aufrechterhalten. Wer zu sehr von den Zielen des korporativen Akteurs abweicht, muss mit Folgen rechnen (Coleman 1978). Die Frage, wie personale Akteure auf Basis unintendierter Handlungsfolgen das Problem organisational koordinierten Handelns lösen, bleibt ausgeblendet und ist damit implizit beantwortet: durch rationale Organisation (siehe dazu auch kritisch Wiesenthal 1987, 1990). Der korporative Akteur zeigt sich deswegen auch ohne Weiteres strategiefähig. Es ist nicht seine mangelnde, sondern seine gegenüber personalen Akteuren oder Individuen überlegene Strategiefähigkeit, welche Probleme aufwirft. Korporative Akteure seien, so nimmt Geser den Coleman'schen Faden auf, besser als Individuen dazu disponiert, »perfekte Akteure« zu sein, die viel eher als Individuen »autonom und selbstverantwortlich« handeln können (Geser 1990:415, so auch Wiesenthal 1990:69 ff.).

3.4   Organisation und die Institutionen der Gesellschaft

Warum erscheint aber die Form der Ausbildung in einer Business School vielen gesellschaftlich »rationaler« und legitimer als jene alternative der freien Universität Pellworm? Die Antwort der Institutionentheorie darauf lautet: Nicht unbedingt, weil sie effektiver oder effizienter ist, sondern weil sie den sozialen Erwartungen an formale Ausbildung besser entspricht und damit einem gesellschaftlich etablierten Muster, wie formale Bildung organisiert werden sollte. Ob sie für die Bildung der Personen tatsächlich effizienter oder effektiver ist, bleibt dabei eine offene Frage.

   Um das dahinter stehende Konzept der gesellschaftlichen Institution besser zu verstehen, müssen wir aber in der Argumentation noch einen Schritt weitergehen. Nicht nur die Studiengruppe auf Pellworm, sondern auch jeder Autodiktat kann außerhalb der gesellschaftlichen Institutionen nach wissenschaftlichen Erkenntnissen streben. Die Orientierung an der Wissenschaft ist allen freigestellt. Aber dieser universellen Freiheit steht eine durch Institutionen eingeschränkte Praxis gegenüber. Durch sie wird zwischen Experten und Laien unterschieden. Der Expertenstatus knüpft sich zugleich an das Absolvieren zertifizierter Ausbildungsgänge. Dadurch werden – wie immer rational dies im Einzelfall sein mag – die Zugänge zu institutionalisierten gesellschaftlichen Praktiken reguliert. Der Studierende in der alternativen Unigruppe auf Pellworm kann ebenso gebildet oder fachkompetent sein. Dennoch wird bei Rekrutierung der Dozenten auf formale Abschlüsse geachtet. Wer diese nicht vorweisen kann, gilt nicht als Wissenschaftler. Oder die Reederei wird sich bei der Untersuchung eines Unglücks auf einem ihrer Kreuzfahrtschiffe nicht auf eine Expertise stützen können, die von formal nicht zertifizierten Experten stammt (vgl. dazu Türk 1995:172 f.; Schwinn 2009:48 f.).

   Diese gesellschaftlich akzeptierten Regeln der Aneignung von Wissenschaft beinhalten nicht nur ein gesellschaftlich anerkanntes Kompetenz- und Rationalitätsversprechen, auf das sich andere Institutionen, Organisationen und Akteure verlassen, sondern sie sorgen auch für eine Delegitimierung des Fachwissens, das jenseits dieser institutionalisierten Praxis entsteht. Betreffende Personen werden nicht selten als »selbsternannte« Experten diskreditiert und ihr Wissen als Laientum oder Dilettantismus abgetan. Vor diesem Hintergrund ist auch die Reaktion des Vaters in unserem Beispiel zu sehen, der in dem nicht zertifizierten und kanonisierten Studium seines

Sohnes in der Unigruppe auf Pellworm nicht eine alternative Bildungschance sieht, sondern bloßes »Vergnügen«, das vom Erlangen von Zertifikaten abhält, die den Berufserfolg garantieren.

Das Konzept der Institutionen bezieht sich auf diese dauerhaft etablierten, gesellschaftlich anerkannten Regeln, denen man Rationalität und Legitimität zuspricht. Sie werden im Laufe der Zeit verinnerlicht und für die Gesellschafts- oder Organisationsmitglieder selbstverständlich. Anders als Luhmann, der in seinem späteren Werk ganz auf einen Institutionenbegriff verzichtet, möchte die neue Institutionentheorie zeigen, wie Organisationen institutionelle Formen der Gesellschaft aufnehmen oder verkörpern und ihre Formalstrukturen dadurch als »rational« ausweisen und sich legitimieren können. Im Falle der freien Universität Pellworm geschieht dies, indem die von einem alternativen Bildungsgedanken getragene Gruppe sich immer mehr an institutionalisierte Formen fachorientierter Bildung anpasst. Sie tut dies zunächst, um ihre Subsistenz zu sichern und ihre Legitimität zu erhöhen, später dann um mehr Ressourcen zu bekommen und Gewinne zu realisieren. Dabei bezeichnet die Legitimität die Anerkennungswürdigkeit oder Rechtmäßigkeit einer Ordnung. Sie kann nach Weber (1922/85) u. a. zugeschrieben werden kraft Tradition oder affektuellen Glaubens, kraft wertrationalen Glaubens oder positiver Satzung, an deren Legalität geglaubt wird (Weber 1922/85 : 19). Die Stabilität einer Ordnung bzw. auch die Überlebensfähigkeit einer Organisation setzt daran anschließend auch im neuen Institutionalismus nach Meyer/Rowan einen Legitimitätsglauben voraus (Meyer/Rowan 1977 : 53; vgl. für eine Zusammenfassung auch Senge/Hellmann 2006 : 78 ff.).[27] Organisationen fördern diesen und steigern also ihre Legitimität, wenn sie gesellschaftlich als rational erscheinende und/oder als rational anerkannte Elemente in ihre Formalstruktur integrieren. Darüber hinaus sind es, ähnlich wie bei Weber, auch normative und legale Elemente, welche die Legitimität einer Organisation erhöhen können (vgl. ebd.).

Vor diesem Hintergrund unterscheidet Richard Scott drei Arten von Institutionen: regulative, normative und kognitive. *Regulative Institutionen* zeichnen sich dadurch aus, dass sie durch klare, bereits formulierte Gesetze und Anweisungen das Handeln der Akteure regulieren. Werden diese nicht befolgt, kann eine Sanktion folgen. *Normative Institutionen* bezeichnen Normen und Werte, die durch die Akteure internalisiert worden sind. Werden diese nicht befolgt, kann es zu einem sozialen Ausschluss kommen. *Kognitive Institutionen* sind im sozialkonstruktivistischen Sinne sozial geteilte Konzeptionen von der Welt, von ihrer Gestalt sowie von den Mechanismen, die ihr innewohnen (Scott 2001 : 57).

---

27 »Organizations that incorporate societally legitimated rationalized elements in their formal structures maximize their legitimacy and increase their resources and survival capabilities« (Meyer/Rowan 1977 : 53).

Dabei erfährt der Begriff der Organisation zwei wichtige, aber unterschiedliche Ausformungen[28]: Zum einen wird die Organisation von Meyer/Rowan (1977) als ein System analysiert, das wie die Business School in der Lage ist, institutionelle Erwartungsstrukturen, und sei es nur als Fassade, einzubeziehen. Zum anderen wird von Zucker u. a. (1977) Organisation als eine Verkörperung von gesellschaftlichen Institutionen wie jene formal standardisierte, an Zertifikate geknüpfte Ausbildung verstanden.

Meyer/Rowan betonen in ihrem bahnbrechenden Aufsatz aus dem Jahr 1977 mit dem Titel »Formal Structure as Myth and Ceremony«, wie sehr die formale Struktur einer Organisation unter anderem auch von den bestehenden Erwartungen, Vorstellungen und Normen in einer modernen Gesellschaft abhängt. Sie dient laut Meyer und Rowan nicht zwangsläufig dazu, die Organisation technisch effizient werden zu lassen, sondern ihr eine »Belohnung« durch Umweltanpassung zu sichern (vgl. Meyer/ Rowan 1977 : 349; Walgenbach 2006 : 353). Organisationen setzen gesellschaftlich legitimierte Praktiken um, nicht weil sie als selbstverständlich und richtig wahrgenommen werden, sondern weil man sich dadurch eine Steigerung der Legitimität und somit gute Überlebenschancen erhofft (Scott 1994). Umgekehrt könnte aber auch der Verzicht auf Umstrukturierung entsprechend gesellschaftlich institutionalisierter Erwartungen das Ende einer Organisation oder in unserem Falle der Hochschulbildung auf Pellworm bedeuten.

Meyer und Rowan weisen darauf hin, dass es sich oft um »zeremonielle Fassaden« handelt, die mit dem Zweck der Legitimation und Repräsentation nach außen aufgebaut werden. So ist die formale Struktur einer Organisation zu einem großen Teil davon abhängig, was gesellschaftlich als effizient, rational und effektiv gilt. Eine zweite, daran anschließende Perspektive (Zucker 1977, Meyer u.a. 1994, Meyer/Jepperson 2000), welche die neo-institutionalistische Organisationssoziologie entwickelt, sieht die Organisation als *Verkörperung institutioneller Umwelten* (Mense-Petermann 2006 : 69). Das Erkenntnisinteresse verschiebt sich und die Frage lautet nun: Wie sind Organisationen als soziale Gebilde entstanden und welche gesellschaftliche Rolle spielen sie? Organisationen sind in diesem Sinne selbst Produkte kultureller Vorstellungen, Normen und Ideen. Sie sind nicht einfach so entstanden, sondern geben uns Auskunft über die bereits institutionalisierten Wertorientierungen. Die Schule z. B. ist das Ergebnis der institutionalisierten Idee des Rechts auf Bildung für alle, was sich vor allem in der gesetzlich festgelegten Schulpflicht in Deutschland niederschlägt. Damit wird eine gewisse Skepsis bezüglich der rationalen Gestaltung der Organisation formuliert: Organisationen sind primär das Ergebnis institutioneller Erwartungsstrukturen, die auch durch die Überzeu-

---

28 Man kann – anders als bei den Theorien von Luhmann und Coleman – von keiner in sich geschlossenen Theorie sprechen, sondern eher von einem Konglomerat verschiedener theoretischer Konzepte (vgl. für Überblicksarbeiten Walgenbach/Meyer 2008, Hasse/Krücken 1996, Ortmann/Zimmer 1998, Senge/Hellmann 2006).

gungen und Handlungsweisen der Organisationsmitglieder (Zucker 1977) hineingetragen werden. Zucker beschreibt Organisationen daher als *Institutionen*, die selbst zur Verfestigung kultureller Muster beitragen. In Organisationen werden Normen und Ideen institutionalisiert, womit Organisationen eine sehr wichtige gesellschaftliche Rolle spielen: Sie liefern den Rahmen, in dem Akteurshandeln kanalisiert wird, und tragen zur Institutionalisierung kulturell geprägter Werte und Normen und somit zur gesellschaftlichen Stabilität bei (vgl. Zucker 1987). Eine Bestätigung dieser Perspektive ist die empirisch beobachtete Angleichung von organisationalen Strukturen und Managementpraktiken in unterschiedlichen organisationalen Feldern (DiMaggio/Powell 1983; 1991). Die Business School Pellworm mit dem MBA nach dem Vorbild der Harvard Business School, mit der Unterstützung durch Sponsoren und Investoren, ist ein Beispiel für die Tendenz einer ähnlichen Ausgestaltung von berufsqualifizierenden Bildungseinrichtungen aufgrund institutionalisierter Vorstellungen und Erwartungen in diesem organisationalen Feld. Die institutionalisierten Erwartungen werden nicht nur von Externen, sondern auch von den Organisationsmitgliedern selbst getragen: Studenten, Professoren, Mitglieder der Universitätsverwaltung üben durch ihre Wirklichkeitswahrnehmungen und Einschätzungen einen wesentlichen Einfluss auf Organisationsveränderungen aus.

3.5   Organisation als System

Die systemtheoretische Betrachtung von Organisationen kehrt die handlungstheoretische Perspektive um und verzichtet ganz auf eine Institutionentheorie. Anders als Coleman beginnt sie nicht mit den Akteuren und deren Handlungen und betrachtet diese auch nicht als konstitutiv für das System »Organisation«. Akteure sind für sie nur Zurechnungspunkte, Adressaten von Entscheidungen, die erst in den Entscheidungen der Organisation Gestalt annehmen. Sie beginnt stattdessen also mit dem sozialen System; damit, wie es sich in Entscheidungen entwirft und vom Rest der Umwelt unterscheidet. Auch unser Beispiel zeigt in dieser Perspektive, wie sich eine Gruppe von Lehrenden und Studierenden selbst als freie Universität Pellworm entwirft und von der Umwelt abgrenzt. Ihre Weiterentwicklung ist dabei nicht geplant oder gezielt, sondern von Evolution, also von Zufällen und Gelegenheitsstrukturen abhängig. Diese sorgen für Irritationen, die produktiv verarbeitet werden. So werden die Nachfrage nach Kursen oder die Kontakte zur Reederei zum Anlass genommen, die eigenen Strukturen zu ändern und Mitgliedschaftsregeln (Vertragsgründung und -mitgliedschaft) zu definieren. Hier ist aber nicht die Umwelt bestimmend, sondern die Art, wie z. B. die Studiengruppe Pellworm mit den Anforderungen aus der Umwelt umgeht. In dieser selbst geschaffenen und schrittweise geänderten Differenzierung von der Umwelt entwickelt sie sich zu einer »Business School« und bildet Strukturen aus, welche die beteiligten Personen zum Personal der Organisation werden lässt (siehe Kap. 4 zur begrifflichen Unterscheidung von Person und Personal). Nun kann beispielsweise eine abwartende Haltung oder zurückhaltendes Engagement als »Entscheidung« zugerechnet und etwa durch Kündigung sanktioniert werden.

Nicht Handlungen oder Legitimationen stehen also bei der systemtheoretischen Perspektive im Vordergrund, sondern die Aufrechterhaltung, Veränderung und Reproduktion von Sinngrenzen durch das System selbst. Jedes System kann sich (innerhalb des gesellschaftlichen Kommunikationssystems) nur nach eigenen Bedeutungsregeln[29] die Umwelt aneignen bzw. die Differenz von System und Umwelt handhaben.

In der Luhmann'schen Systemtheorie werden Organisationen als soziale Systeme[30] begriffen. Sie sind durch Kommunikationen konstituiert[31] (vgl. Luhmann 2000). Die Organisation behandelt Kommunikation als Entscheidung und sichert diese Art der Behandlung (gegenüber Akteuren) durch Mitgliedschaft ab (vgl. dazu auch Luhmann 1997). Für die Mitglieder ist nun klar, dass auch ein Abwarten oder Nichtstun in bestimmten Situationen nicht nur als Kommunikation, sondern auch als Entscheidung – z. B. gegen eine Initiative der Profilierung der Organisation als Business School – verstanden werden kann. Mit der Mitgliedschaft wird akzeptiert, dass sich die Kommunikation an den Zwecken der Organisation orientiert und jederzeit so behandelt werden kann, als ob eine Entscheidung getroffen worden wäre. Organisationen können daher mittels einer soziologischen Systemtheorie als Entscheidungssysteme betrachtet werden. Natürlich werden auch in Familien oder Gruppen Entscheidungen gefällt. Das Spezifikum der Organisation liegt jedoch darin, dass sie jederzeit jede Kommunikation als Entscheidung behandeln kann und dies auch regelmäßig tut. Nur so können Entscheidungen als Ereignisse regelmäßig an Entscheidungen anknüpfen.

Von Entscheidungen zu sprechen meint dabei, dass Kommunikationen so beobachtet und bestimmt werden, dass sie als durch Alternativenwahl getroffene (immer temporäre) Festlegungen für nachfolgende Entscheidungen erscheinen.[32] Dadurch

---

29 Allerdings innerhalb des Rahmens von Sprache und Kommunikation, weshalb jede Organisation immer gesellschaftliche Organisation ist.

30 Siehe dazu auch Baecker (1999).

31 Kommunikation ist für Luhmann eine Kombination aus drei Elementen: *Information, Mitteilung* und *Verstehen*. Sie ist also nicht einfach eine Informationsübertragung, sondern hat immer einen konstitutiven Bezug zum Rezipienten: Erst durch das *Verstehen* einer Information und der mit ihr verbundenen Mitteilung kann man von einer Kommunikation sprechen, da wir erst dann eine kommunikative Brücke zwischen zwei geschlossenen (»autonomen«) Systemen verzeichnen können.

32 Luhmann sieht 1977 die doppelte Einheit der Entscheidung in der Unterscheidung zwischen Alternativen und der Wahl einer Alternative (vgl. Luhmann 1977:338), wendet sich jedoch 20 Jahre später davon ab und schreibt: »Was eine Entscheidung ›an sich‹ ist, kann dabei offen bleiben. Genau das bleibt nämlich unbestimmt (oder nur tautologisch bestimmt), wenn sie als Wahl innerhalb von Alternativen beschrieben wird. Sie ist keine zusätzliche Wahlmöglichkeit, also auch keine Komponente der Alternative, die ebenfalls gewählt werden könnte, sondern vielmehr das durch die Konstruktion der Alternative ausgeschlossene Dritte – also wiederum: der Beobachter!« (Luhmann 1997:831)

werden die Möglichkeitsspielräume in der Organisation verkleinert und die Entscheidungen entfalten Bindekraft.

Entscheidungen nehmen dabei regelmäßig auf Handlungen Bezug. Wenn einer der Professoren auf Pellworm auf einem einsamen Inselspaziergang eine Rede an den Strandhafer halten würde, so könnte er sich zwar selbst dabei als Handelnder beobachten, aber eine soziale Gestalt bekommt diese Handlung erst, wenn er mit anderen darüber sprechen und damit der Handlung einen sozialen Sinn verleihen würde. Denn dabei würde er sich mit sozialen Erwartungen auseinandersetzen, also zum Beispiel erklären, warum dies nicht »verrückt«, sondern eine Vorbereitung für den nächsten Kurs an der freien Universität Pellworm war. Handlungen gewinnen ihre soziale Gestalt also in Entscheidungen, in deren Handlungen z. B. in Arbeitsorganisationen wie der Business School nach Maßgabe des zweckorientierten Einsatzes von Arbeitskraft beobachtet werden. Luhmann nimmt also nicht, wie die Theorie rationaler Wahl, die Handlung als solche in den Blick, sondern das soziale Geschehen, in dem ihr Sinn verliehen wird (vgl. Luhmann 1997). Dieser hängt nicht nur an der Wahrnehmung und Beobachtung dieser Handlung, sondern an der Kommunikation dieser Beobachtung, die ihr erst eine soziale Gestalt gibt (vgl. dazu auch Kneer/Nassehi 2000, Wittenbecher 1999).

Da die Elemente der Organisation nicht die Menschen sind, die in ihr arbeiten, sondern Kommunikation, die als Entscheidung behandelt wird, gehören die psychischen Systeme zur Umwelt der Organisation. Die Kommunikation ist zwar strukturell immer an deren Bewusstsein gekoppelt, aber das Bewusstsein selbst ist zu komplex und eigendynamisch, um sich einfach in Kommunikation zu übersetzen (siehe dazu ausführlich Kap. 4). Man kann nie genau wissen, welche Bewusstseinsspuren die Kommunikation bei den anderen hinterlässt. Die Kommunikation lädt zwar zu Rückschlüssen auf damit verbundene Bewusstseinszustände ein, aber diese »Bewusstseinszustände« können nur unterstellt werden. Dadurch wird die Kommunikation am Laufen gehalten. Es bleiben Konstruktionen zum Zwecke der Kommunikation, auch wenn sie uns anders erscheinen mögen (vgl. Luhmann 2000: 94-98). Das Problem der daraus resultierenden Unzugänglichkeit des Bewusstseins für sich und andere löst die Kommunikation, indem sie eben nicht an das Bewusstsein der Menschen anschließt, sondern an deren Kommunikation.

Die Koordination und überhaupt die dauerhafte Sicherstellung der zahlreichen Entscheidungen, die in Organisationen tagtäglich getroffen werden, erfolgt durch die Festlegung von Entscheidungsprämissen. So steht es für die neu angestellten Lehrkräfte der Business School – solange diese Gewinne realisiert und die Gehälter zahlen kann – nicht mehr prinzipiell in Frage, dass die ehemals freie Universität Pellworm als »Business School« im Bereich des Schiffsmanagement operiert, sondern dieser Umstand wurde zur selbstverständlichen Prämisse ihrer Mitgliedschaft. Entscheidungsprämissen haben also nicht nur die Funktion, den enormen Möglichkeitsspielraum zu beschränken und somit Entscheidungsfindung überhaupt zu ermöglichen, sondern mit »Prämisse« soll nach Luhmann auch gesagt sein, »dass es sich um Voraussetzungen handelt, die bei ihrer Verwendung nicht mehr geprüft werden« (Luhmann 2000:222). Luhmann unterscheidet folgende Entscheidungsprämissen, die selbst Ergebnisse von Entscheidungen sind:

1. Programme: Bei diesen geht es ganz allgemein um die »Aufgaben« der Organisation. Dazu gehört z. B. die Aufgabe, einen MBA-Studiengang an der Business School auf Pellworm anzubieten. »Entscheidungsprogramme definieren Bedingungen der sachlichen Richtigkeit von Entscheidungen« (Luhmann 2000:257). Die SBSP entscheidet in unserem Beispiel im Hinblick auf das Ziel, viele Studierende zu gewinnen und als »Schiffsmanager« so auszubilden, dass sich Karrierechancen anschließen. Und natürlich will die Schule damit Geld verdienen und Gewinne machen. Das sind für Luhmann Folgeentscheidungen der Organisation, die wiederum als Ziele fungieren. Luhmann bezeichnet solche Entscheidungen als »Zweckprogrammierung« und unterscheidet sie von der »Konditionalprogrammierung«, bei der organisational festgelegt wird, welche Bedingungen es braucht, damit es zu einer Entscheidung kommt. So wird, wenn ein Student sich bei der Business School Pellworm bewirbt, in einem festgelegten Verfahren über seine Immatrikulation entschieden. Konditionalprogramme legen also fest, welche Entscheidungen getroffen werden, wenn ein bestimmter Fall eintritt.

2. Kommunikationswege und Entscheidungshierarchien: Eine weitere Reduktion des Kommunikationsspielraums wird erzielt, indem man Kommunikationswege und Entscheidungshierarchien festlegt. Dies ist die zweite Art von Entscheidungsprämissen. Sie sind eng mit den Entscheidungsprogrammen verbunden, denn »sie schränken die Möglichkeiten ein, wie die Stellen, an denen die Entscheidungen gefällt werden müssen, kommunikativ miteinander verbunden werden dürfen« (Martens/Ortmann 1997:443). Luhmann schreibt: »Über Entscheidungsprämissen können auch Kommunikationswege vorgeschrieben werden, die eingehalten werden müssen, wenn die Entscheidung als eine solche der Organisation Anerkennung finden soll« (Luhmann 2000:225). Auch an der freien Universität Pellworm entstehen im Zuge der Vereinsgründung Entscheidungshierarchien – ein Vorstand wird gewählt, der wahrscheinlich die Akzeptanz zentral kommunizierter Entscheidungen (Gründung der Business School) erhöht. Schon die Sprecherin und ihr Stellvertreter hatten für ein Mindestmaß an organisationaler Führung gesorgt, doch erst der Vorstand kann die Zuständigkeit für die Entscheidung wichtiger Fragen der Vereins- bzw. Universitätsstruktur zentralisieren, so dass allen Organisationsmitgliedern klar sein muss: Ohne dessen Zustimmung gibt es keine gravierenden Veränderungen.

3. Personal: Die Organisationen regeln in Entscheidungen über Stellen bzw. Positionen, wer zu welchen Kommunikationen zugelassen wird und wer nicht. In aller Regel wird dabei die Besetzung von Stellen konditioniert, d. h. an Voraussetzungen geknüpft, die nur einen sehr selektiven Zugang eröffnen, also Exklusivität schaffen. So können in unserem Beispiel die Studierenden mit der Gründung der Business

School Pellworm nicht mehr Dozenten werden, weil ein Studienabschluss dafür nötig ist. Oft werden diese Voraussetzungen an Leistungen in anderen Teilsystemen geknüpft, insbesondere an Leistungen im Erziehungs- und Wissenschaftssystem. Über zertifiziertes Spezialwissen, Anforderungen an Professionalität, Kompetenz und Beziehungen beschaffen sich Organisationen teilsystemfremdes oder auch nur organisationsfremdes Wissen.

Durch Entscheidungen über diese Entscheidungsprämissen wird versucht, organisationale Unsicherheiten und Komplexität zu reduzieren. Vor allem lässt sich durch Festlegung von Entscheidungsprämissen bestimmen, welche Entscheidungen tatsächlich zu den Entscheidungen der Organisation zählen und welche ihrer Umwelt angehören (vgl. Luhmann 2000:237ff.).

3.6 Zusammenfassung

Wie wir gesehen haben, stellt sich der Fall Pellworm je nach organisationssoziologischer Herangehensweise sehr unterschiedlich dar. Die Handlungstheorie Colemans betont die Entstehung eines korporativen Akteurs mit klaren Anreiz- und Sanktionsstrukturen und zeichnet die  Transformation von einer Interessenorganisation zu einer Arbeitsorganisation nach. Für die Systemtheorie steht ein ungesteuerter, evolutionärer Wandel im Vordergrund, der im Nutzen von Zufällen und Gelegenheiten nach je eigenen Sinnstrukturen zu einer Organisation führt. Diese ist dadurch gekennzeichnet, dass sie in Kommunikationen ihre Grenzziehung gegenüber selbst gewählten und geschaffenen Umwelten reproduziert und Kommunikationen regelmäßig als Entscheidungen behandelt. Die Akteure konstituieren dabei nicht die Organisation, sondern umgekehrt: Sie erscheinen in der Systemtheorie lediglich als Zurechnungsformen und Adressaten von Entscheidungen. Für die Institutionentheorie steht hingegen die Anpassung an institutionelle Umwelten im Vordergrund. Nicht zufällig entsteht eine »Business School« auf Pellworm, sondern die Akteure orientieren sich an gesellschaftlich anerkannten Bildungsformen, um mehr Ressourcen mobilisieren und Gewinne realisieren zu können. Die Form der Business School ist dabei bereits mit entsprechenden formalen und materialen Rationalitätserwartungen institutionalisiert, so dass die »Shipmanagement Business School Pellworm« als eine weitere organisationale Verkörperung dieser Institution gesehen werden kann.

Kapitel 3: Fragen zur Vertiefung

- In welcher Hinsicht ist eine Universität eine bürokratische Organisation?
- Wie lässt sich die Einführung von BA- und MA-Studiengängen an den Universitäten und Hochschulen Deutschlands aus einer neo-institutionalistischen Perspektive erklären?
- Wie sind an einer Universität aus systemtheoretischer Perspektive Programm- und Personalstrukturen verbunden?

Übung zu Kapitel 3: Gründung und Schließung einer Privat-Universität

Betrachten wir im Folgenden den realen Fall der »Privaten Hanse-Universität (PHU)« in Rostock-Warnemünde: Die Unternehmensberater Peter L. Pedersen und Knut Einfeldt verfolgten ab 2002 das Ziel, in Deutschland eine private Universität nach dem Vorbild der US-amerikanischen Bildungsaktiengesellschaften zu etablieren und gründeten die »Private Hanseuniversität GmbH & Co KG«. Knapp 98 Prozent der Anteile erwarb der Hamburger Bildungsinvestor *Educationtrend*; eine weitere Finanzsäule sollten die Studiengebühren in Höhe von 7500 Euro pro Semester und Student bilden. Die Gründer hatten die Vision einer kontinuierlich wachsenden Privat-Uni, an der zehn Jahre später 5000 Menschen studieren sollten. Jedoch musste man die Erwartungen sukzessive nach unten anpassen. Nach der staatlichen Anerkennung durch das Bildungsministerium des Landes Mecklenburg-Vorpommern im Jahre 2007 wollte man mit 25 Studierenden in das erste Semester starten und musste selbst dieses Ziel als zu hoch gesetzt erkennen: Zu Beginn des Semesters sah man sich nur fünf Studierenden gegenüber. Zuletzt studierten nur noch drei Personen an der PHU. Vergeblich versuchte man die Investoren zu beruhigen und an einem Rettungskonzept zu arbeiten; im März 2009 wurde die Hanse-Universität allen Bemühungen zum Trotz geschlossen.[33]

---

33   Für eine detaillierte Beschreibung des Falles siehe Titz (2008).

Arbeitsaufgaben:

1. Bitte begründen Sie aus neo-institutionalistischer Perspektive, warum welche Studien- und Finanzierungsformen gewählt werden.

2. Versuchen Sie das Scheitern der Universitätsgründung mit Bezug auf die Annahmen einer Theorie rationaler Wahl zu erklären.

Exemplarische Antworten auf die Fragen zur Vertiefung sowie einen Lösungsvorschlag zur Übung finden Sie im Internet unter www.utb.de/soziologie-der-organisation

4 Personal und Motivation

In diesem Kapitel erfahren Sie
➤ wie die Soziologie Menschen und Personen unterscheidet,
➤ warum Organisationen keine Menschen,
   sondern Personal beschäftigen,
➤ was die Soziologie unter Karriere und Motiven versteht.

»I always want to look like the best version of me.« Samantha aus »Sex and the City«

Worauf Samantha in der bekannten TV-Serie hinweist, hat nicht nur mit der Soziologie, sondern auch mit der Argumentation in diesem Kapitel zu tun. Es handelt sich darum, dass sich Menschen eine Form der Außerdarstellung aneignen, die sie in Gesellschaft nutzen. Ob uns diese Form bewusst ist oder nicht, ob sie selbstverständlich oder beabsichtigt ist, wir alle können unser Inneres nicht einfach nach außen kehren. In der Notwendigkeit, sich in Gesellschaft verständlich zu machen, liegt bereits begründet, dass wir dafür gesellschaftliche Formen brauchen, welche uns die Artikulation unseres Selbst ermöglichen. Das fängt bei Sprache und Kleidung an und hört bei der Darstellung von Zurechenbarkeit und Mündigkeit nicht auf. Die »Person« selbst ist in den hier herangezogenen Ansätzen der Soziologie (mit der Ausnahme der Theorie rationaler Wahl) eine soziale Form, die historisch und kulturell bestimmte Darstellungsweisen nahelegt, damit wir als solche an Gesellschaft teilnehmen können.[34] Dabei handelt es sich um kein inszeniertes Theaterspiel, sondern um eine ganz alltägliche Übung (Goffman 1959/91). Sowohl in der Institutionen- als auch in der Systemtheorie geht es in unterschiedlicher Weise um die gesellschaftliche Konditionierung[35] von Ausdrucksmöglichkeiten der Person sowie von Erwartungen, die sich an sie richten. Sie stecken den Rahmen ab, innerhalb dessen wir uns gesellschaftlich als Person bewegen können. Wir können diesen Rahmen oft nur um den Preis unserer gesellschaftlichen »Persönlichkeit« sprengen, also um den Preis, dass wir lächerlich, »unmöglich« oder gar »verrückt« erscheinen.

Ein solcher Zugang, wie er mit unterschiedlichen Prämissen in der neuen Institutionen- und in der Systemtheorie gepflegt wird, erfordert ein Umdenken. Denn »Person« ist dann nicht länger ein Synonym für »Menschsein«, sondern eine gesellschaft-

---

34 Die Psychologie hält dafür seit Tajfel (1978) die Unterscheidung von sozialer und personaler Identität bereit, deren Einheit als das »Selbst« bezeichnet wird. Soziales und personales Selbst werden infolgedessen als Funktionen der Selbst-Kategorisierung begriffen (vgl. Turner u. a. 1994) und somit als psychisches Phänomen, als internalisiertes Ergebnis der Sozialisation. Siehe auch Ashforth/Mael (1989) für eine Anwendung dieser Perspektive auf das Verhalten in Organisationen.

35 Konditionierung heißt für Luhmann (1984: 44), dass »eine bestimmte Relation zwischen Elementen (…) nur realisiert [wird] unter der Voraussetzung, daß etwas anderes der Fall ist bzw. nicht der Fall ist«.

liche Form, die unser menschliches Dasein mit prägt. Dadurch eröffnen wir uns einen
spezifischen soziologischen Zugang, der es ermöglicht, diese Form als soziale und
gesellschaftliche zu untersuchen, ohne andere wichtige Perspektiven auf das Menschsein, wie z. B. biologische, chemische oder humangenetische, mitführen zu müssen.
Von dieser Prämisse ausgehend kann dann weiter gefragt werden, wie Organisationen
mit dieser gesellschaftlichen Form umgehen, wie sie diese »zuschneiden« und welche
speziellen Darstellungsformen, Erwartungen und Zuschreibungen sie damit verbinden. Wir lösen uns auf diese Weise – wie auch mit dem Organisationsbegriff (siehe
Kap. 2) – von einem praxisorientierten Verständnis von Personal bzw. Personalpolitik,
das den Menschen in den Vordergrund stellt. Neben einem handlungstheoretischen
Zugang, der mit Coleman auf den »Akteur« fokussiert, interessieren wir uns für den
Zusammenhang von Organisation und Person, wie er in der System- und in der
neuen Institutionentheorie konzipiert wird.

Die folgenden Ausführungen beschäftigen sich daher nicht mit dem »Menschen-
bild« der Organisationssoziologie, sondern mit der Prägung von Personen oder
Akteuren durch organisationale und gesellschaftliche Zusammenhänge und umgekehrt. Dabei versuchen wir zum einen, begriffliche Klarheit in der Konzeption des
Zusammenhangs von Person, Personal und Organisation herzustellen. Zum anderen
wollen wir zeigen, was sich hinter den organisationalen sowie gesellschaftlichen Kon-
ditionierungsformen von Personen und Personal verbirgt. Dazu wird zunächst nochmals konkreter auf die Bedeutung von »Person« in der modernen Gesellschaft einge-
gangen (4.1), um anschließend eine weitere Konkretisierung der Person in modernen
Gesellschaften zu thematisieren, nämlich die für moderne Arbeitsgesellschaften
dominante Form des »Personals« (4.2). Die Integrationsmodi der Organisation, also
z. B. Mitgliedschaftsvertrag und Karriere, stabilisieren die Motivlagen des Personals
und legen damit auch fest, welche Motive organisational verfügbar und anerkannt
sind (4.3). In der Analyse dieser gesellschaftlichen und organisationalen Motivproduktion kann demzufolge ein wichtiger Beitrag der Soziologie sowie der Organisationssoziologie zu diesem Thema gesehen werden.

4.1   Der Mensch als Person – Zum Personenverständnis
in der Soziologie

In allen drei hier vorgestellten Ansätzen wird das »Personenkonzept« als eine Konstruktion behandelt. Für Coleman ist es eine theoretische Konstruktion, mit der die
Erklärungsreichweite seiner Annahmen ausgelotet wird, für die System- und neue
Institutionentheorie eine gesellschaftliche Konstruktion, die durch Institutionen oder
in Kommunikation ihren spezifischen Zuschnitt erfährt. Sowohl die neue Institutionentheorie als auch die Systemtheorie thematisieren die Person – mit gänzlich verschiedenen theoretischen Prämissen – als eine Art historisch bewegliches »gesellschaft-

liches Korsett« (Mauss 1938/97).[36] Es stellt einen Rahmen für gesellschaftlich mögliche Ausdrucksformen von »Individualität« oder »Akteursein« dar. Zugleich dient die Person in diesem Rahmen als Zurechnungspunkt für gesellschaftliche Erwartungen, die verinnerlicht und selbstverständlich werden können.

Um zu illustrieren, wie ein solches soziologisches Personenverständnis unsere Sichtweise verändern kann, nutzen wir das Beispiel eines Grubenunglücks in Chile (Leitbeispiel 4.1). Es hat 2010 erhebliche Medienresonanz erfahren, weil 33 Bergleute in 700 Meter Tiefe durch den Zusammenbruch des Stollens für 69 Tage eingeschlossen waren. Sie überlebten und konnten mit sehr aufwändigen Bohrungen schließlich gerettet werden. Anhand der Erzählungen der Bergleute hat Jonathan Franklin (2011) eine journalistische Aufarbeitung der Ereignisse in dokumentarischer Weise vorgenommen, auf die wir uns im Folgenden beziehen. Der Bezug auf eine reale Extrem- oder Krisensituation, in der es um Leben und Tod ging, soll uns helfen, die Realität und Wirkmächtigkeit solcher gesellschaftlicher Formen zu verstehen.

Leitbeispiel 4.1: Das Minenunglück in Chile

Es war Winter in Chile, als sich in der Mine San José am 5. August 2010 ein massiver Felsbrocken von der Größe eines Wolkenkratzers aus dem Berg löste und den Ausgang einer Mine der Compañía Minera San Esteban Primera versperrte (vgl. dazu ausführlich Franklin 2011:9). 33 Bergleute wurden in einer Tiefe von fast 700 Metern eingeschlossen. Sie waren in dem Wüstengebiet im Norden Chiles vor allem auf der Suche nach Kupfer. Chile ist der größte Kupferlieferant der Erde und produziert rund ein Drittel des weltweiten Bedarfs. Der Kupferpreis hatte sich in den fünf Jahren vor dem Unglück nahezu verdreifacht,

---

36 Aus Mauss' ethnologischen Studien geht hervor, dass viele Gesellschaften zum Begriff der Person (*personnage*, »Figur«) gelangt sind, zunächst als eine Darstellungsform oder Rolle in heiligen Dramen (Mauss 1938/97:237). Im antiken Rom wird die lateinische »persona« (tragische Maske, rituelle Maske, Ahnenmaske) durch eine neue Form bereichert. Alle freien Bürger Roms hatten die bürgerliche persona, manche von ihnen wurden religiöse personae. Nur der römische Bürger hatte das Recht auf Namen, auf Vor- und Zunamen. Einerseits hat sich das Wort persona als künstliche Person, Maske und Rolle in Komödie und Tragödie, bei Betrügerei und Schauspielerei fortgesetzt. Andererseits war persona auch schon synonym mit der wahren Natur des Individuums geworden. Aber auch das Recht ist nun auf die persona gegründet worden. Der Sklave war davon ausgeschlossen: »Servus non habet personam.« Er hat keine Persönlichkeit, er hat seinen Körper nicht, keine Ahnen, keine Namen, keine cognomen und keine Güter. Dies zeigt sich auch noch im germanischen Recht. Erst das späte Christentum gibt ihm dann eine Seele (Mauss 1938/97:244).

von 1,20 Dollar auf deutlich über drei Dollar pro Pfund (vgl. dazu Franklin 2011:9). Dies führte dazu, dass ältere, gefährlichere Betriebe, wie jene Mine San José, wieder rentabel wurden. Die Bergleute gingen vor allem wegen des guten Geldes in die Mine und nahmen dafür auch die bisweilen schlechten Arbeitsbedingungen in Kauf. In den Minen war es sehr heiß und es herrschte eine hohe Luftfeuchtigkeit. Die Männer hatten in der Regel nur eine bescheidene Technik zur Verfügung und mussten sich in der seit 1889 betriebenen Mine durch ein Labyrinth von Stollen graben.

Dabei hatten sich die Minenbetreiber zwar an einer Rationalisierung der Arbeit interessiert gezeigt, ohne jedoch viel in Sicherheit investieren zu wollen. Die Mine war bereits einmal nach einem tödlichen Arbeitsunfall im Jahre 2007 vorübergehend geschlossen und nur unter Auflagen wieder eröffnet worden, die jedoch von den Minenbetreibern nicht eingehalten wurden. Trotzdem genehmigten die Behörden die Wiederinbetriebnahme. Diese Entscheidung hatte dramatische Folgen. Der Tunnel, in dem die Bergleute arbeiteten, wurde verschüttet und die Rettungsleitern für die Fluchttunnel standen entweder nicht zur Verfügung oder waren morsch. Alle Fluchtversuche scheiterten deshalb. Die Mine San José, so kommentiert Franklin in seiner Untersuchung des Falls lakonisch, war nie ein Ort, an dem die Sicherheitsbestimmungen streng eingehalten wurden (vgl. ebd.: 35). Viele der in den Fels getriebenen Hohlräume hatte man nicht mit Stützpfeilern abgesichert, manche Stützpfeiler sogar abgebaut. Trotz dieser sich verheerend auswirkenden Sicherheitslage zeigten die Besitzer der Mine zunächst wenig Bereitschaft, das Ausmaß der Katastrophe anzuerkennen und angemessen mit Hilfeleistungen zu reagieren (vgl. ebd.: 35). Erst der Einsatz von Regierung und Staat machte einen großangelegten Rettungsversuch möglich.

»Los 33 miners posing with President Piñera and the First Lady of Chile in the Blue Room of the Presidential Palace on 24 October 2010«. Quelle: Wikimedia Commons, Foto: Gobierno de Chile

Die 33 eingeschlossenen Bergleute versammelten sich nach und nach in einem Schutzraum der Mine. Einer sprach am nächsten Morgen ein Gebet und man beriet die zu ergreifenden Maßnahmen. Die formale Hierarchie, so berichtet einer der Bergleute, war fast augenblicklich aufgehoben (vgl. ebd.: 66): »Wir waren alle Dreiunddreißig gleich, und wir führten ein demokratisches System ein«, so der Bergmann (ebd.). Die Männer stimmten auf Versammlungen ab und jeder hatte eine Stimme. Mit der Einführung des demokratischen Systems wurden auch die täglichen Routineabläufe und Arbeitsaufgaben geregelt. Die Bergleute beteten, hielten Versammlungen ab und einen strengen Tagesablauf ein. Toiletten- und Schlafplätze wurden eingerichtet. Dennoch gab es Unterschiede. Eine Gruppe von fünf Bergleuten, alle Angehörige eines Subunternehmens, fühlten sich auch jetzt noch an den Rand gedrängt und »wie Bürger zweiter Klasse« behandelt (vgl. ebd.: 106). Der Schichtführer, der erst seit kurzem in der Mine arbeitete, wurde – bei aller Gleichheit der eingeschlossenen Bergleute – in seiner Vorgesetztenposition zwar nicht hinterfragt, diese trat aber in den Hintergrund. Daneben übernahm mit Sepúlveda ein anderer Bergmann die informelle Führerschaft und moderierte bei Konflikten.

Nach drei Tagen begannen manche Bergleute zu halluzinieren, andere verfielen in eine regelrechte körperliche Starre, um diese Situation ertragen zu können. Die Stimmung verschlechterte sich zusehends, als der ohnehin karge Proviant zur Neige ging. Viele Männer waren starke Raucher, manche Trinker, die nun einen Zwangsentzug durchmachten. Es kam immer wieder zu Auseinandersetzungen unter den Männern. Viele Bergleute, so Victor Segovia, der im Stollen Tagebuch schrieb, seien mit der »Situation überhaupt nicht zurecht« gekommen. Sepúlveda, der informelle Anführer, berichtet: »Ich hielt mich vor den anderen gerade, aber wenn sie schliefen, weinte ich« (ebd.: 95). Doch am elften Tag bricht er zusammen. Die anderen Bergleute stützen ihn. »Wir waren wie eine Familie, so ein weiterer Bergmann, wenn einer fiel, half man ihm wieder auf« (ebd.: 102).

Nach fünf Tagen hörten sie die Geräusche einer ersten Bohrung, die am 14. Tag immer näher kamen. Aber die Sonde hatte sich 700 Meter durch den Fels gegraben und die Männer verfehlt. »Wir saßen im Wartezimmer des Todes«, so berichtet einer der Bergleute, »ich wartete auf den Tod und war ganz ruhig« (ebd.: 109). Erst als die zweite Bohrung sie im Morgengrauen des 17. Tages erreichte, konnten die Bergleute zum ersten Mal etwas aufatmen. Durch das schmale Bohrrohr konnte zwar niemand in die Freiheit gelangen, doch es ermöglichte, Briefe und Nachrichten sowie Nahrung und Flüssigkeit nach unten zu transportieren. Durch den Transportkanal wurde als nächstes Shampoo, Seifen und Zahnbürsten etc. geschickt, die auf der Wunschliste der Bergleute ganz oben standen (vgl. Franklin 2011: 144).

In der Zwischenzeit strengten die Regierung, die Familien und Organisationen der Bergarbeiter Klagen gegen die beiden verschuldeten Minenbesitzer an. In einem Radiointerview am 23. August 2010 im chilenischen Radiosender Cooperativa erklärte Bohn, einer der Minenbesitzer, dass man den rechtlichen Konsequenzen des Bergwerkunglücks »mit Gelassenheit« entgegensehe. Es gebe keinerlei Vorwarnung für eine solche Art von Unglück, weswegen man auch keine weiteren Vorsichtsmaßnahmen treffen könne. Die Arbeiter seien ausgebildet und mit Sicherheitsausrüstung ausgestattet gewesen. Zugleich deutete er an, gegebenenfalls die Lohnfortzahlungen für die 33 Eingeschlossenen und weitere 300 Beschäftigte einzustellen, was dann später auch geschah. Man habe kein Geld mehr dafür, so die Begründung (vgl. ebd. 139). Selbst eine Entschuldigung bei den Arbeitern und ihren Angehörigen lehnte der Minenbesitzer aus rechtlichen Gründen ab (vgl. Franklin 2011 : 138 f.).

Am 42. Tag, die Bergleute waren im Rahmen der Möglichkeiten mit allem Überlebenswichtigen und Gewünschten versorgt, lehnten sie sich gegen die Maßnahmen des Rettungsteams und insbesondere der Psychologen auf, weil diese die Briefe ihrer Angehörigen zensierten und ihre Lieferungen kontrollierten, um Verwerfungen bei den Eingeschlossenen zu verhindern. Nachdem die Bergleute um ein Haar verhungert waren, drohten sie jetzt mit Hungerstreik, um ihre Forderungen durchzusetzen, was schließlich geschah. Am 65. Tag erreichte der große Bohrkopf die eingeschlossenen Bergleute und am 69. Tag wurde mit der Rettung begonnen. Der Schichtführer stieg als letzter in die Rettungskapsel und alle 33 Bergleute kamen wohlbehalten draußen an.

Während sich der Staat und die Regierung um die nach 69 Tagen schließlich erfolgreichen und nicht nur in den Medien gefeierten Rettungsarbeiten gekümmert hatten, verhielten sich die Minenbesitzer immer noch zurückhaltend. Anders als die schnell reagierende Politik und die Behörden, welche die für die Wiederinbetriebnahme Zuständigen entließen, zeigten sich die Minenbesitzer auch danach, in einem lange währenden Rechtsstreit, wenig einsichtig. Aber nach der glücklichen Rettung der 33 Bergleute fanden sie sich schließlich doch noch bereit, den zurückgehaltenen Lohn für die Bergleute zu zahlen.

In einer Krisensituation wie jener in der Mine findet eine Vereinnahmung mit Leib und Leben in einer Schicksalsgemeinschaft statt. Die Partialinklusion der Organisation wird aufgehoben (siehe dazu auch Kap. 2.2). Die Grenzen zwischen Menschlichem, Gesellschaftlichem und Organisationalem verschwimmen in dieser Extremsituation. Alles gehört nun dazu: Die körperlichen Beschwerden, die Halluzinationen und depressiven Stimmungen sowie die Probleme und Sorgen um Angehörige, Ehefrauen und Kinder. Trotzdem wird erkennbar, dass auch in dieser Situation von den

Bergleuten noch versucht wird, an bestimmten Grenzziehungen festzuhalten. Einige gesellschaftliche und zivilisatorische Standards werden mit der verbleibenden Kraft verteidigt. In dem Bestreben, die Selbstbeherrschung in einer Situation allgemeiner Hilflosigkeit und großer Angst zu wahren, spiegelt sich in einer soziologischen Betrachtungsweise zugleich ein verinnerlichter Horizont gesellschaftlicher Erwartungen an die Person, auch in einer Lage, in der man »verrückt« werden könnte, zurechnungsfähig zu bleiben oder sich so darzustellen. Daran lässt sich nicht nur eine psychische, sondern auch eine gesellschaftliche Konditionierung der Person ablesen, wie sie die Systemtheorie und die neue Institutionentheorie mit unterschiedlichen theoretischen Prämissen im Blick haben. Sie liegt in der Aufrechterhaltung einer zurechnungsfähigen gesellschaftlichen Person. Manche hielten bis zum Nervenzusammenbruch an dieser Darstellungsform fest. Und im Falle eines solchen war den anderen daran gelegen, ihre »Zurechnungsfähigkeit« als Person schnell wieder herzustellen. Dabei spielt sicherlich auch »Männlichkeit« als Darstellungs- und Zurechnungsform eine Rolle (Donaldson 1993, Connell/Messerschmidt 2005). Aber dabei kann es eine organisationssoziologische Betrachtung nicht bewenden lassen. Die gesellschaftliche Konditionierung der Person wird in diesem Fall ebenso sichtbar wie der Versuch der Akteure, noch in einer Extremsituation das »Person-Sein« souverän handhaben zu können. Gesellschaftliche Kommunikation kann damit fortgesetzt, Erwartungen und Zuschreibungen wieder an Personen adressiert werden (Systemtheorie) und die Institutionalisierung der Person als Akteur sorgt für eine selbstverständliche Wiederherstellung von Handlungsfähigkeit (neue Institutionentheorie). Auch die zivilisatorischen Darstellungsformen gehören zu einem Kernbestandteil der gesellschaftlichen Person.[37] Dies lässt sich u. a. daran erkennen, dass sogleich Toilettenplätze an abgeschiedenen Orten eingerichtet werden, das peinliche Geschäft hinter die Kulissen verlegt wird. Oder dass, sobald Hunger und Durst gestillt waren, die Bergleute nach Shampoo, Seife, Zahnpasta und Handtüchern verlangten, um sich selbst wieder auf den zivilisatorischen Standard einer gesellschaftlichen Person zu bringen.

In der Notwendigkeit, »sich gesellschaftlich verständlich machen« zu müssen, liegt für jeden Einzelnen von uns also keine Beliebigkeit, sondern Gesellschaften legen bestimmte Ausdrucksformen der Person nahe und negieren andere (vgl. dazu Luhmann 2000 : 89 ff.). Selbst in der extremen Ausnahmesituation der in der Mine eingeschlossenen Bergleute greifen diese gesellschaftlichen Konditionierungen der Ausdrucksformen einer Person. Die Untersuchung der Art dieser gesellschaftlichen Konditionierung ist daher für die System- und die neue Institutionentheorie ein Kern der soziologischen Beschäftigung mit der Person.

---

37   Elias hat in seiner historischen Analyse gezeigt, wie sich unsere Scham- und Peinlichkeitsschwellen mit der Form der Gesellschaftlichkeit verändern und welches Korsett an verinnerlichten, selbstverständlich gewordenen gesellschaftlichen Ausdrucksformen die Person in der jeweiligen Epoche ausmacht (Elias 1976a: 1-42; 1976b: 444-465).

Die Rational-Choice-Theorie Colemans betont vor diesem Hintergrund vor allem die Akteursqualitäten der Person. Die Bergleute erscheinen in dieser Perspektive als rationale Egoisten, die vor allem an ihrer Nutzenmaximierung interessiert sind. Da die Akteure in Colemans Theorie als »extrem vereinfachte Abstraktionen menschlicher Individuen« konzipiert werden, sind sie ausschließlich über ihr Interesse an Ressourcen (z. B. Nahrung) bzw. Ereignissen (z. B. der Rettung) sowie ihren Möglichkeiten, den Zugang zu Ressourcen oder den Eintritt von Ereignissen zu kontrollieren, definiert. Und ebenso wird die Beziehung zwischen den Akteuren konzipiert: als Interesse an Ressourcen, die andere kontrollieren, und Kontrolle von Ressourcen, die andere interessieren. Erst vor diesem Hintergrund wird dann das Problem des Auseinandertretens von individueller und kollektiver Handlungsrationalität verständlich, zu dessen Analyse Colemans Theorie beitragen möchte. Angewandt auf unser Beispiel würde die Theorie mit der Annahme operieren, dass jeder einzelne Bergmann sich im Überlebenskampf möglichst viel Nahrung sichern möchte, was aber dazu führen würde, dass im Kampf um knappe Ressourcen nicht alle überleben könnten. Ebenso läge die Annahme nahe, dass das Interesse des Einzelnen in einer solchen Situation darin liegt, seine körperlichen Ressourcen zu schonen und die anderen mehr für die Rettung tun zu lassen. Dieses sog. Trittbrettfahrer-Verhalten könnte wiederum dazu führen, dass alle zu wenig für die Rettung tun und diese daher nicht mehr möglich wird. In beiden Fällen legt die Theorie rationaler Wahl das Spannungsfeld zwischen individueller und kollektiver Handlungsrationalität offen und fragt nach den sozialen und gesellschaftlichen Lösungen dieses Problems (siehe auch Tabelle 4.1 weiter unten). Diese liegt im Falle der Bergleute in einer Herrschaftsordnung mit klar definierten Verfahren und Hierarchen (Organisation) und entsprechenden Anreiz- und Sanktionsstrukturen für die Bergleute. Diese Ordnung wird auch in der Extremsituation sogleich wieder aktualisiert oder durch neue Abstimmungsverfahren (Einführung eines demokratischen Systems) ergänzt und legitimiert.

Klar erkennbar wird, dass auch bei Coleman nicht der Mensch als Ganzes, sondern der Akteur mit klar definierten Eigenschaften sowie die durch die Akteure konstituierte Ordnung in den Mittelpunkt der Erklärung rücken (Coleman 1992: 233). Das Handlungsprinzip wird in dem Versuch der Akteure gesehen, ihre Befriedigung oder ihren Nutzen zu maximieren – ein Versuch, der jedoch aufgrund der nicht perfekten Intelligenz der Akteure und der Beschränkungen der Rationalität in Handlungssituationen nicht immer gelingen muss (vgl. ebd.: 233 f.)[38].

Die neue Institutionentheorie, welche die Person auch als Akteur konzipiert, schließt sich einer solchen Reduktion der Person auf einen zu theoretischen Zwecken

---

38   Die Vorteile eines solchen, rein analytisch auf eine minimale Struktur reduzierten Akteurs liegen für Coleman darin, dass sich diese Konzeption nicht nur auf natürliche Personen, sondern auch auf Körperschaften anwenden lässt (vgl. ebd.: 233 f.).

sehr einfach konzipierten Akteur nicht an. Sie sieht – der Theorievariante von Zucker (1977) folgend – die Akteure vielmehr mit gesellschaftlich institutionalisierten Erwartungen konfrontiert, die sie sich aneignen und verinnerlichen. Konkret bedeutet dies für die Person, dass sie auch in einer Extremsituation wie jener der Bergleute dazu tendiert, sich als Akteur zu verstehen und von sich selbst und anderen zu erwarten, dass man seine Gefühle und sein Leben im Griff habe sowie zielführende Entscheidungen treffen könne. Je nach gesellschaftlichem Kontext und Situation stattet sich die Person mal mehr und mal weniger mit Akteurseigenschaften aus und erscheint dann – wie die Bergleute – für sich selbst und andere als rational, wert- oder nutzenorientiert oder emotional kontrolliert. Nicht die Personen schaffen in dieser Perspektive die Institutionen, sondern der soziale Akteur selbst erscheint bei Zucker (1977) gerade in dem Aspekt seines Selbstbildes und seiner Interessen als institutionell konstituiert. Mit dem Begriff der Person oder des Akteurs werden hier – anders als in der Variante von Meyer/Rowan – nicht einfach die Handelnden selbst bezeichnet, sondern eine gesellschaftliche Form »Akteur«, die als institutionell verfestigte Struktur den Personen, mitsamt ihrer gesellschaftlich bestimmten Attribute, selbstverständlich wird (vgl. auch Meyer/Hammerschmidt 2006:165). Diese auf die gesellschaftliche »Konstitution« des »Akteurs« bezogene Variante ist allerdings von jener von Meyer/Rowan (1977) zu unterscheiden, die Akteure einfach als Handelnde versteht, die sich die institutionellen Spielregeln aneignen und auf institutionalisierte Erwartungen (zunächst formal rational) reagieren (vgl. dazu auch Walgenbach/Meyer 2008:121).

Tabelle 4.1: Das Verständnis von Person und Akteur im Theorienvergleich

	Theorie rationaler Wahl (Coleman)	Neue Institutionentheorie	Systemtheorie (Luhmann)
Was wird unter einer »Person« verstanden?	Ein auf Interesse und Kontrolle ausgerichteter Akteur als theoretische Abstraktion	Eine als »Akteur« institutionalisierte soziale Struktur (Zucker) bzw. Handelnde, die auf institutionalisierte Erwartungen reagieren (Meyer/Rowan)	Ein Autor, eine Adresse und ein Thema in der Kommunikation

Für Luhmann hingegen ist die Person eine soziale Form zum Zwecke der Kommunikation. Sie dient im Falle der Mine den Bergleuten dazu, in ihren Gesprächen Erwartungen zu adressieren und selbst zu artikulieren, ohne wissen zu können und zu müssen, was im jeweils anderen vor sich geht. Denn dies ist, trotz der Tatsache, dass man sich in dieser Extremsituation auch von anderen menschlichen Seiten kennenlernt, für Luhmann unmöglich. Wir können auch dann nicht wissen oder direkt beobachten, was in den anderen Menschen vorgeht. Wir können es weder direkt beobachten, noch lässt sich diese Welt direkt mitteilen. *Personen* entstehen für ihn daher aus der Unmöglichkeit direkter Beobachtung psychischer Systeme. Sie werden nur im Medium der Kommunikation konkret – in Reaktion auf das für uns zu lösende Problem der Undurchsichtigkeit des jeweils anderen bei gleichzeitiger Anwesenheit (Luhmann 2000 : 89 ff.). Personen sind daher nicht mit Menschen oder Individuen gleichzusetzen, sondern der Begriff bezieht sich auf eine gesellschaftliche Form, ein Produkt des sozialen Systems der Gesellschaft. Individuen können nicht umhin, diese Form auch in Extremsituationen zu nutzen, um sich zu verständigen, um Erwartungen und Zurechnungen zu adressieren und sich gesellschaftlich zu artikulieren.

4.2   Personal – eine soziologische Bestimmung

Zugleich zeigt das Beispiel der Mine, dass ihre Organisationsform durch das Unglück zwar teilweise außer Kraft gesetzt wurde (siehe dazu auch Kap. 2), aber deren Ordnung und Sinngebung für die eingeschlossene Schicksalsgemeinschaft bestimmend blieb. Obwohl man die formalen Hierarchien schnell über Bord warf oder, wie im Falle des Schichtführers, in den Hintergrund drängte, war den Bergleuten an einer schnellen Regelung der täglichen Routineabläufe und der Verteilung der Arbeitsaufgaben gelegen. Trotz der widrigen Umstände unter Tage wurde versucht, die Betriebsamkeit einer Organisation und das »Personalsein« faktisch wieder herzustellen. Die Bergleute verfolgten nun zwar einen anderen Zweck, aber die »rationale Betriebsförmigkeit« gab ihnen nach eigener Auskunft Rückhalt, da sie ansonsten kaum mehr als warten und hoffen konnten. Die Eingliederung in einen hierarchischen Herrschaftsverband blieb in Kraft. Dieser konstituiert sich für Weber durch die auf Gehorsamsbereitschaft und Legitimitätsglaube basierende *Anerkennung* von Anweisungen und gesatzten Ordnungen (vgl. Weber 1922/85 : 541-550). Nicht das Problem der Verwertung, sondern jenes des regelgeleiteten Handelns steht hier im Vordergrund der Betrachtung des »Personals« der Organisation. Damit wird ein kosten-/nutzenorientiertes Verständnis von Personal durch ein vertrags-, herrschafts- und institutionenorientiertes ergänzt.

Daran knüpfen dann sowohl die Theorie rationaler Wahl von James S. Coleman als auch (in ganz anderer Weise) die Perspektive des neuen Institutionalismus an. Coleman versteht unter »Personal« interessengeleitete, vertraglich gebundene Akteure in einer Körperschaft. Sie haben einen Teil ihrer Rechte im Austausch gegen die Bezahlung eines Lohnes oder eines Gehalts auf die Körperschaft übertragen (vgl. Coleman 1991 : 82 ff.; Liebig 2002 : 157). Dies trifft auch für die Bergleute zu. Gegen eine Entschädigung übergibt der »Agent« (bzw. die natürliche Person) dem »Prinzipal« (bzw. der juristischen Person) das Kontrollrecht über einen begrenzten Teil seiner Handlungen. Daraus resultieren nach Coleman im Falle von formalen Organisationen häufig sogenannte disjunkte Herrschaftsbeziehungen[39], da sich die Interessen des Agenten von jenen des Prinzipals unterscheiden können[40]. Dies wird im Falle der Mine klar ersichtlich. Die Interessen der Bergleute vor, während und nach der Katastrophe erscheinen jenen des Prinzipals diametral entgegengesetzt.

Das Beispiel der chilenischen Mine macht darüber hinaus in drastischer Weise deutlich, dass die Bergleute durch das Unglück weder für sich noch für ihren Arbeitgeber ihren Personalstatus verloren. Für sie spielte, aus der Not der Situation geboren, ihre Nützlichkeit als Arbeitskräfte nach wie vor eine zentrale Rolle und für den Arbeitgeber ihre Nutzbarkeit als Personal. Die Arbeitgeber behandelten die eingeschlossenen Bergleute noch in dieser Extremsituation als Personal, das nicht mehr – so zynisch das klingt – in der Lage war, die Arbeit fortzusetzen. Die ökonomische Vernunft einer instrumentellen Nutzung der Personen setzte sich hier u. a. in der Frage der Sicherheitsausstattung sowie in jener der Lohnfortzahlungen gegenüber erwarteten Wertorientierungen von Fürsorglichkeit, Schutz des Lebens anderer, Mitleid und Fairness durch (siehe auch Infobox 1 in Kap. 1, siehe dazu auch ausführlich Kap. 8). Es mag ein Extremfall sein, jedoch ein solcher, der uns auf den zentralen Punkt aufmerksam macht: Personalsein bedeutet immer auch entlohnte Nützlichkeit, und wer diese – ob mit oder ohne eigenes Verschulden – nicht mehr ausweisen kann, geht früher oder später seines Lohnes oder seiner Arbeit verlustig.

Die Perspektive der instrumentellen Nutzung von Personen sowie ihre Verfügbarkeit als Ressourcen werden dabei nüchtern offengelegt. Dies deckt sich mit einem betriebswirtschaftlichen Verständnis, das im Personal vor allem eine Ressource sieht[41], die als *Humankapital* der Nutzung durch die Organisation zugeführt wird (Becker 1962, 1993; Oechsler 2006; Drumm 2008; Lindner-Lohmann u. a. 2008; Stock-Homburg 2010). Entsprechend wird auch die Personalverwaltung oder das Personalmanagement in der praxisbezogenen Literatur begriffen als »sämtliche Strategien, Methoden und Instrumente, die der Beschaffung, Erhaltung, Entfaltung, Nutzung

---

39 Coleman unterscheidet zwei verschiedene Typen von Herrschaftsbeziehungen: *konjunkte* und *disjunkte*: »Der erste der beiden Typen, bei dem die Übertragung mit der Überzeugung vorgenommen wird, daß sie für den Untergebenen von Nutzen ist, werde ich konjunkte Herrschaftsbeziehung nennen. Den zweiten Typ, wo eine derartige Überzeugung fehlt, nenne ich eine disjunkte Herrschaftsbeziehung« (Coleman 1991 : 92 f.).

40 Für den Prinzipal schafft dies Probleme, die mit dem teilweise fehlenden intrinsischen Interesse und den nicht überprüfbaren Handlungsdetails bei der Ausführung der Handlungen durch die Agenten zusammenhängen (Coleman 1991 : 100). Deswegen entwickeln Organisationen spezifische Anreizsysteme und Identifikationsstrategien (»Corporate Identity«), die das sogenannte Prinzipal-Agent-Problem lösen sollen (Coleman 1991 : 186 ff.).

41 Personal erscheint in der Betriebswirtschaftslehre als Ressource, die entlang der Differenz von Nutzen und Nicht-Nutzen von Personen (nicht: von Arbeitskraft) spezifiziert wird. Diese Ressourcen sind als Personal zwischen Organisationen austauschbar und werden nach Tauschprinzipien gehandelt, als ob ihre Arbeitskraft eine Ware wäre (vgl. dazu z. B. Jung 2008 : 9, Hentze 2001, Ridder 2009).

und Freisetzung von Personal im Hinblick auf die Unternehmensziele« dienlich sind (Becker 2001 : 11).

Zur Voraussetzung hat eine solche Perspektive die grundsätzliche Tauschbarkeit des Personals bzw. dessen Austauschbarkeit auf Märkten. »Personalsein« ist – schon bei Marx (1890/1968a: 557 ff.) – immer auch auf die Handelbarkeit und Warenform dieser »Ressource« bezogen.

Anders als die Person wird das »Personal« einem ökonomischen Nutzenkalkül unterworfen, unabhängig davon, ob es sich in einer kapitalistischen Organisation verdingt oder nicht. »Personal« ist – darauf machte insbesondere Marx aufmerksam – eine dem Ressourcenhandel ausgesetzte Form von Person.[42]

Eine solche Orientierung an Handel, Freisetzung und Einkauf von Ressourcen ist in dieser Perspektive auch für jede »Personalpolitik« der Organisation konstitutiv. Dies gilt für den Erhalt von als wertvoll erachteten Ressourcen ebenso wie für ihre Freisetzung.[43] Personalpolitiken haben – wie auch in unserem Beispiel klar zu erkennen – die organisationale Ressourcenverwertung zum Ausgangspunkt und machen diese zum Gegenstand reflexiver, normativer und strategischer Bezugnahmen. »Humanität« bedeutet vor diesem Hintergrund immer auch: Nutzbarmachung des Humanpotenzials für die organisationale Verwertung (vgl. zu dieser Argumentationsfigur auch Bechtle 1980; Türk 1981).

In kapitalistischen Organisationen erfährt diese Formgebung des Personals durch die ökonomischen Kosten-Nutzen- sowie Marktkalküle einen weiteren Zuschnitt, der sich in der Rede vom »Humankapital« sehr gut widerspiegelt. Kapitalistische Organisationen orientieren ihre Entscheidungen an den Möglichkeiten der Kapitalakkumulation und damit an Rendite und Profitabilität. Investitionen in Personalentwicklung sind dementsprechend nicht durch humanistische Bildungsideale begründet, sondern durch die erwartete Steigerung der Produktivität der Mitarbeiter. Das »Personal« kapitalistischer Unternehmen nimmt in dieser Perspektive seinerseits eine spezifische Verwertungsform an, indem es seinen Wert für die Organisation an der Regelerwartung eines Beitrags zur Erwirtschaftung von Gewinn und Profit orientieren muss, gleichviel worauf dieser beruht und wie immer fiktiv diese Kausalzurechnung tatsächlich sein mag. Es muss damit rechnen, dass sein Erfolg nicht einfach an seiner Leistung oder seiner Arbeit, sondern am unterstellten Beitrag zur Profitabilität des Unternehmens bemessen wird. Die strukturelle Notwendigkeit, den Ausweis der personalen

---

42 Anders als die durch Privateigentum vor Austausch besser geschützte Unternehmerschaft wird das Personal vor diesem Hintergrund immer auch danach trachten, seine Marktposition zu erhalten oder zu verbessern und möglichst die Zeichen der eigenen Austauschbarkeit in der Organisation zu tilgen (siehe auch ausführlich Kap. 6). Es sieht sich insofern gezwungen, sich besser, origineller, flexibler, dynamischer, schneller etc. als andere darzustellen – eben als »wertvoller« und als schwerer ersetzbar.

43 Noch die Orientierung der Personalentwicklung an »Employability« zeigt an, worum es geht: um das Interesse der Unternehmen am Erhalt der Tauschbarkeit der Handelsware auf Märkten, um die Vermeidung von teuren »Abfindungen«, Sozialplänen oder Transfergesellschaften.

Nützlichkeit im Zweifelsfall selbst erbringen zu müssen, bleibt der Arbeit der Mitglieder solcher Organisationen dabei keineswegs äußerlich.[44]

In der neuen Institutionentheorie spielen dagegen die Probleme von Interesse, Kontrolle oder Verwertung eine untergeordnete Rolle (Perrow 1985, Beckert 1999, Wolf 2003, Walgenbach/Meyer 2008).[45] Hier ist vielmehr der institutionelle Einfluss auf individuelle Ziele und Motivlagen des Personals von Interesse (vgl. Scott 1987:508, Walgenbach/Meyer 2008). In diesem Sinne wird das Personal als Träger institutionalisierter Erwartungen aufgefasst; sie befinden sich gleichsam in einem eisernen Käfig (»iron cage«) institutionell verfestigter Strukturen (DiMaggio/Powell 1983).[46] So kann dann auch das Nachwirken oder Intaktbleiben der »rationalen« Betriebsform im Minenbeispiel erklärt werden. Die Männer waren an ihrem Arbeitsplatz eingeschlossen, so einer der Experten, und keine Touristen. »Es war eine lange Schicht, gewiss, eine sehr lange Schicht, aber doch eine Schicht« (ebd.: 97). Die Kumpel, so ein weiterer Experte vor Ort, waren vorher bereits ein Team und mussten sich in einer Weise organisieren, die das Überleben einer größtmöglichen Zahl an Menschen ermöglichte (ebd.). All dies aktualisierte das gewohnte, fest institutionalisierte Muster einer Organisation. Diese Verinnerlichung der institutionellen Form der Organisation lässt sich u. a. auch daran erkennen, dass selbst in einer existenziellen Situation wie dieser die Trennung zwischen der Randbelegschaft (der Beschäftigten des Subunternehmens) und der Stammbelegschaft (der direkt angestellten Minenarbeiter) aufrechterhalten wurde oder man schnell wieder, als die Versorgung unter Tage sichergestellt war, mit Streikmaßnahmen drohte.

Mit »Personal« thematisiert die neue Institutionentheorie somit eine gesellschaftlich institutionalisierte Form der Mitgliedschaft in Organisationen, die sich in Form und Ausprägung an gesellschaftlichen und organisationalen Regeln orientiert, welche »Rationalität« und Legitimität signalisieren. Personalauswahl oder Personalpolitik ist in diesem Sinne immer auch eine organisationale »Strategie« zur Steigerung der

---

44 Die These der Entgrenzung von Arbeit deutet dabei zugleich einen Erwartungswandel bezüglich des Personals als Form kapitalistischer Ressourcenverwertung an. Waren früher im Konstrukt der »Normalleistung« Erwartungsgrenzen bezüglich der Entäußerung verwertbarer Arbeitskraft verankert, erweisen sich diese Grenzen heute als ausgeweitet. Eine tendenzielle Grenzenlosigkeit der Erwartung (nicht: der Entäußerung) hat sich etabliert. Sie findet ihren Widerhall in Identifikationsformen, bei welchen der Anspruch entgrenzter Leistungsentäußerung internalisiert und als Kriterium der Selbst- und Fremdbewertung inthronisiert ist (vgl. zu dieser Diskussion Voß 1998; Pongratz/Voß 2003, Sauer 2005, Moldaschl/Voß 2003, Minssen 2000).

45 »[I]nstitutional theories of organizations«, so DiMaggio (1988), »represent an important break with rational-actor-models and a promising strategy for modeling and explaining instances of organizational change that are *not* driven by processes of interest mobilization« (ebd.: 3, H.i.O.).

46 Als »iron cage« (eiserner Käfig) wurde Max Webers Dystopie vom »stahlharten Gehäuse der Hörigkeit« durch Talcott Parsons ins Englische übersetzt – eine freie Übersetzung, die zu vielfältigen Missverständnissen in der Weber-Rezeption führte (vgl. Swedberg 2005:132 f.).

Legitimität nach außen. Sie führt nicht selten zu einer Angleichung der Organisationen und ihrer Lösungsstrategien innerhalb des jeweiligen Felds (DiMaggio/Powell 1983 : 154 f.; siehe auch Walgenbach/Meyer 2008).

Tabelle 4.2: Das Verständnis von Personal und Personalpolitik im Theorienvergleich

	Theorie rationaler Wahl (Coleman)	**Neue Institutionen-theorie**	**Systemtheorie (Luhmann)**
Was wird unter Personal verstanden?	Interessengeleitete, vertraglich gebundene Akteure in einer Körperschaft	Eine gesellschaftlich institutionalisierte Form der Mitgliedschaft, an institutionalisierten Erwartungen orientiert	Eine Entscheidungsprämisse der Organisation mit einem spezifischen Sinnzuschnitt im Rahmen von Mitgliedschaft
Was wird unter Personalpolitik verstanden?	Eine Strategie zur Lösung der Prinzipal-Agenten-Probleme	Eine Strategie zur Steigerung der Legitimität der Organisation	Entscheidungen über Entscheidungsprämissen

Die Systemtheorie Luhmanns fügt dem soziologischen Verständnis von Personal einen weiteren zentralen Aspekt hinzu. Im systemtheoretischen Sinne bezieht sich eine soziologische Beschäftigung mit »Personal« auf den gesellschafts- und organisationsspezifischen Sinnzuschnitt einer Zurechnungs- und Erwartungsform. »Personal« bezeichnet hier eine spezifische Form im gesellschaftlichen und organisationalen Kommunikationszusammenhang, die dem Subjekt genau bestimmte Darstellungsmöglichkeiten im Rahmen der Organisation bietet sowie andere begrenzt oder ausschließt (Luhmann 2000 : 285 f.). Dieser Perspektive zufolge fungieren Personen in Organisationen als spezielle Entscheidungsprämissen[47], an denen sich andere in ihren Entscheidungen orientieren. Ebenso wie sich die Bergleute in ihren Entscheidungen auch an ihrem informellen Anführer Sepúlveda ausrichteten, werden für Luhmann in jeder Entscheidungskommunikation Personen als Prämissen für zukünftige Entscheidungen antizipiert (vgl. Luhmann 2000 : 284 ff.).

Daran orientiert sich dann auch das Verständnis von Personalpolitik als ein Entscheiden über Entscheidungsprämissen, das sich am besten als ein Zusammenspiel von Selbst- und Fremdauswahl begreifen lässt. Eine Person muss zunächst Interesse artikulieren, um dann ggf. als Personal ausgewählt, eingestellt oder befördert zu werden. Das wichtigste Instrument der Personalpolitik ist daher für Luhmann (2000 : 297 f.) die Karriere. Während der Arbeitsvertrag die Person als Personal partiell integriert und dadurch manche Start- und Rahmenbedingung des weiteren Verlaufs zu definieren vermag, sorgt die Karriere für eine rangorientierte Positionierung

---

47   Zum Begriff der Entscheidungsprämisse siehe Kapitel 3.4.

und hierarchische Einordung des Personals im Zeitverlauf.[48] Dieser Prozess ist zentral für Organisationen und ihre Mitglieder, nicht zuletzt weil auf diese Weise über die Verteilung von Anreizen, Belohnungen und Entlohnung entschieden wird – und die Organisation ihre (Entscheidungs-)Programme daran orientiert. Diese Programme sind nach Luhmann (2000:297) in ihrer Wirkung »personalpolitisch« so einschneidend, weil es kaum möglich ist, unabhängig von der resultierenden hierarchischen Ordnung der Positionen über Anreize und Motive zu verfügen.[49]

4.3 Motive

Eine soziologische Betrachtung von Motiven führt hinter die Vorstellungen und Fiktionen in der Praxis des Motivierens zurück. Betriebswirtschaftliche und pädagogische Ratgeber fassen die Motivation von Mitarbeitern oft als eine von außen beeinflussbare Größe (siehe Nerdinger 2003, Stroebe/Stroebe 1977). Es wird als bekannt angenommen, was Menschen anstreben, welche Bedürfnisse sie befriedigen wollen, und daraus leitet man Handlungsempfehlungen zum gezielten Einsatz von Anreizen ab (Nerdinger 2003, Stroebe/Stroebe 1977, Jost 2000).[50] Doch auch in der daran anknüpfenden praxisnahen Literatur selbst wird zur Kenntnis genommen, dass diese Vorstellungen – so rational sie erscheinen mögen – in der Praxis nicht einfach funktionieren (vgl. Frey 1997; Sprenger 1999; Frey/Osterloh 2000). Insbesondere wenn erreicht werden soll, dass das Personal sich »von sich aus« (also intrinsisch motiviert) für die Ziele der Organisation engagiert, führen die dazu gesetzten externen Anreize nicht selten zum Gegenteil, nämlich zu einem an den Anreizen selbst orientiertem (und damit extrinsisch motivierten) Handeln.

Die hier herangezogenen soziologischen Ansätze gehen hingegen nicht von einer direkten empirischen Zugänglichkeit von Motiven als »inneren Beweggründen« aus.

---

48 Doch auch wer keine Karriere in einer Organisation, sondern z. B. die Perfektionierung seines Kontrabassspiels verfolgt, erfährt eine karriereorientierte Einordnung: Keine Karriere ist auch eine Karriere. Denn »Karriere« bezieht sich in einem soziologischen Verständnis nicht nur auf Wege nach oben, sondern ebenso auf Stillstand und Abstieg (vgl. Luhmann 2000:102 f.; siehe zu Abstiegsprozessen u. a. Brüderl (1991:76-81), Pollmann-Schult (2006) und Schmeiser (2003:17 ff.).). »Der Karrierebegriff umfasst folglich als Begriff die Differenz von erfolgreicher/erfolgloser bzw. Positiv-/Negativkarriere und Nullkarriere. Er öffnet sich damit für die Beobachtung unterschiedlicher Karrieremuster. Diese können sich sowohl auf die gesamte Lebenskarriere als auch auf Haupt- und Nebenkarrieren im Namen einzelner Phasen der Lebenskarriere beziehen« (Hohm 2000:174).

49 Preise, Leistungszulagen und symbolische Auszeichnungen sind (in ihrer Wirkung nicht vergleichbare) funktionale Äquivalente, die – insbesondere wenn gleichzeitig auf »Teamwork« gesetzt wird – Probleme bei der individuellen Zurechnung bereiten (vgl. Luhmann 2000:297).

50 So meint Nerdinger (2003:4): »Mitarbeiter zu motivieren bedeutet, ihre Gedanken und Gefühle auf betriebliche Ziele auszurichten und die Arbeitssituation so zu gestalten, dass sie diese Ziele erreichen können.«

Veränderungen in der inneren Welt, so Coleman (1992 : 252), treten nicht als beobachtbare Handlungen in Erscheinung. In der Reflexion darauf konzentriert sich die Soziologie deswegen auf die Erscheinungsformen von Motiven. Dort, wo sie als innerer Beweggrund der Handelnden in die soziologische Betrachtung eingeführt werden, wie z. B. bei Coleman, werden sie rein analytisch als Erklärungsprinzip behandelt, und es wird geprüft, wie weit man mit diesem Erklärungsprinzip kommt (vgl. Coleman 1991 : 380 f.; 1992 : 233 ff.). Im Rahmen des neuen Institutionalismus interessiert man sich erst gar nicht für Motive als innere Beweggründe eines Akteurs, sondern vielmehr für gesellschaftliche Regeln darüber, welche Beweggründe als legitim anerkannt werden und welche nicht. Oder Motive werden – wie in der Systemtheorie Luhmanns – als in Kommunikation dargestellte, zugeschriebene oder unterstellte Beweggründe aufgefasst und in ihrer Ausprägung und Wirkung als gesellschaftliche oder organisationale Konstrukte beobachtet.

Denn welche sind beispielsweise die »Motive« des Minenbesitzers, der weder Mitleid noch Solidarität mit seinen Bergleuten zeigt? Natürlich könnten wir unterstellen: das Geld. Doch was steckt dahinter? Für Außenstehende ist dies undurchsichtig und auch die Handelnden selbst sind sich ihrer Beweggründe möglicherweise gar nicht bewusst oder sie täuschen sich über ihre »wahren« Motive. Diese Ungewissheit öffnet Raum für Spekulation. Vielleicht versucht der Minenbesitzer etwaige Defizite in seiner Familie mittels äußerlicher Härte in der Firma zu kompensieren oder es ist ihm möglicherweise aufgrund einer Affektstörung nie gelungen, der Situation angemessene emotionale Reaktionen zu zeigen. Mögliche Beweggründe gibt es immer viele. Für eine soziologische Betrachtung ist dies ein unsicheres Terrain, das sie entweder mit spezifischen (Modell-)Annahmen überbrückt oder der Psychologie überlässt und gar nicht erst betritt.

Bereits Max Webers Perspektive richtete sich vor dem Hintergrund dieser Unsicherheiten darauf, was uns selbst und anderen als Motiv *erscheint*. »Motiv« hieß für ihn »ein Sinnzusammenhang, welcher dem Handelnden selbst oder dem Beobachtenden als sinnhafter ›Grund‹ eines Verhaltens erscheint« (Weber 1922/85 : 5). Das Motiv war für ihn also eine Erscheinungsform einer inneren oder äußeren Bewegung als »Grund«, eine Form der Sinnkonstitution. Dessen Sinnhaftigkeit und kausale Wirkung wird von anderen nachvollzogen, um soziales Handeln verstehen und erklären zu können. Wenn wir in diesem Sinne von Motiven sprechen, beziehen wir uns also auf Annahmen, die wir unterstellen, um Handlungen verständlich und erklärbar zu machen. Sie bringen für jeden Akteur eine spezifische Ordnung in das Neben- und Durcheinander von Beweggründen, Affekten und Wertungen, welches in der Realität die ständige Begleitmusik allen Handelns ist.

Coleman sorgt daran anknüpfend in seiner Handlungstheorie wiederum für einen sehr engen und modifizierten Zuschnitt dieser Annahmen. Er geht von einer inneren Ordnung des Akteurs aus, indem er die Interessen eines »Objektselbst«, das Interesse an bestimmten Ergebnissen von Ereignissen hat – also z. B. Bedürfnisse befriedigen will – von jenen eines »Handlungsselbst« unterscheidet.[51] Das Handlungsselbst besitzt die Kontrolle über bestimmte Ereignisse oder möchte sie erlangen und somit die Bedürfnisse und Interessen des Objektselbst realisieren (vgl. dazu Coleman 1992:240 f.). Die Interessen an der Befriedigung des Selbst sind die zentrale Grundlage für die Motive des Akteurs, handelnd in Erscheinung zu treten, und werden im Rahmen dieser Theorie im Sinne der Nutzenmaximierung modelliert. Ressourcen und Interessen der Akteure sowie die Kontrollrechte, die sie dem korporativen Akteur übertragen, prägen die Körperschaften und bestimmen über das Niveau der Handlungsmotivation (vgl. Coleman 1992:265). Dabei sorgen auch Sozialisierung und Norminternalisierung für eine Übereinstimmung der Interessen von Akteuren und Körperschaft (siehe dazu auch Kap. 7) und damit für die Bereitstellung von Motivlagen.

Der Institutionalismus knüpft zwar – ebenso wie Coleman – an die Handlungstheorie Webers an, interessiert sich jedoch in erster Linie für die gesellschaftliche Anerkennung von Motiven und deren Wirksamkeit für die Institutionalisierung gesellschaftlicher Regeln. Man kann dies am Beispiel des Motivs der Faulheit erläutern. Es wird in der modernen Arbeitsgesellschaft – Max Weber hat dies bezogen auf die Rolle der protestantischen Ethik im historischen Entstehungsprozess des Kapitalismus herausgearbeitet (Weber 1910/82) – in seiner Legitimität untergraben und in der Auslebung auf kurze Zeiträume beschränkt (vgl. hingegen Lafargue 1848/2001; Schlegel 1799/1999; Schneider 2002). Für ein paar Stunden oder Urlaubstage hat das Motiv noch seine Berechtigung, wird aber ausdrücklich zur Ausnahme von der Regel (man *darf* faulenzen) und schließlich bei längerer Dauer als Motiv gesellschaftlich illegitim. Die Person droht in diesem Falle zu einem Objekt der Pädagogik oder gar der Psychotherapie zu werden oder schlicht ins soziale Abseits zu geraten (vgl. dazu auch Rammstedt 1982).

Dass diese Erwartungen nicht nur bis heute gesellschaftlich strukturierend wirken, sondern auf der Organisationsebene spezifiziert werden, kann man z. B. daran erkennen, dass die Ratgeberliteratur Bewerber dazu anhält, Phasen des Müßiggangs und längere Auszeiten als »berufliche Neuorientierung« im Lebenslauf auszuweisen oder durch Angaben zu Nebentätigkeiten zu »überbrücken«. Oder daran, wie Organisationen mit dem nun an Faulheit gemahnenden Schlafen während des Arbeitstages umgehen. Obwohl physiologische Studien nachweisen, dass die Effizienz und Effektivität des Arbeitens höher ist, wenn ein kurzer (nach)mittäglicher Schlaf gehalten wird[52], erfahren die meisten, die dies in Organisationen tun, keine gesellschaftliche oder organisationale Anerkennung – ganz im Gegenteil: Karrieren werden heutzutage jedenfalls nicht im Schlaf gemacht.

---

51   »Objektselbst« und »Handlungsselbst« beschreiben die zweigeteilte Struktur eines Akteurs. Individuelle Akteure vereinen diese Facetten in einem Körper. Ebenso besitzen korporative Akteure diese zwei Seiten, diese werden allerdings durch unterschiedliche Personen oder Interessengruppen vertreten (vgl. Coleman 1992:127; siehe auch Meier 2009; Münch 2002).

52   Siehe dazu Hecht (1993) und Steger (2004).

Organisationen sind also in der Perspektive des neuen Institutionalismus an der Motivproduktion insofern beteiligt, als sie die Regeln ihrer Artikulation festlegen und sie mit Anerkennung und Legitimität oder mit Sanktionen versehen, falls sie den organisationalen und/oder gesellschaftlichen Erwartungsstrukturen nicht entsprechen. Motive sind nicht so sehr als innere Beweggründe der Handelnden interessant, sondern als institutionalisierte gesellschaftliche oder organisationale Formen von Bedeutung, mit denen Legitimität und Anerkennung verbunden werden.

Betrachtet man Motivation als den *gesellschaftlichen und organisationalen Prozess der Motivproduktion*, so sehen wir zum einen, dass Organisationen Anreize setzen, welche die Entstehung von Motiven stark beeinflussen. So lässt die Geldentlohnung von Leistungen in einem langen historischen Prozess Geldbesitz selbst als Motiv erscheinen und dieses kann in der Folge mit hinreichender Erwartungssicherheit unterstellt und zugeschrieben werden. Man kann nun sagen: Sie bekommen von uns viel Geld, also erwarten wir ein hoch motiviertes Arbeiten. Auch wenn faktisch die einfache Übersetzung von viel Geld in hohe Motivation nicht mit hinreichender Sicherheit und Dauer funktioniert (vgl. Frey 1997, Sprenger 1999; Frey/Osterloh 2000), erweist sich die diesbezügliche Erwartung als organisational fest verankert. Zum anderen sehen wir, dass organisationale Anreizstrukturen häufig nicht nur mit Verhaltens-, sondern auch mit Motiverwartungen einhergehen. Zur »Mitarbeiterin des Monats« kürt man nicht jene, die nur viel geleistet hat, sondern diejenige, deren Motive auch

Tabelle 4.3: Das Verständnis von Motiven und Motivation im Theorienvergleich

	Theorie rationaler Wahl (Coleman)	Neue Institutionen- theorie	Systemtheorie (Luhmann)
Was kann unter einem Motiv ver- standen wer- den?	Ein innerer Beweg- grund, der dem Inter- esse an Bedürfnisbe- friedigung und Kontrolle entspringt	Ein dargestellter oder verinnerlichter Beweg- grund, dessen Artikula- tion sich an der Legiti- mitätsgeltung orientiert	Eine Artikulation von auf Personen zure- chenbaren Gründen in Kommunikation
Wie stellt die Organisation Motivation sicher?	Durch auf Bedürfnisbe- friedigung bezogene Anreizstrukturen, Sozi- alisation und Normin- ternalisierung	Durch die Legitimie- rung und Delegitimie- rung von Motiven	Durch spezifische Arti- kulationsformen von Motiven sowie durch Karriere
Welche »Mo- tivationspro- bleme« treten dabei auf?	Fehllaufende Anreiz- strukturen der Körper- schaft fördern zweck- und normabweichen- des Verhalten	Als legitim geltende Motive sind der Effizi- enz oder Effektivität der Organisation ab- träglich	Die Artikulation von Motiven kann die Ent- stehung von inneren Beweggründen nicht direkt beeinflussen

als vorbildlich auf das Wohl des Unternehmens ausgerichtet erscheinen. Dadurch werden organisationale Motive generiert, die als legitim Anerkennung finden. Andere schließt man als illegitim aus, mitsamt dem Personal, welches solche Motivlagen zu erkennen gibt. Von einem solchen Verständnis ausgehend ist der Übergang zu einer systemtheoretischen Betrachtung von Motiven fließend.

Organisationen orientieren ihre Selbstbeschreibungen daran, dass es ihnen gelingt, Motive »instrumentell zu generieren«. Von den Anreizstrukturen, die sie setzen, wird erwartet, dass sie die organisationale Motivproduktion kalkulierbar machen, indem sie entsprechende innere Zustände beim Personal produzieren. Dass diese Berechenbarkeit ihre Grenzen hat, liegt in systemtheoretischer Betrachtung aber in der fundamentalen Differenz zwischen der organisationalen Form des Motivs und den inneren Zuständen der psychischen Systeme begründet. Die Ungewissheitszone organisationaler Motivproduktion gründet darin, dass die Artikulation von Motiven in Entscheidungen nicht mit der Produktion von inneren Zuständen gleichgesetzt werden kann. Die Freiheit auf der einen Seite – andere Motive (zum Beispiel des Leistungsentzugs) unartikuliert aufrechtzuerhalten – schafft die Unberechenbarkeit auf der anderen Seite, nicht wissen und nicht steuern zu können, welche inneren Zustände sich mit der organisationalen Setzung von Anreizstrukturen tatsächlich verbinden. Daraus resultiert sowohl das grundsätzliche Problem als auch der fortwährende Antrieb für motivationsförderliche Personalpolitiken.

Was machen nun aber Personal- und Organisationsentwickler oder Führungskräfte, wenn sie meinen, dass sie »motivieren«? In der systemtheoretischen Perspektive lautet die Antwort darauf: Sie stellen Sinnzuschnitte und Formen für die Motivproduktion und organisationale Artikulation von Motiven zur Verfügung und versuchen die Wahrscheinlichkeit zu erhöhen, dass diese Formen genutzt werden. Wer Geldanreize setzt, legitimiert Geld als Mitgliedschaftsmotiv und erhält mit einer empirisch zu bestimmenden Wahrscheinlichkeit Personal, das seinen Handlungsvollzug daran orientiert oder zumindest als daran orientiert darstellt.

In der systemtheoretischen Perspektive ist bei der Analyse dieser Formen des Motivierens auch die Praxis des Adressierens von Motiven wichtig. Die Organisation reguliert damit, inwieweit über Motive kommuniziert werden darf, für wen (für welche Segmente der Belegschaft bzw. des Arbeitsmarktes) sie bereitgehalten und an wen sie kommuniziert werden (Luhmann 2000 : 96).

Organisationen formen also – so lässt sich mit Ausnahme der Rational-Choice-Theorie Colemans und bei allen sonstigen Unterschieden die Quintessenz der Ansätze zusammenfassen – innerhalb eines gesellschaftlichen Rahmens die Motivproduktion weiter aus, indem sie Sinnzuschnitte für »mitgliedschaftsgerechte Motivation« bereithalten. Ein Kern der soziologischen Beschäftigung mit Motivation findet sich in der Aufklärung der Frage, welche Motive in Gesellschaft und Organisation generiert bzw. mit Anerkennung versehen und welche gesellschaftlich und organisational ausgegrenzt bzw. als falsch adressiert werden.

4.4   Zusammenfassung

Die Soziologie beschäftigt sich nicht mit dem Menschen als Ganzes, sondern mit seiner sozialen Seite. Deswegen hat die Soziologie eine darauf

ausgerichtete Analyseperspektive, die sich im Falle von System- und Insti-
tutionentheorie auf das richtet, was gesellschaftlich und organisational
zum Ausdruck gebracht und von Personen erwartet werden kann. Die Person selbst ist
diesen Ansätzen zufolge eine Handlungs- oder Kommunikationsform, die mit ihren
spezifischen Sinnzuschnitten den Rahmen bestimmt, in dem sich Erwartungen und
Zurechnungen bewegen. Dieser Sinnzuschnitt wird in Organisationen weiter spezifiziert. In diesem Sinne beschäftigen sie keine Menschen, sondern Personal. Personal zu
sein bedeutet zum einen, als handelbare Ressource, zum anderen, in der Handlungstheorie Colemans, als Akteur, der seine Kontrollrechte einer Körperschaft überträgt, gesehen zu werden. Zugleich kann man das Personal mit Luhmann auch als eine Darstellungsform der Organisationsmitglieder und als eine Zurechnungsform der Organisation
verstehen, die als eine Entscheidungsprämisse für weiteres Entscheiden behandelt wird.
Die möglichen Karrieren des Personals versorgen dann die Organisation mit Motiven.
Motive werden in der Soziologie, so wie wir sie verstehen, selten als innere Beweggründe
analysiert, sondern – vielleicht mit Ausnahme der Theorie rationaler Wahl bei Coleman – als das, was in der Organisation als Motiv erscheint. Der Institutionalismus und
die Systemtheorie nehmen dabei Motivation als gesellschaftliche und organisationale
Motivproduktion in den Fokus, welche die in Organisationen artikulierbaren Motive
beschränkt, formt und mit Anerkennung versieht, während andere nicht ohne Sankti-
onsrisiko thematisierbar sind. Diesen Prozess zu analysieren, ist Aufgabe einer so verstandenen Organisationssoziologie.

Kapitel 4: Fragen zur Vertiefung

- Was lässt sich aus systemtheoretischer Perspektive unter Personalpolitik verstehen?
- Worauf muss man achten, wenn man im Sinne der Coleman'schen Theorie
  rationaler Wahl Motivationsprobleme in einer Körperschaft untersuchen
  möchte?
- Was tun Führungskräfte aus der Perspektive des neuen Institutionalismus,
  wenn sie Mitarbeiter/innen motivieren?

Übung zu Kapitel 4: Naoko und der Lebenslauf

Naoko hat ihr Studium der Soziologie unterbrochen. Zusammen mit anderen Studierenden hat sie sich einige Zeit auf Pellworm an einer neuen Form der Verbindung von Leben, Lehren und Lernen versucht. Da es ihr dort zu regnerisch war und das ganze Projekt ihres Erachtens zu sehr auf eine falsche Bahn geriet, hat sie sich mit ein paar Studierenden auf die Norfolk-Inseln begeben, um sich in Müßiggang zu üben. Nach ein paar schönen Monaten auf den Norfolk-Inseln (wo übrigens ein großer Teil der Nachkommen der Meuterer von der Bounty angesiedelt wurden) hatte sie von dieser Lebensweise genug, kehrte nach Deutschland zurück und nahm ihr Studium wieder auf. Nach Abschluss des Studiums absolvierte sie ein Praktikum. Nun möchte sie sich in der Personalabteilung eines großen Unternehmens bewerben. Doch wie soll sie die eineinhalb Jahre »Auszeit« darstellen, die sie auf Pellworm und den Norfolk-Inseln verbracht hat? Die Erwähnung der »Freien Universität Pellworm« erscheint ihr nunmehr als »zu alternativ« und der Aufenthalt auf den Norfolk Islands hört sich für sie zu sehr nach dem an, was es tatsächlich war. Sie nimmt an, dass das Unternehmen Müßiggang nicht so sehr schätzen werde. Deshalb entscheidet sie sich, das halbe Jahr auf den Norfolk Islands als Arbeit an einer Ethnografie der Meuterer und ihrer Nachkommen auszuweisen und mit dem Jahr auf Pellworm ähnlich zu verfahren. Da aus der freien Universität Pellworm mittlerweile eine zunächst von ihr heftig kritisierte »Shipmanagement Business School« geworden ist und sie den Gründungsrektor noch von früher kennt, bittet sie ihn um eine Bescheinigung über die Mitwirkung bei der Gründung der Business School, die sie nach kurzer Rücksprache auch bekommt. So gelingt es Naoko aus ihrer Sicht, das Jahr auf Pellworm nachträglich als konform mit fremden Erwartungen darzustellen. Der Personalleiter zeigt sich tatsächlich während des Vorstellungsgesprächs von ihrem Engagement im Studium begeistert. Daher kann sie, trotz ihres eher durchschnittlichen Abschlusszeugnisses, zwei Monate später die begehrte Stelle in der Personalabteilung des großen Unternehmens antreten.

Arbeitsaufgabe:
Erklären Sie die Darstellungsformen, die Naoko in ihrem Lebenslauf wählt, mit Bezugnahme auf die Argumentation des neuen Institutionalismus und leiten Sie her, welche Motive mit diesem Lebenslauf an Ihren zukünftigen Arbeitgeber adressiert werden.

Exemplarische Antworten auf die Fragen zur Vertiefung sowie einen Lösungsvorschlag zur Übung finden Sie im Internet unter www.utb.de/soziologie-der-organisation

5   Macht und Geld

In diesem Kapitel erfahren Sie
➢ was die Soziologie unter Macht und Geld versteht,
➢ wie diese zur Entstehung von Ordnungen beitragen
➢ und in Organisationen Anwendung finden.

Wenn von Macht und Geld die Rede ist, sind personale Zurechnungen nicht weit. Die Mächtigen und Reichen oder umgekehrt, die Ohnmächtigen und Armen gehören zum Personal vieler Dramen, die moderne Gesellschaften schreiben. In der soziologischen Perspektive, wie wir sie vorstellen, wird Macht jedoch nicht als Attribut von Personen verstanden. Sowohl in der handlungstheoretischen als auch in der systemtheoretischen Perspektive ist Macht an soziale Beziehungen oder soziale Systeme gebunden und nicht einfach von einer Beziehung auf die nächste, von einem System auf das andere übertragbar. In der Familie sehen die Machtrelationen anders aus als in der Firma, im Segelclub oder in der Partei. Und je nachdem, auf welchen Ressourcen die Macht basiert, hat einmal der eine Akteur mehr Kontrollmöglichkeiten und einmal der andere. Wäre Macht also eine Eigenschaft oder im Besitz von Personen, würde sie auf alle Beziehungen der Person ausstrahlen und in allen Handlungen zum Ausdruck gelangen. Doch so lässt sich Macht im Sinne der hier behandelten soziologischen Ansätze nicht begreifen. Für die handlungstheoretischen Ansätze ist Macht immer an eine Relation (zwischen Akteuren oder zu Ressourcen) gebunden. Für die systemtheoretischen Ansätze ist sie ein fluides Medium, das gerade durch seine ständige Zirkulation systembildenden Charakter entfaltet.

Auch im Falle von Geld ist für diese Ansätze nicht so sehr der Besitz entscheidend, sondern die Frage, wie Geld als »Beziehungsmittel« oder »Systemmittel« ins Spiel kommt. So kann etwa der Eigentümer (oder Prinzipal) Geld einsetzen, um andere (Agenten) für sich arbeiten zu lassen und für eine Übereinstimmung ihrer Interessen mit den seinigen sorgen (vgl. Coleman 1992). Mittels Zahlungen, so Luhmann, wird die Bereitschaft, von anderen getroffene Entscheidungen zu akzeptieren, erhöht und Organisationsbildung so erst möglich. Nicht Schatzbildung oder Reichtum sind dabei wichtig, sondern die fortwährende Zirkulation (Investition) des Geldes durch Zahlungen (Luhmann 1988). So bildet sich die Wirtschaft aus und reproduziert sich mittels der Orientierung an Profit (verstanden als Zahlungen, um Zahlungen zu erhalten).

Im Selbstverständnis von Organisationen wird Geld als Mittel, Veränderungen zu erreichen, häufig überschätzt. Man verspricht sich von mehr Geld mehr Motivation oder eine bessere Zielerreichung. Ein dauerhafter Motivationsschub oder eine fortgesetzte Identifikation mit der Organisation oder eine Veränderung ihrer Kultur (siehe Kap. 7) sind aber mit Geld allein – das zeigt die organisationssoziologische For-

schung – kaum zu erreichen (vgl. Frey 1997; Sprenger 1999; Frey/Osterloh 2000,
siehe dazu auch Kap. 4). Trotz der erhofften Effekte von persönlichem und unternehmerischen Reichtum sind die durch Geldzahlungen erreichbaren Möglichkeiten
begrenzt. Darauf wird in der Organisation durch die Verwendung anderer Mittel
reagiert: Man setzt auf Sozialisation, auf Corporate Identity, auf nicht-materielle
Anreizstrukturen oder auf Personalentwicklung.

Macht und Geld tragen nicht nur zur Handlungskoordination bei, sondern darüber hinaus zur Entstehung von Ordnungen und Systemen. Im Falle von Macht wollen wir dies an einem Leitbeispiel zur Machtentstehung diskutieren (5.1) und
anschließend aufzeigen, wo die Unterschiede zwischen den verschiedenen handlungs-
und systemtheoretischen Machttheorien liegen (5.2). Dabei sehen wir uns in diesem
Kapitel gezwungen, die neo-institutionalistische Perspektive durch die Machttheorie
von Crozier/Friedberg zu ersetzen, da sie kein originäres Machtkonzept entwickelt hat
und Macht nur eine untergeordnete Rolle spielt.[53] Der Ansatz von Crozier/Friedberg
hingegen kann als ein Meilenstein in der organisationssoziologischen Beschäftigung
mit dem Thema gelten (vgl. Bogumil/Schmid 2001, Matys 2006). Unsere abschließenden Reflexionen gelten der Frage, welche Perspektive die jeweilige Machtkonzeption für eine Soziologie der Organisation eröffnet. Die daran anschließende Beschäftigung mit dem Thema »Geld« in Organisationen werden wir entlang der Diskussion
von wachsenden Managergehältern und der Rolle von Geld- und Habgier im System
entwickeln und uns dabei auf die Unterschiede in den Sichtweisen von Handlungs-
und Systemtheorie beschränken (5.3).

5.1   Macht

Um zu verstehen, wie Macht und Geld zum Einsatz kommen sowie die Ordnungsbildung prägen, beziehen wir uns auf das hypothetische Liegestuhlbeispiel von Popitz
(1968, 1992). Es ist sehr eng an die Realität angelehnt und stellt – man denke nur an
den Handtuchkrieg zwischen Briten und Deutschen auf Mallorca – einen alltagswelt-
lichen Bezug zum Thema her. Wir haben das Beispiel für unsere Zwecke leicht verändert. Es soll uns einen soziologischen Zugang zum Thema eröffnen, anhand der
Frage, wie soziale Ordnung möglich ist und welche Rolle Macht dabei spielt. Dazu
begeben wir uns auf eine Südseereise, die u. a. zu den Pitcairn- und den Norfolk-
Inseln führt.

---

53   In einem allgemeinen Sinne kann in der Perspektive des neuen Institutionalismus unter »Macht« vor
      allem die Definitionsmacht über gesellschaftliche Prämissen verstanden werden, die zu einer Anglei-
      chung (Isomorphismus) organisationaler Rationalitätsformen und -fassaden führen (vgl. March/
      Simon 1958, DiMaggio/Powell 1983).

Leitbeispiel 5.1: Popitz und die Liegestühle

Das Kreuzfahrtschiff läuft auf seiner Reise zu den Pitcairn-Inseln verschiedene Häfen an. Manche Passagiere verlassen das Schiff, andere steigen zu. Auf dem Sonnendeck gibt es etwa ein Drittel so viele Liegestühle wie Passagiere. Die Art der Nutzung ist den Passagieren freigestellt. In den ersten Tagen wechseln die Liegestühle ständig ihre Nutzer. Sobald jemand aufsteht, gilt der Liegestuhl als frei. Belegsymbole wie Handtücher, Bücher etc. werden kaum und wenn, dann nur kurzzeitig genutzt. Die Zahl der Liegestühle reicht für den jeweiligen Bedarf aus und die Passagiere reagieren flexibel, wenn Engpässe auftreten. Nach der Ausfahrt aus einem Hafen, in dem wie üblich Passagiere gewechselt haben, bricht diese Ordnung jedoch plötzlich zusammen. Eine Gruppe von Neuankömmlingen besetzt zahlreiche Liegestühle und erhebt auch dann Besitzansprüche, wenn sie diese nicht nutzen. Ihre Belegsymbole werden zunächst nicht von allen Passagieren anerkannt. Doch durch gemeinsame Abschreckungsaktionen werden Passagiere, die einen als belegt markierten Liegestuhl ansteuern, in ihrem Anspruch zurückgewiesen. Es kommt aber nicht zu Handgreiflichkeiten. Nach und nach beginnen nun auch einige der anderen Passagiere, Liegestühle zu reservieren. Das geht solange gut, bis alle Liegen besetzt sind. Jetzt bieten einige der leer Ausgegangenen an, auf die Liegestühle aufzupassen, wenn sie diese im Gegenzug zeitweise nutzen können. Andere bekommen die Möglichkeit der zeitweisen Nutzung gegen Drinks an der Bar oder andere Gegenleistungen eingeräumt. Es entsteht nun ein Gefüge aus »Besitzenden«, »Wächtern« und »Mietern« sowie den »Habenichtsen«. Damit ist zugleich eine wesentliche Klärung erreicht: Die vollständig Besitzlosen sind von nun an aus freien Stücken und eigenem Verschulden in der schlechtesten Lage (vgl. Popitz 1992:188 f., 1968:7 f.).

»MS ›Völkerfreundschaft‹, Ostseerundfahrt, Jungarbeiter«. 12.07.1960. Quelle: Wikimedia Commons, Foto: Deutsches Bundesarchiv (German Federal Archive), Bild 183-74690-0025.

5.1.1   Machtentstehung und Ordnungsbildung bei Popitz

Die Geschichte beginnt in einem scheinbar rechtsfreien Raum, in dem die Nutzung
der Liegestühle weder überwacht noch reguliert wird. Die Besetzer der Liegestühle
können unter beiden Ordnungen die Liegestühle nach Bedarf nutzen. Im Ordnungszustand mit dauerhaften Besitzansprüchen trifft dies aber für die Mehrheit der dann
liegestuhllosen Passagiere nicht mehr zu. Allerdings möchten diese es offensichtlich
vermeiden, sich unter Inkaufnahme des Risikos einer Körperverletzung für die Liegestuhlnutzung einzusetzen. Damit wird der neuen Ordnung weder massiv noch in
Absprache untereinander widersprochen.

Vielleicht erscheint den anderen Passagieren ein Kampf um die Liegestühle als
unangebracht. Vielleicht setzen sie auf die Selbstverständlichkeit der bisher eingeübten Nutzungsregeln oder halten an weit verbreiteten Konventionen der Höflichkeit
fest. Die neu hinzugekommen Passagiere können dadurch den aktuellen Besitz eines
Liegestuhles als Vorteil für die Durchsetzung einer neuen Ordnung nutzen. Für sie ist
wichtig, dass das Besitzdenken in ihrer Gruppe als legitim erscheint.[54] Ihre Ordnung
kann damit auf eine überlegene Organisationsfähigkeit der Interessen bauen, auf eine
Art Dominoeffekt des Besitzdenkens.

Dazu reicht es aus, wenn zunächst nur wenige Besitzer auf die Idee kommen, einen
Liegestuhl dauerhaft für sich zu reklamieren. Ist die Idee der dauerhaften Besitznahme
einmal in der Welt, ohne dass sie direkten Widerstand erfährt und daran zerbricht, so
zerstört die von ihr ausgelöste Dynamik ihrerseits die ursprüngliche Ordnung. Nehmen wir an, wir säßen auf einem jener Liegestühle just in dem Moment, als die
Gruppe der neu hinzugekommenen Passagiere die Liegestühle zum ersten Mal in
Besitz nimmt. Wir werden dann – gesetzt den Fall, dass wir den Liegestuhl auch in
Zukunft nutzen wollen – berücksichtigen müssen, wie die anderen »alteingesessenen«
Passagiere mit der neuen Ordnungsvorstellung, d. h. der Idee dauerhaften Besitzes,
umgehen. Selbst wenn wir diese Besitzidee nicht teilen, könnten wir zu dem Schluss
kommen, dass andere alteingesessene Passagiere sich ihr anschließen werden, sofern
sie zweckrational kalkulieren. Denn auch sie könnten die Gefahr erkennen, dass die
anderen Alteingesessenen aus einem momentanen Vorteil einen dauerhaften machen.
Wenn wir also aufstünden, ohne uns an der Liegestuhl-Besetzung zu beteiligen, liefen
wir Gefahr, der Möglichkeit, einen Liegestuhl zu nutzen, dauerhaft verlustig zu gehen.
Selbst für diejenigen, die nicht solchen Ordnungsvorstellungen anhängen, entsteht
mithin ein Druck, diese zu übernehmen, um die eigenen Interessen zu wahren. Dies

---

54   Diese Legitimität basiert für Popitz (1992) auf einer wechselseitigen Anerkennung in der Form: »Ich
     erkenne nicht nur meinen Anspruch an, sondern auch den Anspruch des anderen, der meinen aner-
     kennt« (ebd.: 198). Die Legitimitätsgeltung bildet sich damit erst »horizontal« aus, bevor sie in einen
     Legitimitätsglauben von unten nach oben mündet (vgl. ebd.: 200).

macht die überlegene Organisationsfähigkeit dieser Ordnungsvorstellungen aus und verstärkt den Dominoeffekt, indem das Besitzdenken um sich greift.

Die Ordnung (I) fluktuierender Nutzung ohne dauerhafte Besitzansprüche ist labil, weil ein nicht auf Widerstand stoßendes Besitzdenken diesen Dominoeffekt jederzeit auslösen kann. Sie hat eine unterlegene Organisationsfähigkeit, weil sie umgekehrt gegen den Ordnungszustand mit dauerhaften Besitzansprüchen (II) in der Regel nicht offen konkurrieren wird. Ist der »Unschuldszustand« fluktuierender Nutzung durch die einfache Organisationsfähigkeit der Besitzinteressen einmal verloren gegangen, ist er kaum mehr zurückzugewinnen. Eine Rückkehr in den »Zustand der Unschuld« wäre zumindest sehr schwer, da sowohl der Auslösemechanismus des Besitzdenkens als auch das mit ihm verbundene Verteilungsproblem existent bleiben. Jede gegen den Ordnungszustand II opponierende Ordnungsvorstellung muss klären, wie aus den Besetzern wieder Besitzlose gemacht werden sollen, wie das Verteilungsproblem zu lösen ist und wie die Etablierung einer neuen Ordnungsvorstellung gelingen kann. Man muss Lösungsvorschläge anbieten können, die einen hohen Anreiz zur Kooperation schaffen. Während der Ordnungszustand I bereits durch eine kleine Initiative von wenigen gefährdet wird, ist Ordnungszustand II nur noch gezielt und kollektiv organisiert aufzuheben.[55]

»Die Erwartung, die Besitzenden zu vertreiben«, so schreibt Popitz, »gibt noch keine Sicherheit für den Einzelnen, irgendetwas für sich zu erreichen. Die Einigkeit darüber, dass die bestehende Ordnung ungerecht sei, schafft noch kein Einverständnis, welche Neuordnung gerecht wäre« (Popitz 1969 : 10). Dieses »Organisationsproblem« hat mehrere Dimensionen:

a) Es entstehen unterschiedlichste Ordnungsvorstellungen.

b) Art und Höhe der zu erwartenden Vorteile sind für jeden Einzelnen ungewiss.

c) Es entstehen unterschiedliche Erwartungshorizonte, wann und wie etwas erreicht werden soll.

d) Die Voraussetzungen einer kollektiven Organisation von Widerstand sind hoch.

e) Eine freie Konkurrenz der Ordnungsvorstellungen ist unmöglich.

Während also den neuen Liegestuhlbesitzern ein Vorteil gleichsam in den Schoß fällt (nämlich: die sich aufdrängende Kooperationschance), stehen die Nichtbesitzer plötzlich vor einer ungewöhnlichen Schwierigkeit: »Das, was jeder will, umzusetzen in etwas, was alle wollen« (Popitz 1992 : 196).

Es ist daher weder klar, mit welchen negativen Sanktionen die Besitzenden von einer neuen Ordnung (III) überzeugt oder falls nicht, wie sie ihr unterworfen werden können. Noch weiß man, mit welchen Vorteilen Besitzende und Nicht-Besitzende

---

55	Hier liegen übrigens die Gründe für das Scheitern von Anarchien, da sie – gerade in der Konkurrenz der Ordnungsvorstellungen – die Vorstellung einer Rückkehr nicht mehr plausibilisieren und damit zu wenige Anreize für Kooperationen bieten können.

zur dauerhaften Kooperation bewegt werden können (vgl. dazu auch Coleman 1991:125). Nicht nur, dass eine einseitige Aneignung der Vorteile durch die revoltierenden Nicht-Besitzenden vermieden werden muss; es ist auch wichtig, dass die Vorteile in der Zukunft hoch genug gewichtet werden (vgl. dazu auch Axelrod 1991). Es ist die »imaginäre Liegestuhlnutzung«, eine spekulative Solidarität, die motivieren muss – eine unvergleichlich höhere Leistung als sie den Besetzern der Liegestühle zugemutet wird (vgl. Popitz 1969:12). Daher kommen kollektivistische Ordnungsvorstellungen ins Spiel, die möglichst vielen Gruppenmitgliedern Anreize bieten – man denke etwa an das genossenschaftliche, an Gleichheit orientierte Prinzip.

In der freien Konkurrenz der Ordnungsvorstellungen würde das Verteilungsproblem aber immer dann wieder virulent, wenn diejenigen mit dauerhaften Besitzansprüchen die Liegestühle besäßen. Diejenigen mit den temporären Besitzansprüchen wären dann immer wieder von Neuem Angreifer und Ruhestörer. Die Folgerung, so Popitz, ist nicht neu: »Die Vertreter des genossenschaftlich gleichheitlichen Prinzips können sich nur durchsetzen, wenn sie sich radikal durchsetzen. Entweder muß es ihnen gelingen, das Besitzdenken so zu unterdrücken, daß es praktisch nicht zur Geltung kommen kann – die ›Umerziehung‹ –, oder sie müssen eine geschlossene Gesellschaft bilden, an der die anderen nicht teilhaben, vom Gebrauchsrecht ausgeschlossen sind. Es entsteht damit jener merkwürdige Zwang zur Intoleranz, der einer bestimmten Ordnungsvorstellung ›an sich‹ anzuhaften scheint, der sich aber lediglich aus dem Verhältnis zweier Ordnungsvorstellungen ergibt. Spielregeln der freien Konkurrenz schaffen für den Konflikt dieser Ordnungsvorstellungen zwangsläufig ungleiche Chancen. Wer gegen das ›Haben‹ ist, kann nicht mit denen, die haben wollen, frei konkurrieren« (ebd.: 11).

Hinzu kommt, dass die Besetzer der Liegestühle das Angebot zukünftiger Vorteile für alle unterlaufen können, indem sie einigen Besitzlosen bereits jetzt einen selektiven Zugang zu ihrer Nutzung gewähren können – als Prämie für Loyalität und die Dienstleistungen der »Wächter« (Popitz 1969:12). Die Möglichkeit des »Teilens und Herrschens« (divide et impera) der Besetzer beugt daher einer etwaigen Organisation der Besitzlosen vor.

Popitz zeigt mit seinem Liegestuhlbeispiel auf eindrückliche Weise, wie auf Basis einer gleichberechtigten Nutzung von Ressourcen eine Ordnung mit wenigen Privilegierten und vielen Nicht-Privilegierten entstehen kann, ohne dass es dazu des Einsatzes von Gewalt oder massiver Konflikte bedarf. Nicht das Besitzdenken selbst, sondern seine überlegene Organisationsfähigkeit in sozialen Beziehungen ist die Machtquelle, die in der Folge zu erheblichen Macht- und Besitzdifferenzen führt (vgl. dazu Popitz 1992:190). Diese überlegene Organisationsfähigkeit liegt im Dominoeffekt des Besitzdenkens ebenso begründet wie in der mit dem Besitz wachsenden Fähigkeit, zwischen den nicht-privilegierten Passagieren zu differenzieren. Einige von ihnen werden als Wächter andere als Mieter am »Machtapparat« beteiligt, dadurch festigt sich die Ordnung weiter. Das Liegestuhlbeispiel verweist damit auf typische Prozesse der

Machtentstehung, die sehr viel mit der Organisationsfähigkeit von Interessen zu tun haben. Sie bestimmt maßgeblich, welche Macht- und Herrschaftsstrukturen sich ausbilden. Wir wollen vor diesem Hintergrund das soziologische Verständnis von Macht, wie es den von uns ausgewählten Ansätzen zugrunde liegt, weiter vertiefen und zeigen, welche Bedeutung Machtbeziehungen für Organisationen haben.

5.1.2 Macht und Interessen im Handlungssystem der Organisation: Colemans Theorie

Wie Macht und die Organisation von Interessen zusammenhängen, führt Coleman in seinem handlungstheoretischen Ansatz genauer aus. In der Theorie rationaler Wahl wird Macht als Kontrolle von wertvollen Ressourcen oder Ereignissen verstanden. Ein Beispiel für solche Ressourcen wären in unserem Fall die Liegestühle. Ihr Wert bemisst sich im Sinne dieser Theorie daran, welche Interessen andere Akteure damit verbinden. Für einen Kreis von Sonnenanbetern mögen sie von größerem Wert sein als für eine Gruppe von Menschen, die angesichts von Hautkrebsrisiken jede Sonneneinstrahlung meiden wollen. Zugespitzt: Wollte niemand einen Liegeplatz auf dem Sonnendeck, wären die Liegestühle wertlos. Da die Liegestühle den an Sonnenschein Interessierten nicht gehören, macht sich ihre Macht daran bemerkbar, wie stark ihre *Nutzung* im Interesse der anderen Passagiere liegt und inwiefern es ihnen gelingt, den *Zugang* zu ihrer Nutzung zu kontrollieren. Macht ist für Coleman also ein Maßstab für den systeminternen Wert der Ressourcen, die ein Akteur besitzt, oder der Ereignisse, die er kontrollieren kann (vgl. Coleman 1991 : 170). Insofern setzt Macht Akteure erst in Relation zu den für sie wichtigen Ressourcen, wie z. B. Liegestühlen, aber nicht die Akteure direkt zueinander (im Sinne, dass der eine Macht über den anderen habe). Macht bemisst sich für ihn vielmehr an den Interessen und den Möglichkeiten der Kontrolle von Ressourcen oder Ereignissen im Handlungssystem. Wäre die exakte Verteilung der Interessen an den Liegestühlen und die Möglichkeiten ihrer Kontrolle auf dem Schiff bekannt, so könnte man nach Coleman die Macht jedes einzelnen Akteurs in Relation zur Macht jedes anderen Akteurs präzise berechnen (vgl. ebd.: 171). Mit diesem abgeleiteten, auf ein Handlungssystem bezogenen Begriff der Macht interessiert sich Coleman also für den Wert einer Ressource innerhalb des Systems und gruppiert die Macht der Akteure in Relation zu diesen Ressourcen (und nicht direkt in Relation zueinander).

Dabei wird, wie in unserem Liegestuhlbeispiel, ein Wettbewerb um wertvolle Ressourcen vorausgesetzt und eine Verfassung (oder in unserem Beispiel: eine Ordnung), welche die Verteilungsmechanismen definiert (Ordnung I und Ordnung II in unserem Beispiel). Die Ordnungszustände, die entstehen, teilen uns nach Coleman mit, wie das System im Gleichgewichtszustand aussehen und/oder welche Macht jeder einzelne Akteur in diesem haben würde. Ein Gleichgewichtszustand ist für ihn dann erreicht, wenn kein weiterer Austausch von Kontrolle mehr stattfinden kann (vgl. ebd.: 172). Dies wäre in unserem Beispiel im Ordnungszustand II der Fall, wenn alle Positionen von Besitzern, Wächtern, Mietern und Besitzlosen stabil verteilt wären. Ein solcher Gleichgewichtszustand impliziert also keine Gleichheit oder Gleichverteilung.

Im Ordnungszustand I ist die Macht der Akteure (z. B. von Akteur A und Akteur B) in Bezug auf die Nutzung der Liegestühle gleich. Das Interesse an der Nutzung ist einigermaßen gleich verteilt und damit ist auch der Wert, den sie für A und B haben, ungefähr gleich hoch. Kein Akteur realisiert mehr Kontrollmöglichkeiten als der andere. Ihre diesbezüglichen Ressourcen sind daher ebenfalls gleich verteilt. Das Handlungssystem ist damit auf Basis einer Ordnung ohne dauerhafte Besitzansprüche – bei Coleman ähnlich einer Marktordnung gedacht – stabilisiert und von einer gleichmäßigen Verteilung der Kontrolle geprägt (siehe Abb. 5.1).

Abbildung 5.1: Ordnungszustand I der fluktuierenden Nutzung nach Coleman

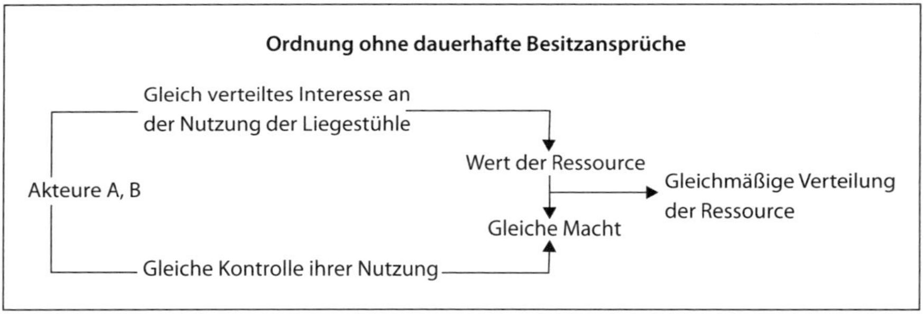

Quelle: Eigene Darstellung

Im Übergang zu Ordnungszustand II gelangen mit dem Besitzdenken des neu hinzugekommen Akteurs C und seiner Verbündeten andere Interessen ins Spiel. Die Stärke der Wertschätzung der Ressource bleibt zwar gleich, aber die Art des Interesses an ihrer Nutzung ändert sich. Das Interesse von A und B an einer temporären Nutzung wird mit jenem von C und seinen Verbündeten an einem dauerhaften Besitz konfrontiert. Durch die geringe Wehrhaftigkeit der Interessen von A und B sowie der überlegenen Organisationsfähigkeit des Besitzdenkens der Gruppe um C verändert sich nun auch die Ressourcenausstattung aller Akteure. Die Kontrollmöglichkeiten von C und seinen Verbündeten wachsen, während jene von A und B – die sich weder gewehrt haben noch einen freien Liegestuhl ergattern konnten – schwinden. Es entsteht eine sehr ungleiche Verteilung der Kontrollmöglichkeiten, die bei gleicher Wertschätzung der Ressourcen zu einer ebenso ungleichen Machtverteilung in Bezug auf die Nutzung der Liegestühle führt (siehe Abb. 5.2). Während A diese durch die Übernahme

Abbildung 5.2: Übergang zu Ordnungszustand II der dauerhaften Besitzansprüche nach Coleman

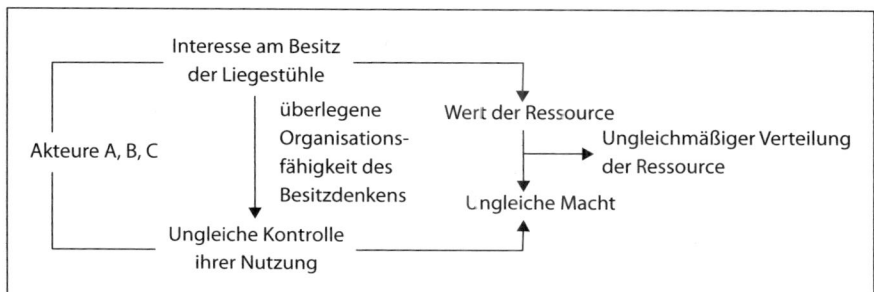

Quelle: Eigene Darstellung

einer Wächterfunktion abmildert, gehört B zu den Besitzlosen. Eine Machtordnung mit dauerhaften Besitzansprüchen und später gegebenenfalls auch Besitzrechten etabliert sich. Das Handlungssystem kommt dabei immer mehr ins Gleichgewicht, je weniger Austausch zwischen den Positionierungen noch möglich ist und je legitimer allen Beteiligten diese Ordnung erscheint.

In einer Organisation oder Körperschaft ändert sich für Coleman daran anschließend zwar die Ordnungsform, aber nicht die Bedeutung, welche die Interessen und Ressourcen der Akteure haben. Die Organisation ist für Coleman ein Handlungssystem, in dem eine Verteilung von Kontrolle auf Akteure und eine Verteilung von Interessen der Akteure auf Ereignisse oder Ressourcen vorliegt (Coleman 1992: 156). Prinzipiell ist jede Position im Handlungssystem der Körperschaft mit Macht ausgestattet. Sie wird auch in der Organisation empirisch für jeden Akteur nach seinen Kontrollmöglichkeiten über wertvolle Ressourcen bestimmt.[56]

Dabei steht die mit Positionen verbundene Übertragung von Kontrollmöglichkeiten über Ressourcen im Zentrum der organisationssoziologischen Argumentation. Die Organisation erscheint als eine Art »Markt«, in dem Akteure um Austausch- und Kontrollmöglichkeiten von Ressourcen konkurrieren. Je wertvoller dabei diese Ressourcen im Handlungssystem der Organisation sind und je größer damit die Macht des Akteurs im Handlungssystem, desto mehr muss die Körperschaft gewährleisten, dass sich dessen Interessen in eine Richtung entfalten, die mit den Zielen der Körperschaft in Übereinstimmung steht (vgl. Coleman 1992: 131 f.). Denn die Akteure könnten diese von der Körperschaft verliehene Macht auch einsetzen, um Gewinne für sich selbst abzuzweigen (vgl. Coleman 1992: 180; siehe auch weiter unten sowie Kap. 6).

---

56 Webers Theorie, so Coleman, habe den Fehler gemacht, nur die zentrale Autorität als zielgerichteten Akteur zu behandeln, und dabei die Tatsache übersehen, dass das Personal ebenso aus zielgerichteten Akteuren mit Ressourcen und Kontrollmöglichkeiten besteht (vgl. Coleman 1992: 128).

5.1.3   Probleme kollektiven Handelns in der Organisation: Crozier/Friedbergs Theorie

Eine andere Sichtweise bietet der Ansatz von Crozier/Friedberg (1979). Ebenso wie bei Coleman stehen bei ihrer handlungs- und organisationstheoretischen Machtkonzeption Probleme kollektiven Handelns im Vordergrund. Allerdings sind Crozier und Friedberg nicht an einer Theorie rationaler Wahl interessiert, sondern bauen ihren handlungstheoretischen Ansatz auf konstruktivistischen Grundlagen auf. Ausgangspunkt ist dabei die Definition eines Problems kollektiven Handelns durch die Praxis des Organisierens. Organisation bedeutet, dieses Problem durch eine Strukturierung der Handlungsfelder zu definieren (vgl. ebd.: 10) und dabei, wenn möglich, »logische Sackgassen« und kontraintuitive Effekte zu vermeiden. Auf diesen Handlungsfeldern entwickeln sich Spielstrukturen, die selbst soziale Konstruktionen sind und sich im Laufe der Problembearbeitung immer wieder ändern können. Auch ihr Verständnis von Macht ist an diesen Umgang mit Problemkonstruktionen gebunden.

Die beteiligten Akteure versuchen bei der Definition der Probleme, Ungewissheitszonen aufzubauen, die von anderen nicht oder nur schwer kontrollierbar sind. In deren Kontrolle liegt ihre Macht begründet. Sie ist an die Unbestimmbarkeit und damit auch Unvorsehbarkeit von Entscheidungen für andere geknüpft (Crozier/ Friedberg 1979:14). Je weniger gewiss und vorhersehbar dabei die Handlungen eines Akteurs in Relation zum anderen sind, desto größer fällt dessen Macht aus. Sie ist eine Funktion der Größe der Ungewissheitszone, die der Akteur kontrolliert (vgl. ebd.: 43).

Anders als bei Coleman erscheint Macht nun nicht mehr als Relation des Akteurs zu den Ressourcen im Handlungssystem, sondern als »Rohstoff« einer direkten Beziehung zwischen Akteuren. Die Spielstruktur, an die sie gebunden ist, definiert dabei die Relevanz der Ungewissheitsquellen, welche die Akteure kontrollieren können. Was bei Coleman das Interesse an Ressourcen war, wird bei Crozier/Friedberg ersetzt durch die Relevanz der Ungewissheitsquellen für das kollektiv zu lösende Problem, welche die beteiligten Akteure kontrollieren können (siehe Tabelle 5.1 weiter unten).

Crozier/Friedberg charakterisieren Machtbeziehungen darüber hinaus als instrumentell orientierte Tausch- und Verhandlungsbeziehungen auf der Basis von Abhängigkeit (vgl. ebd.: 39f.). Die Akteure sind auf die Handlungen der anderen verwiesen, um die Probleme lösen zu können. Dabei ist Macht eine Relation zwischen den jeweiligen Ak-

Begriffsbox 5.1:
Die Machtkonzeption bei Crozier/ Friedberg

Macht ist
- eine Beziehung, nicht ein Attribut der Akteure;
- eine Tausch- und Verhandlungsbeziehung;
- eine instrumentelle Beziehung;
- eine nicht-transitive Beziehung;
- eine gegenseitige, aber unausgewogene Beziehung (Crozier/ Friedberg 39f.).

teuren und nicht einfach auf andere Beziehungen übertragbar (vgl. ebd.: 41, siehe
auch weiter oben).

In unserem Beispiel treten die Akteure zunächst auf Basis der Spielstruktur einer
fluktuierenden Nutzung der Liegestühle in Tauschbeziehungen. Sie beinhaltet, wie
wir bereits gesehen haben, die am persönlichen Interesse orientierte, jeweils nur temporäre Nutzung der Liegestühle. Da es geteilte Wach- und Ruherhythmen der Passagiere oder Tage mit weniger Sonnenscheinzeiten gibt, die für Knappheit sorgen können, liegt es im Interesse der Akteure, solche Engpässe möglichst zu vermeiden. Die
Vermeidung von Knappheit in der Liegestuhlnutzung ist das zentrale Problem des
kollektiven Handelns auf dem Schiff. Und die Spielstrategien der Akteure beziehen
sich darauf. Sie wollen die Liegestühle so weit wie möglich nach eigenem Bedarf nutzen, aber sind im Ordnungszustand I der fluktuierenden Nutzung in Engpasszeiten
bereit, auch einmal zu verzichten oder das Bedürfnis aufzuschieben. Die zentrale
Ungewissheitszone liegt in der Offenheit der Frage, wann welche Liegestühle von
wem okkupiert werden. Dabei sorgt die Spielstruktur der fluktuierenden Nutzung
ohne dauerhafte Besitzrechte dafür, dass sich diese Spielstrategien der Akteure in eine
kollektive Problemlösung übersetzen, ohne dass die Akteure ihre Macht ausspielen
müssen. Dadurch werden keine großen Machtasymmetrien zwischen den Akteuren
erzeugt.

Sobald aber z. B. aufgrund des Wetters Engpässe massiver auftreten und/oder die
Flexibilität der Passagiere nachlässt, ist diese Spielstruktur der fluktuierenden Nutzung gefährdet. Einige Passagiere, etwa A und B, werden dann ein Interesse daran
entwickeln, die Spielstruktur zu ihren Gunsten zu manipulieren. Wenn nun A und B
gleiche Interessen an einer neuen Ordnung mit dauerhaften Besitzansprüchen in der
Nutzung der Liegestühle haben, so hängt ihre Machtrelation zueinander nach Cro-
zier/Friedberg u. a. davon ab, wie sicher sich A sein kann, dass B seine Belegsymbole
verteidigt, und wie sicher sich B sein kann, dass A mitzieht, wenn er dauerhaft einen
Liegestuhl besetzt.

Interessanter ist für Crozier/Friedberg aber die Situation, dass A und B auf einen
Gegenspieler, sagen wir C, treffen. Gesetzt den Fall, A und B gehören zu den Besetzern der Liegestühle und sind an einer Ordnung mit dauerhaften Besitzansprüchen
orientiert; C ist hingegen zum Besitzlosen geworden und an einer Ordnung mit einer
planvollen Gleichverteilung der Nutzungsrechte interessiert. A und B kontrollieren in
dieser Spielstruktur mit der aktuellen wehrhaften Verfügung über die Liegestühle eine
zentrale Ungewissheitszone, so dass C dagegen weitgehend machtlos wirkt – also
keine relevanten Unsicherheitszonen kontrolliert.

Ihm bleibt als letzte Ungewissheitszone (UZ), die er kontrollieren kann, die Entscheidung über eine gewaltbereite Rückeroberung der Liegestühle. Je weniger wahrscheinlich er diese für A und B machen kann, desto vorherbestimmbarer wird aber
sein Verhalten und desto asymmetrischer die Machtbeziehung zugunsten von A
und B.

Abbildung 5.3: Übergang zu Ordnungszustand II der dauerhaften Besitzansprüche nach Crozier/ Friedberg

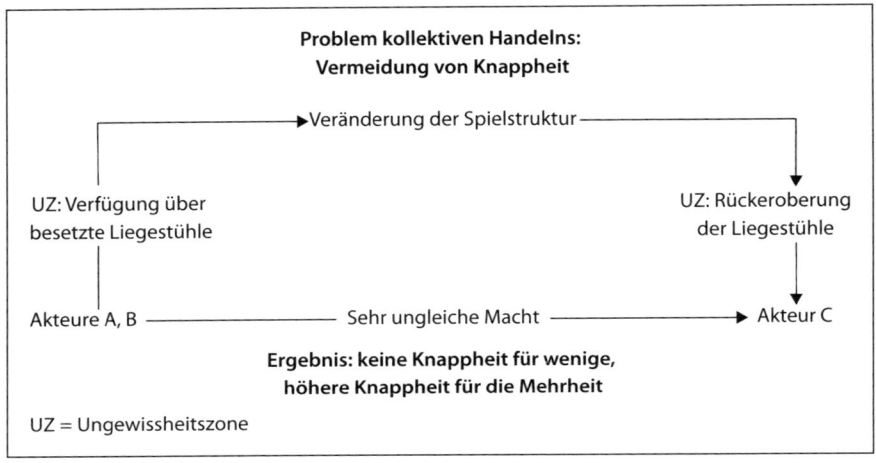

Quelle: Eigene Darstellung

Damit hat sich eine Spielstruktur eingependelt, die in Bezug auf die kollektive Problemlösung der Vermeidung von Knappheit suboptimal ist, weil mit der Spielstruktur der dauerhaften Besitzansprüche die Knappheit an Liegestühlen auf dem Schiff insgesamt zugenommen hat. Sie ist zudem nicht mehr auf Engpasszeiten beschränkt. Zwar können die Besetzer nach wie vor die Liegestühle nach Bedarf nutzen, aber die Besitzlosen sind nun dauerhaft von der Nutzung ausgeschlossen – es sei denn, sie mieten diese oder verdingen sich als deren Wächter. Je länger die Spielstruktur etabliert bleibt, desto legitimer wird diese Besitz- und Machtasymmetrie und desto unwahrscheinlicher wird die Risiko für die Besetzer, dass die Besitzlosen die Liegestühle gewaltsam zurückerobern. Die Machtasymmetrie zwischen A, B und C verschärft sich damit weiter.

Nehmen wir an, C sieht dies und beginnt deswegen seinerseits die Spielbedingungen zu manipulieren. Er setzt nun, zusammen mit einigen anderen Besitzlosen (D, E), auf eine neue Guerilla-Strategie. In nächtlichen Aktionen werden immer wieder einzelne Liegestühle samt Besitzsymbolen über Bord geworfen. Die Strategie ist wirkungsvoll, weil sie bei den Besetzern der Liegestühle Verteilungsprobleme auslöst, die durch das Besitzdenken nicht sofort gelöst werden können. Wenn überhaupt eine Teilung der Nutzung für die Besetzer in Frage kommt, stellt sich sogleich die Anschlussfrage, wer sich nun welchen Liegestuhl mit wem teilt und wie man ihn oder sie dazu bewegen kann. C kontrolliert dadurch im Gegenzug also ebenfalls eine Ungewissheitszone, die für A und B große Relevanz hat. Denn vielleicht ist deren

Abbildung 5.4: Mögliche Strategien der Rückgewinnung von Macht durch C

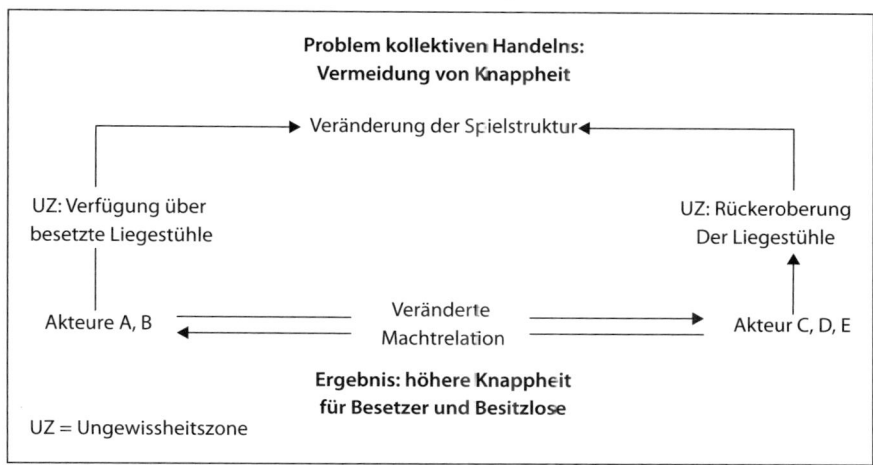

Quelle: Eigene Darstellung

Liegestuhl als nächster an der Reihe. Nun erscheint das Spiel wiederum neu geordnet. Die Knappheit der Liegestühle auf dem Schiff hat aufgrund der machtpolitischen Strategien von A, B und C jedoch weiter zugenommen und die Verteilung der Liegestühle ist immer noch sehr ungleich. Allerdings sind die Besetzer als Gruppe nun selbst von der Besitzungleichheit und einem Verteilungsproblem betroffen, das unter den Auspizien des Besitzdenkens nur schwer zu lösen ist.

Eine Strategie, wie jene »Guerilla-Taktik« der Besitzlosen, richtet sich nach Crozier/Friedberg auf die Manipulation der Handlungsbedingungen und Unsicherheitszonen aus. Immer geht es darum, welche Mittel oder Trümpfe der Gegenspieler hat und welche man selbst ins Spiel bringen kann. Gegenüber den relevanten Ungewissheiten eines Problems, so Crozier/Friedberg, sind die Akteure nicht gleichgestellt. Diejenigen, die dank der Situation, der Prioritäten, Fähigkeiten und Ressourcen dazu fähig und willens sind, diese Ungewissheit zu kontrollieren, werden ihre Macht dazu benutzen, ihren Standpunkt – wie im Falle von A und B – anderen aufzuzwingen (Crozier/Friedberg 1979:13).

Sozialer Wandel ist daher ein Prozess kollektiver Schöpfung, in dem neue Spielweisen für das soziale Spiel der Zusammenarbeit und des Konflikts erlernt werden und sich eine neue soziale Praxis konstituiert. Dass dies, wie auf unserem Schiff, zu suboptimalen kollektiven Lösungen führen kann, ist für Crozier/Friedberg eher die Regel als die Ausnahme (vgl. Crozier/Friedberg 1979:197 ff.).

Macht ist bei Crozier/Friedberg also in Spielstrategien gegossen, die auf Basis strukturierter Handlungssituationen zur Etablierung sozialer Praktiken in Organisationen führen (vgl. ebd.: 67). Sie ist im Prozess des Organisierens alltäglich. Organisationen versuchen dabei, über formale und informelle Spielstrukturen auch den Ablauf von Machtbeziehungen zu regulieren, indem sie über die Verteilung von Trümpfen und Einsätzen mitbestimmen (vgl. ebd.: 47). Die Machtquellen, die in Organisationen häufig eine Rolle spielen, sind für Crozier/Friedberg zum einen auf Ungewissheiten durch die Monopolisierung von Fachwissen oder durch die Ausnutzung der Arbeitsteilung bezogen. Zum anderen bieten sich die Beziehungen zur Umwelt der Organisation mit einer entsprechenden Kontrolle der Informations- und Kommunikationskanäle sowie die Kontrolle über die Handhabung der organisatorischen Regeln an, um Ungewissheiten in der Organisation zu erzeugen und aufrecht zu erhalten. Sie sind organisationale Machtquellen par excellence (vgl. Crozier/Friedberg 1979 : 50 ff.).

Im Vergleich sieht man, dass beide Theorien, jene von Coleman und jene von Crozier/Friedberg, auf die Handlungskoordination der Akteure durch Kontrolle zielen. Jedoch unterscheidet sich der Problembezug beider Ansätze sehr (siehe Tabelle 5.1). Crozier/Friedberg interessieren sich nicht – wie Coleman – für den Zugriff auf Ressourcen oder Ereignisse selbst, sondern für die Art der kollektiven Problembearbeitung unter Unsicherheit, die diesen Zugriff prägt. Sie bilden mit dieser Umstellung auf »Problemdefinitionen« und »Unsicherheit« als Bezug ihrer Machtkonzeption eine Brücke zur Theorie Luhmanns. Diese sucht mit ihrem Bezug zur »Unsicherheitsabsorption« einen ähnlichen Ausgangspunkt, knüpft ihn jedoch radikal an Kommunikation sowie an formbare Medien, die diese Kommunikation mit (negativ) sanktionierbaren Präferenzen für bestimmte Antworten versehen und dadurch Strukturbildung auf der Ebene von Organisation und gesellschaftlicher Teilsysteme erst möglich machen.

5.1.4   Macht als Medium der Organisation: Luhmanns Theorie

Macht ist für Luhmann daher, anders als für Coleman und Crozier/Friedberg, kein Mechanismus der Handlungskoordination, sondern ein symbolisch generalisiertes Kommunikationsmedium, das sich auf die Unwahrscheinlichkeit der Akzeptanz von – in unserem Falle – Entscheidungen bezieht. Es soll, anders gesagt, zur Annahme von Entscheidungen bewegen. Da die Kommunikation die Möglichkeit eröffnet, eine Kommunikationsofferte auch mit Nein zu beantworten, haben Medien für Luhmann die Aufgabe, die Annahme dieser Offerte zu erreichen. Liebe, Macht oder Geld werden in Systemen eingesetzt, um ein Ja zu erhalten, wo andernfalls vielleicht ein Nein oder Gleichgültigkeit artikuliert würde. Sie wandeln eine neutrale Wahlsituation zwischen Ja und Nein in eine Präferenz um, mit der deutlich wird, dass man die Annahme der Entscheidung gegenüber der Ablehnung bevorzugt (vgl. Luhmann 2000:60). Nicht in der In-Aussicht-Stellung von positiven Anreizen wie Geld oder Gewinnen, sondern von negativen Sanktionen liegt die bewegende Kraft des Mediums Macht. Macht entsteht als symbolisch generalisiertes Medium nur, wenn und soweit die Akzeptanz von Entscheidungen problematisch ist (vgl. Luhmann 2000 : 52).

Wirtschaft und Politik sind für Luhmann auf die Nutzung unterschiedlicher Medien, nämlich Geld und Macht, ausgerichtet und konnten sich so als Funktionssysteme etablieren (vgl. ebd.: 46). Anders als die positiven Sanktionen mittels Zahlungen in der Wirtschaft müssen aber die negativen Sanktionen in der Politik nicht ausgeführt werden. Das Medium ist vielmehr auf ihre Nichtbenutzung angewiesen. Die bloße Antizipation, Anspielungen, Hinweise oder Drohungen mit Sanktionen reichen im Regelfall aus. Es kann normalerweise unterstellt werden, so Luhmann, dass beide Seiten es nicht auf negative Sanktionen, nicht auf einen offenen Konflikt ankommen lassen. Dabei ist physische Gewalt für Luhmann dasjenige Drohmittel, das sich am besten zur Erzeugung des symbolisch generalisierten Mediums Macht und zugleich zur Ausdifferenzierung des Funktionssystems der Politik eignet (vgl. ebd.: 55). Sie ist auch für Luhmann in besonderer Weise organisationsfähig.

Beziehen wir dies nochmals auf das Liegestuhlbeispiel, so zeigt sich deutlich, dass im ersten Ordnungszustand der fluktuierenden Nutzung das Medium Macht kaum zum Einsatz kommt. Es handelt sich eher um eine sanfte Form von wechselseitigem Einfluss. Er ist allein dadurch gegeben, dass die Teilnehmer in diesem sozialen System auf dem Schiff aufeinander angewiesen sind und deshalb den Unmut anderer Passagiere fürchten, wenn sie an der eingeübten Ordnung etwas ändern (vgl. zu dieser

Tabelle 5.1: Das Verständnis von Macht im Theorienvergleich

	Theorie rationaler Wahl (Coleman)	Machttheorie von Crozier/Friedberg	Systemtheorie (Luhmann)
Macht als Möglichkeit	des Akteurs, wertvolle Ressourcen oder Ereignisse zu kontrollieren	des Akteurs, die Ungewissheitszonen eines Problems zu kontrollieren	im System, die Annahme von Entscheidungen durch Androhung/Antizipation von negativen Sanktionen zu erreichen
Welche Funktion/Aufgabe hat Macht?	Handlungskoordination und Ressourcenverteilung	Handlungskoordination und Manipulation der Spielstruktur	Kommunikationsmedium, das Struktur- und Systembildung möglich macht
Welche Probleme für die Organisation treten auf?	Sie kann gegen Gewinnabzweigungen von mächtigen Akteuren zu wenig tun.	Auch kollektiv suboptimaler Lösungen werden beibehalten.	Sie läuft Gefahr, negative Sanktionen auch anwenden zu müssen.

Form von Einfluss Luhmann 2000:40). Erst mit den Neuankömmlingen gelangt
Macht als Kommunikationsmedium zum Einsatz. So wird deren Machteinsatz durch
Belegsymbole symbolisch generalisiert. Er ist von Androhungen negativer Sanktionen
begleitet. Jeder kann antizipieren, was passieren wird, wenn man die Belegsymbole
wegnimmt, also die Entscheidungen der Besetzer nicht akzeptiert. Die machtvolle
Durchsetzung der neuen Ordnung mit dauerhaften Besitzansprüchen kann auf die
Anwendung von negativen Sanktionen verzichten und gleichwohl die neue Ordnung
kollektiv verbindlich werden lassen. Dazu genügt es, dass den Entscheidungen der
Neuankömmlinge nicht widersprochen wird.

Macht im politischen System bedeutet für Luhmann, kollektiv verbindliche Entscheidungen möglich werden zu lassen (vgl. Luhmann 2000:86). Und überall, wo
dies (wie z. B. auf dem Schiff) passiert, findet Politik statt. Also in aller Regel auch
alltäglich in der Organisation. Dabei nimmt Luhmann an, dass das Machtprofil einer
Organisation, wie eingangs erwähnt, nicht mit der formalen Über- und Unterordnung in Stellen übereinstimmen muss (vgl. dazu ebd.:201). Formalität stellt zwar
eine Machtressource dar, aber mit Machteinsatz könne man allenfalls die Randzonen
eines Systems ändern, während Tiefenwirkungen in mehr oder weniger alle System-
strukturen doch am Widerstand scheitern oder langsamen Anpassungsprozessen
überlassen bleiben, in denen die zunächst latente Gegenmacht den Änderungsimpuls
auf für sie akzeptable Bahnen umleitet.

Der Machtbegriff verführte gleichsam dazu, so die Quintessenz Luhmanns für die
Organisationsanalyse, Verantwortung zuzurechnen oder eine Stelle zu bestimmen,
auf die man einwirken muss (vgl. ebd.:200). Er führe damit aber an der Komplexität
des Systems vorbei. Zugleich seien in einer Organisation zu viele Orientierungen an
Wechselseitigkeit im Spiel, als dass man Macht ohne Selbstschädigung ausüben
könne. Luhmann hält deswegen den Begriff der Unsicherheitsabsorption als für die
Organisationsanalyse geeigneter. Er erteilt dem Machtbegriff in seinem Spätwerk –
ebenso wie dem Herrschaftsbegriff – eine Absage, sieht aber dennoch eine Verbindung zur Unsicherheitsabsorption der Organisation. »Wenn die Variablen Unsicherheitsabsorption und Macht korrelieren«, so Luhmann, »sei es, dass Macht
Unsicherheitsabsorption ermöglicht, sei es, dass Unsicherheitsabsorption Macht
erzeugt, kann man vermuten, dass die Machtordnung eines Systems eine Gelegenheit
gibt, diesen Vorgang zu beobachten« (ebd.: 220).

5.2   Geld

Neben Macht hilft auch Geld, die Entscheidungen anderer annehmbar zu machen.
So bekommen die Wächter der Liegestühle Geld oder temporäre Besitzmöglichkeiten
im Gegenzug für ihre Dienste. Die Entscheidung der Besetzer wird für sie dadurch
leichter annehmbar und sie erkennen damit zugleich die neue Ordnung auf dem

Schiff an. Im Zweifelsfall müssen sich die Wächter aber nicht an den Zwecken der Besetzer orientieren, sondern können sich darauf beziehen, Geld oder geldwerte Vorteile (wie Nutzungszeiten für begehrte Liegestühle) für ihre Arbeit zu bekommen. Darin gleichen sie dem Personal der Organisation (siehe Kap. 4). Dies macht es für Arbeitsorganisationen möglich, Arbeitskräfte auch dann zu gewinnen, wenn der Organisationszweck diese nicht hinreichend motiviert oder sie nur Mitglied werden, um Geld zu verdienen. Zugleich kann die Organisation dadurch ihre Zwecke leichter modifizieren. Sie zahlt dann auch für gleichbleibendes Engagement bei wechselnden Zwecken. Ob Gummistiefel, Radmäntel oder Mobiltelefone, anders als bei Interessenorganisationen ist in Arbeitsorganisationen die gleiche Gültigkeit von verschiedenen Zwecken wichtig für das Mitgliedschaftsverhältnis. Und Geld macht diese vorteilhafte »Gleichgültigkeit« möglich (vgl. für eine ausführliche Behandlung des Themas u. a. Ganßmann 1996; Deutschmann 1999).

Dabei knüpfen Organisationen die Geldzahlungen an budgetierte Positionen, mit denen sie bestimmte Voraussetzungen, Erwartungen und Verpflichtungen verbinden. Diese Geldzahlungen nehmen in der Regel mit den Voraussetzungen und Dispositionsmöglichkeiten der Positionen zu. Sie unterfüttern so nicht nur Karrierepfade und sozialstrukturelle Differenzierungen, sondern sorgen auch für (durch hohe Gehälter und hohe Positionen) hervorgehobene Zurechnungspunkte von Leistung und Verantwortung, von Prestige und Erfolg, von Kompetenz und Inkompetenz in Organisation und Gesellschaft.

Um uns eine genauere Vorstellung davon zu verschaffen, wie Organisationen Stellen mit Geldzahlungen versehen, wollen wir als Beispiel die viel diskutierten Spitzengehälter der Top-Manager in der Wirtschaft aufgreifen (siehe Infobox 5.1). Auf der einen Seite kann man an ihrem Beispiel zeigen, wie Organisationen Geld zum Einsatz bringen, und zum anderen die verschiedenen Sichtweisen der Handlungs- und der Systemtheorie nutzen, um zu erklären, wie es zu diesen hohen Zahlungen für hervorgehobene Positionen in der Wirtschaft kommen kann. Nach den Untersuchungen von Schwalbach (2011) hat sich in Deutschland in der Zeit zwischen 1987 und 2010 die Vorstandsvergütung in den DAX-Unternehmen mehr als versechsfacht. Während 1987 ein Vorstand im Durchschnitt das 14-fache der Personalkosten pro Kopf in seinem Unternehmen verdiente, stieg diese Relation auf das 54-fache im Jahre 2007 und betrug im Krisenjahr 2010 immer noch das 49-fache (vgl. Schwalbach 2011 : 5; vgl. auch Menrath 2008 : 26 ff.). Im Durchschnitt verdiente ein Vorstand 2010 2,738 Mio. Euro im Jahr, wobei die variablen Gehaltsbestandteile (u. a. Boni) im Vergleich zur Grundvergütung den größeren Anteil ausmachten (vgl. Schwalbach 2011 : 4).

Coleman versteht Geld in seiner Theorie rationaler Wahl zunächst ganz allgemein aus der Perspektive einer Aufteilung von Rechten (Coleman 1991 : 75). Während z. B. bei einer Wählerstimme eine Aufteilung nicht möglich ist – man kann nicht eine halbe Wählerstimme an seine Partner abgeben – lassen sich auch kleinere Mengen von Geld mit vollständigen Rechten verwenden. Die Geldressourcen können dann in

Form von Rechtsbündeln etwa in Körperschaften genutzt, aufgeteilt und getauscht werden (vgl. ebd.: 80). Die moderne Organisation ist für Coleman auf der Basis der Verwendung von Geldressourcen immer mehr mit einem unbeschränkten Markt vergleichbar, dessen organisatorische Struktur von monetären Anreizsystemen und dem Bereitstellen von Ressourcen bestimmt ist. Wenn die Agenten kein Interesse an den Zielen der Eigentümer haben, dann erklären sie sich eben gegen den Erhalt einer Geldkompensation bereit, im Interesse der Eigentümer zu handeln (vgl. Coleman 1992:164). Mittels Geld formt die Organisation für Coleman eine mit Stellen verbundene Anreizstruktur, um zum einen die Agenten im Interesse der Körperschaft handeln zu lassen und um zum anderen zu verhindern, dass sie die eingeräumten Nutzungsrechte für persönliche Zwecke nutzen. Mit je mehr Nutzungsrechten und Dispositionsspielräumen eine Organisation dabei eine Position ausstattet, desto größer wird die Geldkompensation sein, die sie erfährt.

Die Gründe für die wachsenden Gehälter auf den Top-Positionen von Organisationen – insbesondere von Top-Managern in der Wirtschaft – sind dann vor diesem Hintergrund einfach zu entschlüsseln. Für Coleman findet mit der Modernisierung der Organisationen eine weitere Verlagerung von Macht statt, fort von den Eigentümern hin zu denjenigen, die von den Nutzungsrechten Gebrauch machen (vgl. ebd.: 181). Diese – nennen wir sie Manager – können nun auf der einen Seite ihre Machtzugewinne in Geldgewinne umsetzen und innerhalb der Körperschaft höhere Gehälter bzw. Kompensationen durchsetzen. Auf der anderen Seite kommen ihnen in diesem Bestreben auch die Eigentümer entgegen. Denn für die Eigentümer nimmt das Kontrollproblem in Bezug auf ihre machtvollen Agenten zu. Sie sind, darin folgt Coleman der ökonomischen Theorie, dann bereit, mehr zu zahlen, um die sich verschärfenden Prinzipal-Agenten-Probleme in den Griff zu bekommen. Diesen wirkt man u. a. entgegen, indem immer größere Teile des Gehalts der Manager an die Unternehmensergebnisse gekoppelt werden. Beides zusammen kann unter Anwendung der Theorie Colemans einen Erklärungsbeitrag zur Steigerung der Spitzengehälter auf den Top-Positionen der Organisationen in der Wirtschaft liefern und zugleich sichtbar machen, welche Rolle Geld in Organisationen spielt: Es fungiert als Anreizstruktur für Loyalität und Belohnungsstruktur für Machtzugewinne. Mit einer solchen Perspektive knüpft Coleman zugleich an zentrale Erklärungsansätze der Ökonomie an (siehe Infobox 5.1).

 Infobox 5.1: Ausgewählte ökonomische Erklärungen für hohe Managergehälter in Unternehmen

In der Prinzipal-Agenten-Theorie der Ökonomie ist Geld, wie bei Coleman auch, ein Mittel des Prinzipals, um sich vor opportunistischem Verhalten des Agenten (von Leistungszurückhaltung bis zum Betrug) zu schützen. Neben Kontrolle und

Transparenz spielen dabei Ergebnisbeteiligungen eine Rolle, die dafür sorgen sollen, dass die Interessen des Prinzipals mit seinen Agenten in Übereinstimmung gebracht werden (vgl. Garen 1994:1176). Dabei sind es insbesondere die Ergebnisbeteiligungen, welche die Spitzengehälter der Manager in den letzten Jahren nach oben getrieben haben.[57]

Bebchuk/Fried nehmen in ihrer Theorie namens »pay without performance« diesen Faden der Argumentation auf und zeigen darüber hinaus, dass das Machtgefälle zwischen dem Board (bzw. Aufsichtsrat) und dem Vorstand mitentscheidend dafür ist, wie hoch die Gehälter der Manager sind (Bebschuk/Fried 2004, 2005). Je größer dieses Machtgefälle zugunsten des Vorstandes, desto höher sind deren Gehälter. Wie bei Coleman auch, sind es hier die Machtdifferenzen gegenüber dem Prinzipal, die sich in Gehaltsvorteile ummünzen lassen. Die tatsächlichen Leistungen der Manager spielen dabei für die Höhe der Gehälter eine untergeordnete Rolle (vgl. Bebschuk/Fried 2004:25 ff.; 2005:12 f.).

Die Vorstellung einer geringen Bedeutung der tatsächlichen Leistung wird auch von der »Tournament-Theorie« geteilt. Für diese orientiert sich die Mitarbeitervergütung nicht an der absoluten Leistung der Mitarbeiter, sondern an deren Rang innerhalb des Unternehmens (vgl. Lazear/Rosen 1981:847). Die Gehälter und Kompensationen der Manager stellen den Preis für die Gewinner von unternehmensinternen Wettbewerben dar. Ähnlich wie bei Hollywood-Stars, so Gaitanides, handelt es sich um Gagen, die sich an Reputationssignalen und Zuschreibungen orientieren (vgl. Gaitanides 2004:5 ff.). Geldzahlungen für Manager erscheinen hier nicht nur als schwer objektivierbare Leistungsgratifikationen der Organisation, sondern als Anerkennungsprämien für den Rang und Status, den ein Manager oder eine Managerin innehat. Im Reputationswettbewerb steigen deswegen die Gagen an, weil die Manager ihren Status daran ablesen.

Nicht so sehr die faktische Leistung, sondern insbesondere die Leistungsreputation in der Organisation oder im Netzwerk spielt also in diesen ökonomischen Ansätzen eine Rolle. Dies zeige sich in der Folge auch daran, dass die gezahlten Spitzengehälter nur zu geringen Teilen an die tatsächliche Leistung der Unternehmen (Umsätze und Gewinne) gebunden sind, sondern sich vielmehr an deren Größe und der (damit verbundenen) Managerreputation orientieren (vgl. zu dieser Diskussion Gaitanides 2004; Schwalbach 1999; Tosi u.a. 2000, Menrath 2008 u.v.a.).

---

57 In diesem Ansatz, so die gängige Kritik, werden sowohl die Möglichkeiten einer kausalen Zurechnung von Unternehmensergebnissen auf Manager überschätzt als auch deren Möglichkeiten unterschätzt, Kurse zu beeinflussen, u. a. um ihr eigenes Gehalt nach oben zu treiben (vgl. dazu auch Kuhn 2008).

In der systemtheoretischen Beschäftigung mit Geld in Organisationen steht nicht das Koordinationsproblem des Prinzipals im Vordergrund, der Geld als Anreizstruktur einsetzt, sondern das Problem der Bildung von Ordnung bzw. von Systemen. Geld zirkuliert als fluides Medium und mit der weiteren Verbreitung von Geld können schließlich »Organisationen gebildet werden, die ihrerseits auf dem Medium Geld beruhen, indem sie die Chance nutzen, festzulegen, was und wofür es gezahlt werden soll, und sich selbst durch ein Kalkül der Zahlungsfähigkeit zu erhalten« (Luhmann 1988: 309).

Ein Teil der Zahlungsmittel wird dann eingesetzt, um »Arbeitsbereitschaft« und »Weisungsunterworfenheit« zu kaufen. Nun entscheidet man auf Stellen über Stellen. Diese werden hierarchisiert, mit Aufgaben versehen und mit Personal besetzt. Da sich auf diesen Stellen Machtchancen eröffnen, könne man Organisation auch als Transformation des Mediums Geld in das Medium Macht begreifen (vgl. ebd.: 310). Mit diesen Stellen sind nicht nur Machtchancen, sondern auch Karrieren verbunden (siehe auch Kap. 4), die der öffentlichen Symbolisierung bedürfen. Damit sind für Luhmann insbesondere auch Signale in Bezug auf die Einkommenshöhe angesprochen. Karrieren verbinden, wie wir bereits gesehen haben (siehe Kap. 4), Anreiz- und Belohnungstechniken in einschneidender Weise und dabei kommt dem Einkommen als symbolischer Ausweis der organisationalen Rangordnung eine wichtige Bedeutung zu (vgl. Luhmann 2002: 297).

Eine solche systemtheoretische Betrachtung ermöglicht zugleich eine Erklärung der Höhe der Managergehälter: Sie symbolisieren Karriere und Status innerhalb der Organisation und versorgen diese dadurch dauerhaft mit Motiven. Sie inspirieren jenes Personal, das diese Karrieren noch durchlaufen möchte.[58] Sie sorgen zugleich für hervorgehobene Zurechnungspunkte von Status und Erfolg, die das System für alle sichtbar mit »hervorgehobenem Personal« als zentrale Entscheidungsprämissen versorgt. »Kausalität« wird durch die Zurechnung von Erfolgen und Misserfolgen der Organisation auf (durch Status und Einkommen hervorgehobene) Personen als Zurechnungsfiktion stabilisiert. Man muss im Misserfolgsfall dann nur noch das teure Personal austauschen und nicht notwendigerweise die Organisation grundlegend reformieren.

Zugleich entstehen auf Arbeitsmärkten auch Preise für die Arbeitsbereitschaften von Managern, die auf diese Signale und Zurechnungsfiktionen reagieren. Die Rekrutierung der »besten Köpfe« erscheint dann nicht nur als besonders wichtig, sondern auch als durch ihre Knappheit erschwert. Denn: Deren Kompetenzen und Qualifikationen erscheinen nun als ebenso herausragend wie rar. Wer so viel Geld wert ist, dessen Kompetenzen müssen zwangsläufig selten oder einzigartig sein. Ein solcher, an Knappheitswahrnehmungen orientierter Arbeitsmarkt bildet den Zerrspiegel für die

---

58   Aber frustrieren vielleicht auch jene, die diese Karrieren nicht mehr durchlaufen können (siehe dazu auch Kap. 4).

unsicheren Erwartungen der Organisationen, die sich nur an den eigenen Erfahrungen und Zurechnungsfiktionen sowie den Beobachtungen anderer Organisationen orientieren können. Im Spiegel des Marktes, um ein Bild von Harrison C. White zu verwenden, sehen die Organisationen dann sich und ihre Erwartungen von anderen Organisationen umstellt (vgl. White 1981). Je nachdem, mit welchen Zurechnungsfiktionen diese auf Preissignale reagieren, können »die besten Köpfe« als immer knapper erscheinen und dies die Preise für Top-Manager hochtreiben. Und je höher sie steigen, desto wertvoller müssen diese Manager wohl sein. Mit der Luhmann'schen Systemtheorie lässt sich also aufzeigen, dass Geldzahlungen in Form von Spitzengehältern nicht nur einfache kausale Zurechnungen von Unternehmenserfolg oder – misserfolg auf Personen unterstützen und so helfen, Kritik und/oder Frustrationen auf einfach austauschbares Personal auszurichten. Sie sorgen auch dafür, dass diese Erfolgszuweisungen einen Markt anheizen, also mit Knappheiten versorgen, der die Gehaltsspirale weiter nach oben treibt und so wiederum die einfache kausale Zurechnung auf Personen, »welche die Unternehmen zum Erfolg führen«, stabilisieren. Denn wenn dies nicht der Fall wäre, wieso sollten dann hart kalkulierende Wirtschaftsorganisationen ihrem Personal so viel bezahlen?

Die Geld- und Habgier auf Seiten der Akteure, die von den Medien gerne angeführt wird, ist dabei für Luhmann – ebenso wie für Marx und Weber[59] – nicht für das System konstitutiv. Denn für Luhmann wird das Wirtschaftssystem durch das Kriterium des Profits gerade unabhängig von den Motiven, aus denen jemand sein Geschäft betreibt. Profite müssen für ihn in Zahlungen umgesetzt werden und sind nur Profite, wenn dies geschieht. Die Funktion des Profitmotivs für das System der Wirtschaft liegt daher nicht im Absaugen von Reichtümern, sondern gerade umgekehrt: in der selbstreferenziellen Schließung des Wirtschaftssystems durch Zahlungen, die getätigt werden, um Zahlungen zu erhalten. So werden durch das Profitmotiv Zahlungen im System reproduziert; und ob jemand aus Gier oder Kalkül oder ein anderer aus Anstand handelt, ist für die Funktionsweise des Systems bei Luhmann ganz nebensächlich. Geld- oder Habgier ist daher auch für die Systemtheorie mitnichten eine

---

59 Für Marx erscheint der Kapitalist als die Personifikation der ökonomischen Kategorie des Kapitals. Dessen Bewegung ist ihm Gesetz, nicht die Habgier. »Der Gebrauchswert ist also nie als unmittelbarer Zweck des Kapitalisten zu behandeln. Auch nicht der einzelne Gewinn, sondern nur die rastlose Bewegung des Gewinnens.« (Marx 1890/1968a: 16) Und auch nach Max Weber waren es gerade nicht die Geld- und Habgier (die es zu allen Zeiten gab), sondern rationale Berufsarbeit und Gewinnstreben auf Basis rationaler Kalkulation, welche zu den Triebfedern des modernen rationalen Kapitalismus gehörten. Geld- und Habgier, so zeigt Weber historisch auf, sind nicht die Wurzeln des modernen rationalen Kapitalismus und werden ethisch während seiner Heraufkunft gar geächtet (vgl. Weber 1910/82). Und genau dafür stehen ja auch die viel diskutierten Fälle illegitimer oder gar betrügerischer Bereicherung von Top-Managern: für eine ethische, rechtliche und mediale Ächtung zügelloser Geld- und Habgier.

erforderliche Voraussetzung für das (durch den Profit reflexiv werdende) Operieren der modernen Wirtschaft.

Die Unterschiede zwischen den Geldkonzeptionen von Coleman und Luhmann könnten also größer kaum sein. Und auch in den mit ihren Perspektiven möglichen Erklärungen der hohen Geldzahlungen von Organisationen für Spitzenpositionen gelangt man zu sehr verschiedenen Erklärungszusammenhängen. Sie werden abschließend in Tabelle 5.2 nochmals zusammengefasst:

Tabelle 5.2: Zur Bedeutung von Geld in Organisationen: Coleman und Luhmann

	Theorie rationaler Wahl (Coleman)	Systemtheorie (Luhmann)
Geld als …	Nutzungsrechte, um Anreizstrukturen auszubilden und Ressourcen zu akquirieren bzw. zu kontrollieren	Medium im System, um die Annahme von Entscheidungen durch positive Sanktionen zu erreichen
Welche Funktion/ Aufgabe hat Geld?	Handlungskoordination durch den Prinzipal	Kommunikationsmedium und Systembildung
Wie lassen sich die Einkommenssteigerungen von Spitzenmanagern erklären?	Als Gewinnabzweigungen von mächtigen Akteuren und Anreizstrukturen, welche die Eigentümer setzen	Als symbolischer Ausweis von Karriere und Status sowie als Element der Stabilisierung von Kausalfiktionen in der Organisation

5.3   Zusammenfassung

Die wesentliche organisationssoziologische Frage, die mit den Begriffen Macht und Geld verbunden ist, lautet: Wie lassen sich die Handlungskoordination sowie die Aufrechterhaltung von sozialer Ordnung im Kontext von Organisationen erklären? Im Hinblick darauf haben wir die Begriffe aus soziologischer Perspektive analysiert: Macht ist für uns deshalb nicht als etwas moralisch Verwerfliches interessant, sondern als Mittel der Handlungskoordination sowie als Medium zur Ordnungsbildung. Alltägliche Machtspiele in Organisationen gehören dazu und sorgen, wie wir anhand des Liegestuhl-Beispiels von Popitz gesehen haben, für die Entstehung ganz unterschiedlicher Ordnungen. Die Theorie rationaler Wahl setzt dabei die Akteure in Relation zu den Ressourcen oder Ereignissen, die sie kontrollieren können, während bei Crozier/Friedberg Macht auf die Ungewissheitszonen bezogen wird, die man bei einer gemeinsamen Problemlösung kontrollieren kann. Für Luhmann hingegen ermöglicht u. a. das Medium Macht den Organisationen, zu kollektiv verbindlichen Entscheidungen zu gelangen – gerade indem sie nur negative Sanktionen andeuten, aber nicht zur Anwendung bringen.

Neben Macht haben wir auch Geld unter dem Vorzeichen seiner Effektivität bezüglich der Aufrechterhaltung sozialer Ordnung untersucht und gezeigt, wie Coleman den Einsatz von Geld auf die Organisationsprobleme des Prinzipals bezieht und sich vor diesem Hintergrund Phänomene, wie z. B. die hohen Geldzahlungen für Managerpositionen in der Wirtschaft, erklären lassen. Für Luhmann bilden sich Organisationen anhand des Gebrauchs von Geld aus und bestimmen so zugleich einen Gutteil seiner gesellschaftlichen Verwendungsmöglichkeiten. Die Spitzengehälter erscheinen dabei sowohl als symbolischer Ausweis von Karriere, der die Organisation mit Motiven versorgt, als auch als ein Resultat von dadurch reproduzierten Knappheitsfiktionen auf Arbeitsmärkten.

Macht und Geld, die auf den ersten soziologischen Blick wenig miteinander gemeinsam haben, sind also aus organisationssoziologischer Sicht zwei Möglichkeiten, Entscheidungen auszurichten und verbindlich zu machen und somit eine gewisse Stabilität des sozialen Gebildes »Organisation« zu gewährleisten.

Kapitel 5: Fragen zur Vertiefung

- Wieso ist in der systemtheoretischen Betrachtung von Macht die Anwendung von negativen Sanktionen für die Organisation bzw. die Vorgesetzten in einer Organisation problematisch?
- Worauf muss man achten, wenn man im Sinne der Coleman'schen Theorie rationaler Wahl Machtkonstellationen in einer Organisation untersuchen möchte?
- Warum versuchen Organisationen ihre Mitglieder mittels Geld zu motivieren und welche Alternativen dazu kommen in Organisationen zum Einsatz?

Übung zu Kapitel 5: Der Fall Kozlowski

Die Endeavour, eine überholte und rekonstruierte America's Cup Yacht, benannt nach dem Expeditionsschiff von James Cook, bildete die Ausnahme. Sie war von Dennis Kozlowski, dem CEO des Gemischtwarenkonzerns Tyco selbst bezahlt worden. Den Rest, wie sein 18-Millionen-Dollar Apartment in New York, die mehr als eine Million teure Geburtstagsparty seiner Frau oder der 6.000 Dollar teure Duschvorhang hatte er sich auf Firmenrechnung spendiert. Auf diese Weise ist der Tycoon Kozlowski zum Inbegriff eines habgierigen Firmenbosses geworden. Er wurde in zweiter Verhandlung im Juni 2005 schuldig gesprochen und zu 25 Jahren Haft verurteilt. Er und sein Mittäter Swartz hatten sich illegal Boni im Umfang von mehr als 150 Millionen Dollar genehmigt. Zusätzlich trieben sie den Aktienpreis mit geschönten Angaben über die Finanzlage des Unternehmens nach oben und prellten Aktionäre so um 400 Millionen Dollar (siehe Handelsblatt 2009).

Drei Jahre nach seiner Verhaftung äußerte sich Kozlowski zu den Vorkommnissen.[60] Angesprochen auf die Bedeutung des Geldes antwortete der ehemalige Topmanager, dass es für ihn vor der Zeit der Inhaftierung eine enorme Rolle spielte und sein Jahreseinkommen letztlich bestimmte, wer er war. Trotzdem sah er in Geld nicht seine primäre Motivation. Vielmehr war es der Erfolg der von ihm gemanagten Firma: »Tyco hat mich motiviert. Das war mein großer Fehler. Ging es der Firma gut, ging es mir gut. Florierte Tyco, florierte ich. Kriselte es, ging es mir nicht gut. Ich hatte kein Leben außerhalb von Tyco.« (vgl. Hossli 2008)

Arbeitsaufgaben:
1. *Bitte zeigen Sie an diesem Beispiel auf, welche Rolle Geld in Organisationen spielt und welche Bedeutung es für die Spitzenmanager entfaltet.*
2. *Wie lassen sich die Koordinationskraft des Geldes und die damit verbundenen Probleme aus der Sicht der Theorie rationaler Wahl Colemans interpretieren?*

Exemplarische Antworten auf die Fragen zur Vertiefung sowie einen Lösungsvorschlag zur Übung finden Sie im Internet unter www.utb.de/soziologie-der-organisation

---

60   Für das ausführliche Interview siehe den Beitrag von Peter Hossli (2008).

6 Management, Führung und Strategie

In diesem Kapitel erfahren Sie
➢ welche Merkmale ein soziologischer Managementbegriff umfasst,
➢ wie man »Führung«, »Macht« und »Autorität« voneinander unterscheidet,
➢ wie der Strategiebegriff organisationssoziologisch gefasst wird.

Das Management verkörpert die Idee der zielgerichteten Gestaltung der Organisation. Dies zeigt sich bereits an der Herkunft des Begriffs, der »Handhabbarkeit« oder »Machbarkeit« und »Führung« signalisiert.[61] Mit dem Management weist die Organisation u. a. Absicht und Vermögen ihrer Gestaltung, ihrer Führ- und Veränderbarkeit aus. Die Metaphern für die zuständigen Akteure wechseln. Seien es positive Zuschreibungsformen als »Teamplayer«, »Mannschaftskapitäne« oder negative als »Nieten in Nadelstreifen« (Ogger 1992), die Vorstellung der Manager als die »Köpfe« korporativer Akteure, die diese mittels Anweisungen und Anreizstrukturen strategisch zum Ziel führen, hat sich als robust erwiesen. Sie instruiert nicht selten auch die Selbstbeschreibung der Organisation und das Selbstbild ihrer Manager (vgl. dazu auch Pohlmann u. a. 1998; Buß 2007; Pohlmann 2011).

Dabei bezieht sich der Begriff des Managements aber nicht nur auf die zugeschriebenen Funktionen der Orientierung, Gestaltung, Kontrolle und Koordination der Organisation. Sondern es sind damit auch Positionen angesprochen, die in der Organisation hierarchisch übergeordnet und formal weisungsbefugt sind. Management ist immer auch Führung, strategisch ausgewiesene Unternehmens- und Mitarbeiterführung. Darüber hinaus thematisiert man mit dem Management auch die Manager als Personen, welche die Entscheidungen der Organisation beeinflussen und prägen.

Auf Basis dieser Herangehensweise stellen wir zunächst grundlegende Überlegungen zur Funktion des Managements vor und zeigen, wie diese Funktion in den verschiedenen Theorieperspektiven der Organisationssoziologie ganz unterschiedlich bestimmt wird (6.1). Daran anschließend konzentrieren wir uns auf die Funktion der Führung, insbesondere der Mitarbeiterführung und diskutieren, was Strategie im Kontext von Organisation und Management bedeutet (6.2). Die abschließenden Aus-

---

61 Staehle weist darauf hin, dass die etymologischen Deutungen des Begriffs kontrovers sind. Für manche kommt er von »manu agere«, mit der Hand arbeiten, andere halten mit Braverman (1974) »manus agere« (an der Hand führen, Pferd in allen Gangarten üben) für plausibler. Auch »mansionem agere« ist in der Diskussion (vgl. dazu Staehle 1994:69).

führungen sind dem Management als Personal in der Organisation und dem Versuch gewidmet, sie als Sozialfiguren innerhalb der Sozialstruktur der Gesellschaft sichtbar werden zu lassen (6.3).

6.1   Die Funktion des Managements – Grundlegende Perspektiven

In betriebswirtschaftlichen Lehrbüchern wird Management als die Aufgabe der Führung, Koordination, Planung, Organisation und Kontrolle des Unternehmens beschrieben (vgl. dazu Fayol 1916/29; Staehle 1994:78 f.). Diese sachbezogene Perspektive wird durch eine personenbezogene ergänzt. Sie richtet sich auf Manager als besondere Gruppe von Personen, welche Managementaufgaben und entsprechende Rollen wahrnimmt (vgl. dazu Staehle 1994:69; Steinmann/Schreyögg 2005:3). In dieser »Lehre für die Führung und von der Führung« (Kirsch 1977; Staehle 1994:75) lautet die zentrale Frage nicht, ob, sondern wie strategische Unternehmensführung funktioniert. In unterschiedlichen Konzeptionen wird daher eine Abfolge von Schritten der Planung, Zielausrichtung, Umsetzung und Kontrolle unter Einbezug sich ändernder Umweltbedingungen empfohlen, um die Unternehmen strategisch auszurichten (vgl. dazu Staehle 1994:575 ff.; Steinmann/Schreyögg 2005:167 ff.). Dieser Lehre liegt die Vorstellung strategiefähiger und steuerbarer korporativer Akteure als selbstverständlich zugrunde.[62]

Sie wählt damit einen ähnlichen Zugang wie Coleman (1992) mit seiner Theorie rationaler Wahl. Dessen Theorie ist jedoch von einer soziologischen Systematisierung getragen (siehe Kap. 3.2). Auch in der Vorstellung Colemans erreichen die Akteure mit der Hilfe des zentralen Managements und entsprechender Anreizstrukturen ihre eigenen Ziele und zugleich den Zweck der Körperschaft (vgl. Coleman 1992:166). Verträge, Hierarchien, Gehälter und Karrierechancen für das Personal sorgen in der Regel dafür, dass in Organisationen das passiert, was die Führungskräfte und ihre Mitarbeiter beabsichtigten. Management ist in dieser Perspektive eine ordnungsstiftende Kraft, die für Kooperation oder Koordination der Untergebenen sorgt, indem sie sich an der Nutzenmaxime-

Begriffsbox 6.1: Der Begriff des Managements

Der Begriff des Managements bezieht sich auf
1. eine Funktion der Orientierung, Gestaltung, Koordination und Kontrolle in der Organisation;
2. eine Position, die in der Organisation hierarchisch übergeordnet ist und Führungsaufgaben beinhaltet;
3. eine Person, die als »Entscheidungsträger« der Organisation firmiert.

---

62   Anders die organisationssoziologisch argumentierende Betriebswirtschaftslehre; siehe dazu u. a. Ortmann (2008), Schreyögg (2008a), zu Knypphausen (1988), Walgenbach/Kieser (2010).

rung der Akteure orientiert und mit Kontrollrechten, Interessen und Ressourcen operiert (vgl. Coleman 1991:196). Das Management ist gegenüber den Unternehmern oder Aktionären »Agent« (Auftragnehmer) und gegenüber den Beschäftigten »Prinzipal« (Auftraggeber).[63] Dadurch wird seine Funktion näher bestimmt. Sowohl als Agent als auch als Prinzipal liegt das zentrale Problem des Managements im Umgang mit Vertrauen und Kontrolle, um z. B. Leistungszurückhaltung oder Widerstände der Beschäftigten mit dem Setzen von Anreizen und Sanktionen zu vermeiden. Die Aufgabe des Prinzipals besteht für Coleman darin, »das Niveau der Überwachung und Kompensation so festzusetzen, dass sich sein Nutzen maximiert, vorausgesetzt, dass auch der Agent seinen Arbeitsaufwand so einsetzt, dass er seinen Nutzen maximiert« (ebd.).

Die institutionentheoretische Perspektive vollzieht die handlungstheoretische Reduktion auf rein an der Nutzenmaximierung orientierte Akteure der Theorie rationaler Wahl auch in diesem Fall nicht nach (siehe auch Kap. 4). Sie interessiert sich vielmehr für die Geltung von Regeln, die gesellschaftlich und organisational Rationalität versprechen und dadurch das Handeln der Akteure und Organisationen legitimieren (siehe ausführlich Kap. 3.4). In der Denkweise des neuen Institutionalismus geht es darum, wie das Management (als Funktion, als Positionsstruktur und durch spezifisches Personal verkörpert) Einzug in die Organisationen hält, so dass jede Organisation, die als modern und rational erscheinen will, kaum mehr auf es verzichten kann. Sei es der Familienbetrieb, das Krankenhaus oder die Universität und sogar die Kirchen – sie alle beginnen, Managementstrukturen einzurichten, auch um sich als Organisation einen rationalen Anstrich zu geben, um »up-to-date« zu sein.

 Infobox 6.1: Zur Einführung des « Managements«

Als in den 1950er-Jahren die Bezeichnung »Manager« langsam in den Firmen Deutschlands und Europas Einzug hielt und in Deutschland jene der »Betriebsführer« ablöste, erregte dies noch große Widerstände. Sie bezogen sich einmal auf eine wahrgenommene »Amerikanisierung« der Wirtschaft. In anderen Fällen wurde in der neuen Positionsbezeichnung auch eine Statusentwertung gesehen. Im Vergleich zum »Betriebsführer« erschien in dieser Zeit der »Manager« genauso lapidar wie der »Job« im Vergleich zum »Beruf«. Im Kampf der Bezeichnungen spiegelt sich eine Zeitenwende – und das nicht nur im Management. In den 1960er-Jahren, so schreiben Boltanski und Chiapello (2003:100), sind die Manager dem eigenen Empfinden nach der Inbegriff von Modernität. Ihr Gegen-

---

63   Siehe Kap. 3.3.

bild ist die Logik der »familienkapitalistischen Welt« – einer Welt von Fürsorge und Unterordnung, von Führern und Untergebenen. Sie wird in dieser Zeit von einer neuen Generation von Führungskräften verabschiedet (vgl. dazu Pohlmann 2008a: 242 ff.). Die Einführung des Managements signalisiert ein gesellschaftlich unterfüttertes, organisationspraktisches Freischwimmen von diesen Traditionen, orchestriert von der zeitgenössischen Managementliteratur. Zentralisierung, überbordende Bürokratien und Statushierarchien sollten aufgebrochen und der »moderne Manager« nach amerikanischem Vorbild etabliert werden (Pohlmann 2008a: 246). Nicht die »Amtsautorität« des Vorgesetzten (vgl. dazu auch Weber 1922/85 : 551 ff.), sondern die Kooperation von Individuen zum Erreichen eines gemeinsamen Zieles stand im Vordergrund. Eine Sichtweise, welche auch das Selbstverständnis einer neuen Generation von Führungskräften prägte (vgl. Pohlmann 2008b). Das Management konnte dabei den Mythos der in den Hintergrund tretenden Unternehmer für sich nutzbar machen. Es hatte Erfolg darin, Intuition und Risikobereitschaft mit der Vorstellung einer überlegenen, wissenschaftlich disziplinierten Expertise zu verbinden. Während noch ein Jahrhundert zuvor von »Industriebeamten« oder »Privatbeamten« statt von Industriemanagern die Rede war[64], ist die Chiffre vom Management heute als schillernder symbolischer Ausweis von Entscheidungskompetenz fest etabliert.

Organisationen auf der ganzen Welt folgen in unterschiedlichem Ausmaß nun dieser gesellschaftlich anerkannten Idee des »Managements«, um sich Anerkennung und Legitimität zu verschaffen. Als »ordentlich gemanagte« Organisation können sich diese leichter Ressourcen zugänglich machen als ohne Management. Dies sorgt für die Verbreitung von Managementstrukturen, die ihren Beitrag leisten, um die »Rationalität« der Organisation auszuweisen und abzusichern. Das zentrale Problem jeder Form des Managements besteht dann darin, die mit ihm verbundene rationale Ordnung der Organisation und die tatsächliche nicht zu weit auseinander klaffen zu lassen. Management ist also, darauf weist der neue Institutionalismus hin, fester Bestandteil der Fassade moderner Organisationen geworden, ohne dass deren tatsächliche Effizienz und Effektivität dadurch gesichert wäre (vgl. dazu auch Meyer/Rowan 1977 und ausführlich Kap. 3.4 in diesem Band).

Das liegt daran, so kann man aus systemtheoretischer Perspektive ergänzen, dass Organisationen komplexe Gebilde sind, in denen vieles zur gleichen Zeit geschieht und die sich schon deswegen der einfachen Steuerbarkeit durch das Management entziehen (siehe auch Kap. 3 und 4). Es gibt zudem keinen Punkt im System, von dem

---

64   Vgl. z. B. die Deutsche Industriebeamten-Zeitung, die im Zeitraum 1906-1919 erschien und die sozialen Interessen der technischen Privatangestellten im Fokus hatte.

aus das ganze System in seiner Komplexität erfasst werden kann. Jedes Management ist daher zur Selektivität gezwungen und muss vieles ignorieren, was sonst noch im System passiert (vgl. Luhmann 2000:183-195). Zugleich übersetzt sich nicht jede Absicht oder jedes Ziel einer Führungskraft im kollektiven Entscheidungsprozess in zielorientierte Handlungen der Mitarbeiter. Die Eigendynamik des Systems[65] lässt sich nicht auf die Entscheidungen einzelner Akteure reduzieren. Zwar fungiert das Management in der Organisation als Entscheidungsträger (bzw. Entscheidungsprämisse), indem es Prämissen für die Ausrichtung und den Aufbau der Organisation setzt, aber auch mit diesen kann nicht sichergestellt werden, dass die Reproduktion des Systems sich daran so orientiert, dass tatsächlich von einer Steuerung der Organisation gesprochen werden kann. Die Differenz zwischen dem Setzen von Entscheidungsprämissen und der Evolutionsdynamik des Systems bleibt für das Managementverständnis der Systemtheorie konstitutiv. Deswegen konzipiert sie die Gestaltungsfunktion des Managements nicht einfach als Resultante der Steuerungstätigkeit von Organisationen, sondern betrachtet die Resultate der Tätigkeit als Produkt eines evolutionären, zukunftsoffenen Wandels der Organisation (siehe dazu ausführlich Kap. 7).

Damit ist umgekehrt aber in der Systemtheorie nicht gesagt, dass die Steuerungsimpulse des Managements keine Wirkung entfalten können, sondern nur, dass diese abhängig von der eigendynamischen Entwicklung des Systems sind. Eine Lenk- und Steuerbarkeit im engeren Sinne kann dann allerdings nicht mehr unterstellt werden. Denn diese würde voraussetzen, dass eine Anweisung A mit dem Ziel, B zu erreichen, die Organisation auch immer (oder zumindest regelmäßig, solange keine Fehler auftreten) zur Zielerreichung von B führt. Die Wahrscheinlichkeiten dafür variieren jedoch mit der Eigendynamik des Systems und dies in beträchtlichem Ausmaß. Den kollektiven Regeln der Organisation gelingt es mal mehr mal weniger, die Handlungen ihrer Mitglieder an den Zielvorgaben zu orientieren. Davon hängt es dann auch ab, inwiefern die Organisation es schafft, ihre selbst gesetzten Ziele zu verwirklichen, und inwieweit die Ziele nachträglich der abweichenden Realität angepasst werden müssen.

Dies hängt für die Systemtheorie auch von der Art der Entscheidungen und von den organisationalen Regeln ab. Eng gekoppelte Entscheidungszusammenhänge oder Routineoperationen mit hoher Standardisierung der Umwelt lassen sich relativ einfach reproduzieren. In Technik oder rechtliche Normen gegossene Wenn-dann-Regeln sorgen zum Beispiel dafür, dass die Autos das Band verlassen oder die Kfz-Zulassung diese auf einen Antrag hin zuverlässig anmeldet. Anders sieht es aus, wenn Entschei-

---

65 Um diese Dynamik auf den Begriff zu bringen, schlägt Luhmann (1984) vor, den der Biologie entlehnten Terminus »Autopoiesis« in die Soziologie zu übernehmen. Damit wird seither der Selbstbezug als konstitutiv für die Abgrenzung des Systems gegenüber der Umwelt behauptet sowie die autonome Selbstreproduktion der systemspezifischen Elemente und Operationen bezeichnet. Siehe für die Einführung dieses Begriffs in die Organisationstheorie Luhmann (2000:39-80).

dungen lose gekoppelt sind, ihre Zielerreichung an die Mitwirkung Dritter geknüpft ist oder die Umwelten nicht standardisierbar bzw. ihre Reaktionen nicht vorhersehbar sind. Wenn also die Entscheidung A nicht zwingend B hervorruft (lose Kopplung), ein Ministerium die Durchlässigkeit des Schulsystems für sozial Schwache erhöhen möchte (Interdependenz) oder ein Unternehmen nicht weiß, ob die Werbung für das eigene Produkt A nicht vielmehr den Verkauf des Produktes B eines Konkurrenten fördert (Marktförmigkeit). Ziele, wie z. B. die Steigerung der Rendite, sind oft nur in geringem Maße für die Organisation instruktiv, weil sich immer eine Vielzahl von Maßnahmen mit ganz ungewissem Ausgang für dieses Ziel finden lassen[66].

Vergleicht man also die Managementverständnisse in der Soziologie, werden bereits mit den drei hier gewählten Ansätzen sehr unterschiedliche Theorieoptionen, Fragestellungen und Perspektiven sichtbar, welche Tabelle 6.1 nochmals in einer Übersicht zusammenfasst.

Die Theorie rationaler Wahl liegt mit ihrem analytischen Modell vergleichsweise nah an den Theorien und Selbstbeschreibungen der Praxis, während im neuen Institutionalismus diese selbst als »Rationalitätsformen mit gesellschaftlicher Geltung« zum Thema gemacht und in der Systemtheorie eine Gegenposition zu deren Annahmen formuliert wird.

Alle drei Ansätze eröffnen mit ihren unterschiedlichen Bestimmungen der Aufgabe / Funktion des Managements ganz unterschiedliche Zugänge zu der Frage, warum Organisationen ein Management brauchen. Die Antwort der Theorie rationaler Wahl lautet: um abweichende Interessen und entsprechendes Handeln der Einzelakteure durch das Setzen von Anreiz- und Sanktionsstrukturen am Ziel der Körperschaft ausrichten zu können. Die Antwort der neuen Institutionentheorie liegt nicht nur im Verweis auf die Funktion der Handlungskoordination, sondern auch in dem auf die Legitimation und die durch sie mögliche Ressourcenbeschaffung der Organisation. Schließlich antwortet die Systemtheorie wie folgt: Die Etablierung des Managements

---

66   Aus systemtheoretischer Sicht wird daher die Frage nach der Güte oder Rationalität der Zielvorgaben sekundär und zugunsten einer soziologischen Erklärung fallengelassen, die danach fragt, warum es Organisationen dennoch oft gelingt, bestimmte Leistungen einigermaßen zuverlässig zu erbringen (siehe dazu auch Kap. 7). Natürlich kann der Praktiker auf Basis eigener mitgliedschaftsbasierter Erfahrungen in der Organisation Wahrscheinlichkeiten für den Erfolg bestimmter Entscheidungsvorlagen angeben, aber man kann es nie definitiv wissen – eben weil in der Evolution auch geringe Wahrscheinlichkeiten eine Chance haben (vgl. Luhmann 1997) und sich immer wieder »normale Katastrophen« ereignen (vgl. Perrow 1987/92). Dies gilt auch für die obersten Führungspositionen. Der Top-Manager eines Unternehmens, der Minister eines Ministeriums, der Rektor einer Universität – sie alle können Richtlinien vorgeben und mit formalen Befolgungswahrscheinlichkeiten versehen, aber sie können niemals für alle Fälle sicherstellen, dass genau das in der Organisation passiert, was diese sich wünscht. Vielleicht genügen Befolgungswahrscheinlichkeiten von 70 oder 80 Prozent, aber das bedeutet eben auch, dass in 20 bis 30 Prozent der Fälle etwas anderes passiert. Wenn man sich dies in der Abfolge von Entscheidungen vorstellt, kann eine beträchtliche Unschärfe und Unsicherheit ins Spiel kommen, die typisch für nicht-triviale soziale Systeme ist.

Tabelle 6.1: Das Managementverständnis in der Soziologie der Organisation im Theorienvergleich

	Theorie rationaler Wahl (Coleman)	Neuer Institutionalismus	Systemtheorie Luhmann)
Management als …	an Nutzenmaximierung orientierte Koordinationsform	dem Rationalitätsausweis/der Legitimität der Organisation dienliche Repräsentationsform	Entscheidungsprämisse
Welche Aufgabe/ Funktion hat das Management in der Organisation?	Koordination und Umgang mit Prinzipal-Agenten-Problemen	Gestaltung und Legitimation der Organisation	Setzen von Prämissen in Entscheidungsprozessen
Welche Probleme gehen damit einher?	Vertrauen und Kontrolle in Prinzipal-Agenten-Beziehungen sicherzustellen	Die tatsächliche Gestaltungsrationalität und die legitime Rationalitätsfassade klaffen zu weit auseinander	Das Setzen von Entscheidungsprämissen »steuert« nicht die Evolutionsdynamik des Systems

ist eine Reaktion darauf, dass Organisationen in der Realität eben doch keine perfekten Maschinen sind[67] und Anordnungen von oben nicht ausreichen, um das Folgegeschehen zu determinieren (vgl. Luhmann 2000: 186 ff.). Einige Befunde der Organisationsforschung mögen weiter verdeutlichen, was damit gemeint ist.

 Infobox 6.2: Zu einigen Befunden der Organisationsforschung

Die theoretisch begründete Skepsis der neuen Institutionen- und der Systemtheorie gegenüber der einfachen Annahme einer zielgerichteten Steuerung der Organisation durch deren »Managementköpfe« korrespondiert mit vielen empirischen Befunden der Organisationsforschung. Auch die analytische Theorie rationaler Wahl Colemans ist vor diesem Hintergrund aufgefordert, in konkreten empirischen Organisationsfallstudien die Erklärungsreichweite ihrer Annahmen zu prüfen.

---

67   Wenn mit Befehlsketten und formalen Anordnungen eine Organisation auch bei variablen Umweltbedingungen punktgenau steuerbar wäre, bedürfte es einer Managementfunktion gar nicht bzw. sie würde sich in der Programmierung der Entscheidungsabläufe der Organisation erschöpfen.

Bereits die empirische Kritik der Organisationsforschung am Bürokratiemo-
dell Webers – mit seiner einfachen Zweck-Mittel-Rationalität (vgl. z. B. Luhmann 1968 : 40 ff., siehe auch ausführlich Kap. 3.1) – hatte zu erkennen gegeben,
dass in vielen Organisationen weder klare gemeinsame Zielvorstellungen noch
eindeutige Präferenzordnungen existierten. Der Organisationszweck genauso wie
konkrete Zielvorgaben schienen oft widerspruchsvoll und nicht instruktiv formuliert. Viele Ergebnisse dieser frühen Organisationsforschung weisen darauf hin,
dass es in der Regel keine Garantien dafür geben kann, dass die Gestaltung der
Organisation den Intentionen des Managements folgt oder nur entspricht. Ziele
und Intentionen sind selbst wiederum nur – wie die daraus abgeleiteten formalen
Entscheidungsstrukturen auch – Elemente, die in einen Prozess des Organisierens
mit seinen Aushandlungs- und Machtspielen eingebracht werden (vgl. dazu insbesondere auch Küpper/Ortmann 1988 und ausführlicher Kap. 5). Sie können
daher keine übergeordnete Rationalität und keine gemeinsame Handlungsweise
in der Organisation garantieren. Das Management erscheint nicht mehr so sehr
als ein entscheidender Faktor für eine vorprogrammierte Ziel*erreichung*, sondern
als ein wichtiger Einflussfaktor für die Ziel*orientierung* und die *Interpretation* dieser Ziele der Organisation. Manager sorgen für die Verfahrensregeln, die den
»Fluss« von Entscheidungen innerhalb des sozialen Systems gewährleisten. Ein
Management stellt in Form von Fiktionen, formalen Vorgaben, Entscheidungsprämissen und dem nötigen Personal gewissermaßen die »Kanäle« und »Brücken«
zur Verfügung, damit künftige Entscheidungen überhaupt an die bereits getroffe-
nen anknüpfen können.[68] Zu diesem Zweck lädt das Management den Entscheidungsprozess im Vor- und im Nachhinein mit Rationalität auf. Für Karl E. Weick
war deswegen klar: Eine Vielzahl von Situationen ist entscheidungsinterpretiert
und nicht entscheidungsgeleitet, eine Vielzahl von Entscheidungen und Aktionen sind zielinterpretiert und nicht zielgeleitet. Die Zieldefinitionen sind ebenso
häufig nach- wie vorgängige Produkte organisationalen Handelns (vgl. u. a.
Weick 1969/85 : 340 f.).

Herbert Simon und andere haben vor diesem Hintergrund auf die kognitiven
Schranken in der Abwägung von Alternativen hingewiesen und eine *begrenzte
Rationalität* (»bounded rationality«) in organisationalen Entscheidungen festgestellt. Nicht die optimale, sondern die erste hinlängliche Alternative werde
gewählt (Simon 1957 : 33 ff.). Organisationen wurden im Kielwasser dieser Vorstellung zu »Mülltonnen« und zu »organisierten Anarchien«: »Eine Organisation

---

68   Es erzeugt mithin ein organisationsspezifisches »soziales Gedächtnis« (Luhmann 2000 : 86).

ist eine Sammlung von Entscheidungen, die nach Problemen suchen, von Themen und Gefühlen, die nach Entscheidungssituationen suchen, von Lösungen, die nach Fragen suchen, auf die sie die Antwort sein könnten und von Personen in Entscheidungspositionen, die nach Arbeit suchen« (Cohen/March/Olsen 1972:2). Die Präferenzen sind ebenso unklar wie die Entscheidungstechniken, die auf Versuchs- und Irrtumsaktivitäten beruhen. Publikum und Entscheidungsträger wechseln je nach Entscheidungsthema häufig. In dieser deskriptiven Theorie der Entscheidungsprozesse wurde eine Entscheidungstechnologie empfohlen, die stärker mit der Torheit der Beteiligten (»technology of foolishness«), den unterschiedlichen Koalitionen, Vereinbarungen und Machtspielen in Organisationen rechnet. Organisationen bestehen nach Cyert und March aus Koalitionen und jede Koalition wird versuchen, der Organisation ihre Präferenzen, Ziele und ihre Verarbeitungslogik aufzudrängen. Zu diesem Zweck verbünden sich Koalitionen mit Hilfe von »Extrazuwendungen« als Anreiz zur Kooperation. Es entstehen *dominierende Koalitionen*, doch Simon konstatiert, »daß es zwischen den verschiedenen Parteien großer Organisationen wenig Gemeinsamkeit in den Zielen gibt« (Simon 1964:9).

Der Prozess des Organisierens produziert in jedem Fall Ergebnisse, so Weick (1969/85), die so interpretiert werden, als ob eine gezielte Entscheidung getroffen worden wäre. Und die Manager halten sich – genau wie Politiker und alle anderen Akteure – die Möglichkeit nachträglicher Rationalisierung systematisch offen – denn nach einer Entscheidung ist man immer klüger als vorher. Das, was man hinterher daraus macht, orientiert die Lernprozesse und legt laufend fest, was als Erfolg und was als Misserfolg auf Basis welcher Kriterien verstanden werden soll. Dabei sind symbolische Repräsentation und soziale Integration des Entscheidungsprozesses in der Managementlehre deutlich unterschätzte Funktionen des Managements. Manager können zwar den »flow« von Entscheidungen erleichtern, aber nicht immer entscheidend beeinflussen. Sie können stattdessen wie auf einem wackligen Surfbrett hoch auf den Stromschnellen vorführen, wo es lang geht (Westerlund/Sjöstrand 1981:163). Und sie können im Nachhinein für die Organisation deutend festlegen, was richtig und was falsch war. Auch darin liegt aus der Perspektive der Organisationsforschung eine wichtige Funktion des Managements. Es verkörpert Entscheidungs- und Strategiefähigkeit, Lenk- und Steuerbarkeit in einer Organisation, die diese im Prozess des Organisierens laufend in Frage stellt. Daher sind Manager auch immer wieder gefordert, auf wachsende Unsicherheit zu reagieren. Dies kann rein symbolisch geschehen, durch sichtbare Führung, oder formal, durch das Setzen von Rahmen, Entscheidungskorridoren oder Prämissen, an denen sich Entscheidungen orientieren sollen.

Management bedeutet auch vor diesem Hintergrund ein *Leitung, Koordination* und *Kontrolle signalisierender* Umgang mit der Entscheidungsunsicherheit der Organisation. Dazu bedarf es auch der »Führung« und der »Strategie«, deren soziologisches Verständnis sich zumindest teilweise auch an den dargestellten Ergebnissen der Organisationsforschung orientiert.

6.2   Führung und Strategie

Um eine Vorstellung davon zu bekommen, was es mit dem Management, seinen Zielen und Strategien sowie seiner Führung in einer Organisation auf sich hat, wenden wir uns zunächst einem historischen Beispiel zu und untersuchen den Fall des Kapitänleutnants Bligh und der Meuterei auf der Bounty im Jahre 1789. An diesem Fall von (vermeintlichem?) Missmanagement lässt sich ablesen, welche Herausforderungen sich für das Management einer Organisation ergeben und wie sich Führung soziologisch begreifen lässt. Der Vorteil der Bounty-Geschichte ist, dass es sich um einen wahren und historisch gut untersuchten Fall handelt, um den sich gleichwohl bis heute – auch dank Hollywood – viele Mythen ranken. In der Art, wie übertriebene Mythen in die Erzählung gewoben und Fakten ausgelassen werden, ist sie einem alltäglichen Verständnis von Management und Führung in der Praxis der Organisationen sehr nahe.

Leitbeispiel 6.1: Die Meuterei auf der Bounty

Die Bounty begann am 23. Dezember 1787 unter Führung von Lieutenant (Kapitänleutnant) William Bligh ihre Reise nach Tahiti. Ziel war es, von dort aus die Stecklinge des Brotfruchtbaums zu den Antillen zu bringen. Kapitänleutnant Bligh hatte auf seinen Reisen mit Captain Cook bereits einschlägige Erfahrungen sammeln können, die auf der Bounty Anwendung fanden. Seine Führung war dadurch gekennzeichnet, dass er weniger und mildere Strafen anwandte als es in der Royal Navy üblich und rechtlich sogar geboten war. Er galt als diszipliniert, kompetent und um das Wohl seiner Matrosen mehr besorgt als viele andere Kapitäne. So verordnete er Bewegung, ließ die Matrosen regelmäßig tanzen und Sauerkraut gegen den Skorbut essen. Sehr vorteilhaft für die Mannschaft war auch, dass er ein anderes, moderneres Arbeitszeitsystem einführte. Von dem auf den Schiffen der Royal

Navy gängigen Zwei-Schicht-System (mit zwei Wachen in vierstündigem Wechsel) stellte er auf ein Drei-Schicht-System um. Aus dem harten Wechsel von vier Stunden Wachen, vier Stunden Schlafen wurde auf einen bequemeren Modus umgestellt, der im Anschluss an vier Stunden Wachdienst acht Stunden für Ruhen, Schlafen und andere Verpflichtungen an Bord vorsah.

»The mutineers turning Lt Bligh and part of the officers and crew adrift from HMAV Bounty, 29 April 1789, published by B B Evans«. 02.10.1790. Quelle: Wikimedia Commons, Urheber: National Maritime Museum, B1337. Artist and engraver: Robert Dodd (1748–1816)

Am 28. April 1789, sieben Tage vor der Französischen Revolution, beginnt die Meuterei auf der Bounty. Die Matrosen kamen aus dem Südseeparadies Tahiti, als sich die Spannungen an Bord zuspitzten. Dabei wurde die Meuterei keineswegs nur von einigen Matrosen angezettelt, sondern maßgeblich auch von einem Gehilfen in Offiziersfunktion, von Master's Mate Fletcher Christian. Neun Personen beteiligten sich an der Meuterei, neun weitere können als Mitläufer gelten. 22 Matrosen waren loyal oder unentschlossen. Im Zuge der Meuterei wurde Kapitänleutnant Bligh auf einem Beiboot ausgesetzt und die Matrosen, die dies wollten, durften ihn auf dieser riskanten Fahrt begleiten. Nicht alle fanden jedoch in dem Beiboot Platz. Manche waren und wurden gezwungen, auf der Bounty zu bleiben. Bligh und seine Matrosen schafften dann tatsächlich in einer erstaunlichen Navigationsleistung den Rückweg nach dem 5800 Kilometer entferntem Kupang, wo die Barkasse nach 41 Segeltagen anlandete.

Am 22. September 1789 – Bligh war bereits aus Kupang in Richtung England abgereist – trafen Christian und die anderen Meuterer nach einem Zwischenstopp auf Tubuai wieder auf Tahiti ein. Eine größere Zahl gerade auch jener, die von den Meuterern gezwungen worden waren, auf der Bounty auszuharren, entschied sich auf Tahiti zu bleiben. Christian und weitere acht der Meuterer setzten zusammen mit einer Gruppe von Polynesierinnen und Polynesiern die Segel Richtung der Pitcairn-Insel, die zuvor noch nicht von Europäern betreten worden war. Am 15. Januar 1790 wurde die Insel gesichtet und Tage später die Bounty in Brand gesteckt, um die Meuterer nicht zu verraten. Die Insel diente ihnen nun als – leider keineswegs friedliches – Versteck (vgl. dazu Lummis 2000; Alexander 2004; Pohlmann 2004).

Bei genauerem Hinsehen konnte also Kapitänleutnant Bligh damals als ein moderner, nachweislich kompetenter Kapitän mit modernen Führungsmethoden und Arbeitsorganisationsformen gelten. Er hatte den historischen Überlieferungen zufolge wenig von jenem Tyrannen, als der er durch die Filmwelt Hollywoods paradierte. Warum aber dann der Widerstand gegen seine Führung und die Meuterei?

6.2.1   Führung

Führungsprobleme beginnen oft mit einem Autoritätsverlust der Vorgesetzten. Da es sich bei den der Führung zugrunde liegenden Autoritäts- und Herrschaftsbeziehungen um soziale Zuschreibungsprozesse handelt, muss in einer soziologischen Betrachtung zwingend nicht nur der Autoritätsanspruch des Herrschers, sondern insbesondere auch die Art der Autoritätszuweisung durch die Mitarbeiter ins Licht gerückt werden. In der gängigen Führungsstil-Diskussion werden dagegen vor allem die Kompetenzen des Führungspersonals thematisiert (vgl. Northouse 2011, Yukl/Lepsinger 2004, Rosenstiel 1999, Tannenbaum/Schmidt 1958).[69]

Im Falle der Bounty lässt sich zunächst ein Autoritätsverlust des Kapitäns beobachten. Dieser lag nicht in seinen Fachkompetenzen, sondern in der Wahrnehmung seiner sozialen Kompetenzen begründet. In der Wechselwirkung zwischen Kapitänleutnant und den einfachen Mitgliedern des Bounty-Unternehmens wurde die Milde der Strafen und der verordnete Tanz und Gesang ebenso wenig mit Anerkennung quittiert wie die harten Ernährungsvorschriften zum Wohle der Mitarbeiter und die alltäglich geforderte, strenge Disziplin. Das eine sahen die Seeleute nach den Überlieferungen teilweise als Schwäche an, das andere als unnötige Disziplinierung (vgl. dazu Morrison u. a. 1935; Lummis 2000). Der moderne Führungsstil des Kapitäns erwies sich so als nur gering anschlussfähig. Er war der Aufgabe und der Situation einer Expedition um die Weltmeere angepasst, aber nicht den Erwartungen aus dem sozialen Umfeld der Matrosen. Bligh ging bei vielen Matrosen und einigen Offiziersanwär-

---

69   Sehr nahe lag der (älteren) Managementlehre offensichtlich die Idee, Führung als Fähigkeit der Manager zu fassen und nur auf ihrer Seite Führungskompetenz bzw. -inkompetenz zu identifizieren und daran anschließend entsprechenden Lernbedarf für diese zu signalisieren. Die Mitarbeiter gerieten auf diese Weise zum Objekt managerialen Führens, das im Wesentlichen zwei Zustände kannte: einen gutwilligen, leistungsbereiten und einen indifferenten, widerständigen oder unwilligen. Nach den jeweiligen Zuständen der Mitarbeiter und den Turbulenzen der Unternehmensumwelten werden dann zwei Führungsstile empfohlen: der autoritäre und der partizipative Führungsstil mit seinen jeweils wieder neu benannten Zwischenabstufungen (vgl. Lewin u. a. 1939, Tannenbaum/Schmidt 1958, McGregor 1960, Vroom/Yetton 1973, zusammenfassend Lieber 2007, Schierenbeck 2003).

tern seiner Autorität verlustig und musste sich immer häufiger auf das Mittel bloßer Machtausübung zurückziehen.[70]

Nicht die Machtausübung der Autoritätsperson steht nach Weber im Zentrum einer Autoritätsbeziehung.[71] Es ist vielmehr das innere Einverständnis, die innere Zustimmung des/der Autoritätszuweisenden. Wie am Beispiel der Bounty erkennbar, sind Autorität und Herrschaft keine Einbahnstraßen der Macht, sondern bauen auf Wechselseitigkeit und Interdependenz auf. Eine funktionierende Autoritätsbeziehung ist sowohl effektiv, weil sie auf »Einsicht« und »Überzeugung« beruht, als auch effizient, weil sie die Konflikte einer bloßen Machtbeziehung zu umgehen weiß. Denn der Einsatz von Macht ist aufwendig und mühsam, sobald er über die bloße Antizipation von Vermeidungsalternativen hinausgeht. So kennt jeder Matrose auf dem Schiff die Palette von Strafen und weiß, wann er seinen Rang verliert und in Ketten gelegt wird. Dasselbe gilt auch für die Offiziere. Solange die Machtkonstellation nur der Rahmung der Wechselwirkung dient, ist diese produktiv. Sobald aber Macht darüber hinaus im Alltag der Interaktion aktualisiert werden muss, verliert diese an Produktivität und Geschmeidigkeit. Das Risiko steigt für beide Seiten. Denn unterhalb der Schwelle der Aktualisierung von Strafen und Vermeidungsalternativen besteht auch bei den Machtunterworfenen ein Spielraum im Befolgen von Weisungen, der alltäglich widerständig genutzt werden kann. Bloße Macht- und Erzwingungsverhältnisse sind ebenso aufwendig wie unzuverlässig. Fehlt die Einbettung in eine Autoritäts- und/oder Herrschaftsbeziehung, ist die Revolution einen Schritt näher gerückt.

Autorität wird also in einer solchen soziologischen Perspektive von den Mitarbeitern zugewiesen. Sie eröffnet der Autoritätsperson aufgrund zuerkannter Überlegenheit Bestimmungsmöglichkeiten über die Autoritätszuweisenden, ohne weitere Prüfung der Gründe (vgl. dazu auch Sofksy/Paris 1994:21 ff.). Auch für Luhmann (Luhmann 2000:203 f.) sind das Vertrauen und der Kredit der Autoritätszuweisenden entscheidend (Luhmann 1968). Sie können jederzeit, wie im Bounty-Fall, ohne Zustimmung der Autoritätsperson entzogen werden. Die Autorität steht daher fortwährend in dem Zwang, ihre Überlegenheit unter Beweis zu stellen, indem sie sich als Autorität inszeniert (vgl. dazu auch Popitz 1992) was Kapitänleutnant Bligh nach den Überlieferungen immer weniger gelang. Jede Autoritätsperson, die, wie Kapitänleutnant Bligh, ihre Autorität bewahren möchte, ist deswegen von der Entscheidung der anderen Seite ebenso abhängig wie diese von ihr.

---

70   Auch in William Blighs Fall musste aber der Machthaber nachträglich zum Tyrannen gemacht werden, weil es sonst der Meuterei an vordergründiger Plausibilität fehlte. Wie in vielen anderen Fällen zeigt jedoch die hintergründige Plausibilität, dass die Tatsache, dass er gerade dieses nicht war – ein Tyrann – nicht unwesentlich zur Revolution beigetragen hatte (Pohlmann 2004).

71   Autorität bezieht sich bei Max Weber auf die Art, wie eine Herrschaft vollzogen wird. Als Herrschaft qua Autorität beruht sie – idealtypisch verstanden – auf einer von den Interessen absehenden »schlechthinigen Gehorsamspflicht« (Weber 1922/85:542).

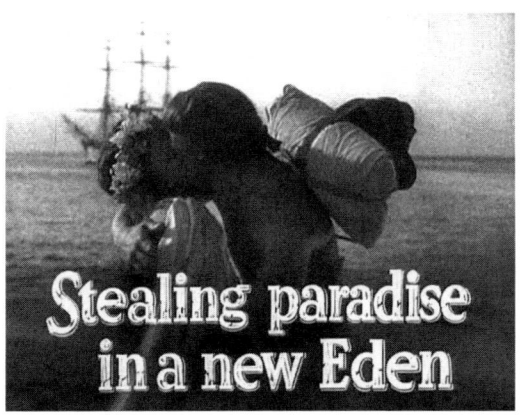

»Screenshot from the trailer for the
film Mutiny on the Bounty«. 1935.
Quelle: Wikimedia Commons

Die Meuterei entbrannte aber erst, als sich auch der Legitimitätsglaube an die Ordnung der britischen Krone in Teilen der Mannschaft in Auflösung befand. Die tahitianische Gesellschaft zeigte, dass die Ordnungsvorstellungen des britischen Empires keineswegs alternativlos waren. Sie ließ für viele Seeleute ein anderes, besseres Leben aufscheinen und verhieß nicht nur sexuelle Freizügigkeit, sondern auch Gastfreundschaft und eine weitgehend klassenlose Gesellschaft (vgl. dazu Danielsson 1956; Ferdon 1981; Pohlmann 2004).

 **Begriffsbox 6.2:
Führung im sozialwissenschaftlichen Sinne**

- Führung ist das Resultat einer wechselseitigen Beziehung, nicht allein eines einseitigen Anspruchs.
- Führung findet deswegen ›von oben‹ und ›von unten‹ zugleich statt.
- Es gibt nicht den einen, besten Führungsstil, sondern je nach Situation verschiedene angemessene.
- Nicht Macht allein, sondern insbesondere Autorität steht im Mittelpunkt jeder Führungsbeziehung.
- Eine Vorgesetztenposition kann die Autoritätszuweisung erleichtern, aber nicht garantieren. Es gibt verschiedene Quellen der Autorität.

Der Glaube an die Ordnung des britischen Empires wurde so in Teilen der Mannschaft erschüttert. Erst als Autorität *und* Herrschaftsglaube dahinschwanden und die Macht immer häufiger ohne Autoritätsanerkennung zur Anwendung kommen musste, war eine Gelegenheitsstruktur geschaffen, die klar artikulierte Widerstände und gar eine Meuterei möglich machte. Hier liegen die zentralen Gründe für die Destabilisierung von Führung und Management. Jede Führung, die auf Dauer eine Reduktion auf bloße Machtverhältnisse erfährt, läuft Gefahr, instabil zu werden.

Führung ist in einem sozialwissenschaftlichen Sinne daher keine Fähigkeit der Manager/innen, sondern das Resultat einer Führungsbeziehung. Der Führungsstil ergibt sich aus dieser Beziehung, nicht allein aus dem Führungsanspruch der Manager. Er bildet sich aus dem »Aufeinander-Eingestellt-Sein«, aus wechselseitigen Erwartungen und Verpflichtungen heraus. Vor diesem Hintergrund ist es selbstverständlich, dass auch die Vorgesetzten in einer Führungsbeziehung »geführt« werden, also auch »Führung von unten« erwartet werden kann (Baecker 1994 : 32). Deswegen kann es nicht den einen, besten Führungsstil eines oder einer Vorgesetzten geben, sondern gelingende Führungsbeziehungen passen sich den wechselseitigen Führungserwartungen und Führungssituationen an. Dabei steht im Mittelpunkt jeder Führungsbeziehung die Frage der Autorität. Wie wir gesehen haben, beruht sie immer auf freiwilliger Anerkennung der Überlegenheit der Autoritätsperson durch andere, denn wenn sie eingefordert oder erzwungen wird, ist der Autoritätsglaube bereits erschüttert.

Eine solche soziologische Fassung von Führung als eine der zentralen Aufgaben des Managements kann durch eine soziologische Auseinandersetzung mit dem Strategiebegriff ergänzt werden. Im Ausweis der Fähigkeit zur strategischen Führung des Unternehmens wird eine Kernkompetenz des Managements gesehen und die »Strategie« scheint – sowohl in den Selbstbeschreibungen der Manager als auch im Diskurs der praxisnahen Literatur (vgl. dazu auch Pohlmann 2011) – seine Königsdisziplin zu sein.

6.2.2   Strategien

Coleman zeigt in seiner Analyse von Revolutionen auf, warum diese (ebenso wie die Meuterei auf der Bounty) nicht am tiefsten Punkt der Verelendung anheben, sondern auf halbem Wege zur Besserung der Zustände (vgl. dazu Coleman 1992 : 202 ff.). Zu diesem Zeitpunkt sind seines Erachtens die machtpolitischen Chancen wieder größer, die Widerstände der alten Ordnung zu brechen. Dies trifft für Coleman insbesondere dann zu, wenn der Herrscher – in unserem Falle Kapitänleutnant Bligh – auch noch Zugeständnisse macht oder durch milde Strafen den potenziellen Revolutionären oder Meuterern entgegen kommt. Diese Strategie des Kapitänleutnants ging also nicht auf, sondern verschlechterte seine Situation noch. Coleman argumentiert mit dem subjektiv erwarteten Gewinn aus einer Revolution, der mit der Wahrscheinlichkeit der Beteiligung anderer Revolutionäre und dem Risiko bei einem Misserfolg »verrechnet« wird (vgl. ebd.: 206 ff.). Da diese Beteiligung für eine erhöhte Gewinnchance wichtig ist, müssen Ressourcen und Motivationen gesellschaftlich verfügbar sein, die auf dem Tiefpunkt einer Entwicklung meistens erschöpft sind. Gleichzeitig wird deutlich, wie stark die Vision eines freieren Lebens auf Tahiti oder an einem anderen Ort in der Südsee gewichtet werden musste, um die Meuterei als Unternehmen angesichts der Todesstrafe, die auf sie stand, interessant werden zu lassen.

Ebenso wie in der organisationalen Praxis und der Betriebswirtschaftslehre definiert die Handlungstheorie also das Verfolgen einer Strategie – wie im Falle der Bounty – über das zu erreichende Ziel und den Erfolg in diesem Bestreben. Die notwendigen Handlungen sind sowohl auf andere und deren Handlungen (z. B. die Matrosen) als auch auf Veränderungen der äußeren Situation bezogen. Im Mittelpunkt der Definitionen des Strategiebegriffs mit handlungstheoretischem Bezug befindet sich daher der handelnde Akteur im Zusammenspiel mit anderen Akteuren.[72] Die Theorie rationaler Wahl unterstellt den Akteuren – wie wir auch am Beispiel der Meuterei sehen – Strategiefähigkeit und prüft, wie weit man mit einer solchen Annahme im Erklärungsmodell kommt. Diese Strategien der Akteure übersetzen sich dann auf Basis bestimmter Spielsituationen – wie im Falle der Bounty – in kollektive Handlungsergebnisse, die sich weitgehend bruchlos aus diesen erklären lassen (Coleman 1992:159, siehe dazu auch ausführlich Kap. 3). Dabei stehen vielfach spieltheoretische Überlegungen im Vordergrund. In der Spieltheorie wird unter Strategie Folgendes verstanden: »Planung einer bestimmten Folge von Spielzügen (Handlungen), wobei in dem Plan für jede Entscheidung spezifiziert ist, welche Handlung je nach den vorausgegangenen Zügen der Mitspieler und den eigenen Zügen ausgeführt werden soll. Strategie liefert also [in diesem Verständnis] eine vollständige Beschreibung, welche Handlungen ein Spieler auszuführen plant, und zwar für jedes Entscheidungsproblem, vor dem er im Verlaufe des Spiels steht« (Holler/Illing 2000:32). Es wird zwischen Strategien und Handlungen genau unterschieden. Strategien sind Regeln über die Reaktionen und Handlungen für alle Situationen im Spielverlauf (Esser 2000:31). Damit bezieht diese Perspektive die soziologische Beschäftigung mit Strategien vor allem auf das Problem der Strategiewahl von Akteuren[73].

In der Systemtheorie Luhmanns steht hingegen die Erkenntnis, dass die Strategien der Manager nur ein Element in der Evolution des Systems sind, jedem emphatischen Verständnis von Strategie entgegen.[74] Der Fall der Bounty erscheint deswegen nicht

---

72   »Strategien« beziehen sich nach Habermas immer auf ein Gegenüber. Dies unterscheidet strategisches von teleologischem Handeln (Habermas 1995). Teleologisches Handeln setzt die Beziehung eines handelnden Akteurs zu einer objektiven Welt der Gesamtheit der Sachverhalte voraus. Diese Sachverhalte können bestehende sein, sie können eintreten oder durch gezielte Intervention herbeigeführt werden. Das Handeln bezieht sich dabei auf die Meinungen des Handelnden über bereits existierende Sachverhalte und seine Absicht, erwünschte Sachverhalte zur Existenz zu bringen.

73   Abhängig ist die Strategiewahl nach spieltheoretischen Annahmen im Wesentlichen von drei Komponenten: von der Informationsmenge, z. B. über die Zahl der Spielzüge, von der Art der Mitspieler – hier wird zwischen Spielen »gegen die Natur« und Spielen gegen andere Spieler/innen unterschieden – sowie von der je eigenen Nutzenfunktion des Spielers oder der Spielerin. Mit dieser kommt für die Orientierung von Entscheidungen die Präferenzordnung des Spielers »ins Spiel«. Entlang einer Nutzenfunktion, die sich aus der individuellen Präferenzordnung ergibt, werden Kosten und Nutzen – also Aufwand, Opportunitätskosten und Folgen von alternativen Handlungsmöglichkeiten — gegeneinander abgewogen und diejenige Handlungsoption gewählt, welche, ins Verhältnis gesetzt, den größtmöglichen Nutzen verspricht (vgl. dazu auch Coleman 1991; 1992).

74   Jede noch so strategische Planung, das konstatierte bereits der frühe Luhmann (1971), kann die Veränderungen nicht einplanen, welche die Planung selbst erzeugt (oder führt in eine Endlosschleife der Regulierung der Abweichungen von den Abweichungen etc.).

Tabelle 6.2: Das Strategieverständnis in der Soziologie der Organisation im Theorienvergleich

	Theorie rationaler Wahl (Coleman)	Neuer Institutionalismus	Systemtheorie (Luhmann)
Strategie als …	Planung einer bestimmten Folge von Spielzügen (Handlungen)	Ein der Legitimität dienlicher Ausweis instrumenteller, langfristiger Rationalität	Eine Zurechnung von Erfolg oder Misserfolg, die ebenso der Unsicherheitsabsorption wie der Organisation von Lernprozessen dient

überraschend, sondern zeigt dies vielmehr in aller Klarheit auf. Selbst mit der Befehlsgewalt, die ein Kapitän eines Schiffes zur Verfügung hat, können dessen strategische Absichten auf Basis der Eigendynamik des sozialen Systems des Schiffes zur Makulatur werden.

In einer systemtheoretisch inspirierten, organisationssoziologischen Perspektive geht es denn auch vielmehr darum, was in Organisationen als »Strategie« erscheint und als solche deklariert werden kann, zunächst unabhängig davon, was sich langfristig dem Fortbestand der Organisation tatsächlich als dienlich erweist. »Strategie« ist in den Augen der Systemtheorie eine *Zurechnung*, die ebenso der Unsicherheitsabsorption wie der Organisation von Lernprozessen dient. Von Strategien ist immer dann die Rede, wenn diese Deutung auf Basis organisational selbstgeschaffener Kriterien nachträglich rationalisierbar ist, und das meint: die Maßnahmen als erfolgreich oder als gescheitert dargestellt werden können. In einem solchen Ansatz wird die »Strategie« als *organisationales Kommunikationsmuster* verstanden. An »Strategien« kann man hier die Art und Weise ablesen, wie Organisationen ihren bisherigen Erfolg oder Misserfolg begründen, wie immer fiktional diese Zurechnungen sein mögen.[75] Im Falle des Kapitänleutnants Bligh erscheint seine Strategie der Schiffsführung zwar als gescheitert, interessant aber ist, welche Lehren die « Organisation« der britischen Marine daraus zog. Denn anders als die Hollywood-Filme, die ihn nachträglich zum Tyrannen machten, sprach ihn diese von jedem Fehlverhalten frei und beauftragte ihn mit weiteren Expeditionen. Seine Strategie scheiterte für diese wegen der aufsässigen Matrosen und einer fehlenden Schutzgarde zur Durchsetzung seines Willens. Auch hier zielte also die nachträgliche Rationalisierung der Geschehnisse auf personelle

---

75 Aus einer konstruktivistischen Perspektive, wie jener Karl E. Weicks (1969/85), wird »Strategie« im organisationalen Kontext als eine Form von retentionaler Entscheidungsrationalität gedeutet, die den Prozess des Organisierens ermöglicht und steuert. Aufgrund der Komplexität der Situation und des mangelnden Wissens über alle Alternativen können Strategien soziologisch als nachträglich rationalisierte Entscheidungen analysiert werden, die die Funktion der Unsicherheitsabsorption erfüllen.

Unzulänglichkeiten und nicht auf Fehler in den strategischen Zielen und der Art, sie umzusetzen.

»Strategie« erscheint in der systemtheoretischen Perspektive als ein Bewertungshorizont der Zielorientierungen (bzw. Programmstrukturen) einer Organisation, der dazu dient, Lern- und Anpassungsprozesse zu organisieren. Das Management handelt bis auf Widerlegung so, »als ob« die Umwelt überschaubar und beherrschbar wäre. Und genau in diesem Sinne handelt es »strategisch«. Denn die Zurechnung von Erfolg oder Misserfolg ist aufgrund der Vielzahl der Variablen, die im Spiel sind, erschwert. Sie geben der Organisation bereits Halt, bevor diese sich sicher sein kann, dass der Erfolg sich einstellen wird. Weil sie dem Akteur – genauso wie der Organisation – Handlungseinheit und Handlungsfähigkeit in besonderem Maße unterstellen, können diese sich auch überzeugend darstellen und entschlossen auftreten.

Hier setzt dann auch die institutionentheoretische Perspektive an. In deren Rahmen kann man sehen, dass der »Manager« als Akteur durch die ihm zugerechnete Strategiefähigkeit mit besonderen Rationalitätszuweisungen ausgestattet und geadelt wird. Der Manager erscheint noch mehr als andere als berechnende Einheit, als listiger Spieler (vgl. dazu Negt 2005). Er verfolgt seine Ziele langfristig. Dass er dies kann, signalisiert der Strategiebegriff, und genau darin liegt seine Legitimationsleistung für die gesellschaftliche und organisationale Praxis: Er weist sie als instrumentelle Rationalität in Potenz[76] und damit als Königsdisziplin der Manager aus. Dies schlägt sich dann sowohl in der Betonung der strategischen Unternehmensführung in der Betriebswirtschafts- und der Managementlehre nieder[77] als auch darin, dass Organisationen ihren Fortbestand oft nur sichern können, wenn sie die Erfüllung von Strategieerwartungen signalisieren und dokumentieren. Businesspläne in Unternehmen, Struktur- und Entwicklungspläne an Universitäten[78], Lehrpläne an Schulen weisen deren strategische Handlungsfähigkeit aus. Der Strategiediskurs versorgt in dieser Perspektive das Personal (und insbesondere die Manager) und die Organisationen mit – wie immer fiktiven – Akteurseigenschaften, Rationalitätszuweisungen und Legitimität. Eine soziologische Beschäftigung mit dem Strategiebegriff kann sich daher – in dieser Perspektive – in einer

---

76   Dabei ist die Rede von Strategie immer ein Signal, dass wir es mit instrumenteller Vernunft zu tun haben. Strategisches Denken kann nicht helfen zu bestimmen, ob irgendein Ziel an sich wünschenswert ist oder nicht (vgl. Horkheimer 1947/92: 19). Es ist gleichgültig gegenüber der Wahl der Ziele. Die Frage, ob Gerechtigkeit besser als Ungerechtigkeit ist, kann strategisches Räsonnement nur entscheiden, wenn es beide als Mittel zu einem übergeordneten Zwecke erscheinen lässt (z. B. der Stabilität von Herrschaft); über den Zweck selbst kann das strategische Räsonnement nichts sagen, ohne diesen zu instrumentalisieren.

77   Strategische Unternehmensführung orientiert sich, folgt man der Betriebswirtschaftslehre, an langfristigen Zielen und interessiert sich vor allem für deren Umsetzung (vgl. Bergmann/Bungert 2010, Thomsen 2006, Ringlstetter/Kirsch 2003).

78   Die Hochschulen, beispielsweise in Baden-Württemberg, sind gesetzlich verpflichtet (§ 7 des Landeshochschulgesetzes), Struktur- und Entwicklungspläne aufzustellen, die die Ziele und die Weiterentwicklung der Hochschule für die nächsten fünf Jahre beinhalten.

handlungstheoretischen Problematisierung von Handlungsstrategien (nicht erschöpfen, sondern muss ebenso den Prozess der Institutionalisierung sowie dessen gesellschaftliche wie organisationale Folgen einblenden.

Mit diesen Erfolgszurechnungen werden die Manager zugleich innerhalb und außerhalb der Organisation als sozialstrukturell hervorgehobene Zurechnungspunkte sichtbar und bekommen neben der Unternehmerschaft einen eigenen Stellenwert als Sozialfiguren, denen man in den Medien – im schnellen Wechsel – gleichermaßen Helden- und Schurkeneigenschaften zuschreibt. Wir interessieren uns daher im letzten Abschnitt dieses Kapitels für das Management als sozialstrukturell hervorgehobenes Personal innerhalb von Organisationen.

6.3 Manager – Person und Personal

Wie Kapitänleutnant Bligh als Offizier im Auftrag der britischen Krone zur Trägerschicht gesellschaftlichen Wandels in England gehörte, so bilden heute Manager und Unternehmer in modernen Arbeitsgesellschaften eine der Trägerschichten sozialen Wandels. Ihre Positionen sind durch hohe Einkommen und steile Karrieren sozial hervorgehoben. Sie kontrollieren die Allokation knapper gesellschaftlicher Ressourcen. Durch Funktion, Vermögen und Position gehören sie zu den ökonomischen und gesellschaftlichen Eliten und sind – ob sie wollen oder nicht – zu Taktgebern organisationalen Wandels geworden.

Max Weber, aber auch Werner Sombart und Joseph Schumpeter hatten schon früh auf die Folgen der Modernisierung der Organisation für Unternehmer und Manager aufmerksam gemacht. Der »bürgerliche Betriebskapitalismus« (Weber 1904/88 : 10) aber, so sahen es nach Weber auch Schumpeter (1942/93) und Chandler (1962/84; 1980), habe sehr schnell die »überlegene Bastion« des Unternehmertums geschliffen (vgl. Schumpeter 1942/93 : 213 ff.). Hinter der Entwicklungsdynamik der modernen rationalen Organisation blieben aber nicht nur die Unternehmer, sondern auch die immer häufiger an ihre Stelle rückenden Manager zurück. Mit der Entwicklung der Großunternehmen, so Chandler/Daems (1979) u. a., ersetzte zwar die sichtbare Hand der Manager die unsichtbare des Marktes[79], aber sofern Manager über eine bloße Verwalterrolle hinaus Profil gewinnen wollten, stand ihnen (wie zuvor den Unternehmern) die bürokratisierte Organisation mit ihren verbindlichen formalen Regeln ent-

---

79 Am Beispiel der Eisenbahnen zeigte Chandler, wie die schwierigen Koordinationsprobleme die Etablierung einer Managerhierarchie erforderlich machten. Die Frage der »Efficient Boundaries« (Williamson 1990) und der »Organizational Economy« wurde zugunsten der Mechanismen hierarchischer Koordination entschieden. Große, managerkoordinierte Unternehmen ersetzten nun Marktbeziehungen, die sichtbare Hand des Managements die unsichtbare des Marktes (Chandler 1977; Williamson 1990, S. 238 ff.; Kocka/Siegrist 1979 u. v. a.).

gegen. Der »heroische Anspruch« organisationaler »Führer« erwies sich ihres Erachtens durch die verwissenschaftlichte Organisation als obsolet.

Klassische Autoren wie Weber, Sombart und Schumpeter hatten in Bezug auf die Durchsetzung verwissenschaftlichter Organisationsformen der Arbeit zwar recht, überbetonten jedoch deren Perfektion. Denn gerade deren Unbestimmtheiten und Unsicherheiten schaffen bis heute Raum für hervorgehobene Individualität und eine Projektionsfläche für heroische Inszenierungen von Unternehmern und Managern. Zum einen stießen die anhaltenden Bestrebungen zur Rationalisierung der Organisation von Arbeit innerhalb von Unternehmen immer wieder an die Grenzen der Technisierung sozialer Beziehungen und der Prognostizierbarkeit von Entwicklungen in sozialen Systemen. Zum anderen trug die strukturelle Kopplung der Organisationen an volatile Märkte deren Unbestimmtheiten in die Unternehmen hinein. Das Management konnte dabei den Mythos der in den Hintergrund tretenden Unternehmer für sich nutzbar machen, um sich in dieser Situation zu profilieren (siehe auch Kap. 6.1). »Die Trennung von Management und Eigentum«, so Staehle, »hat den Manager als Vertreter einer neuen Berufsgruppe, eines neuen sozialen Standes, hervorgebracht« (Staehle 1994 : 10).

Dies gelang trotz der Tatsache, dass der Zugang zu Vorstandspositionen in Deutschland und Europa durch Profession und Ausbildung nicht fachspezifisch geschlossen ist. Man muss weder Management noch Unternehmertum studiert haben, um Manager oder Unternehmer werden oder die Bezeichnung führen zu können. Jeder kann sich daher Unternehmer und/oder Manager nennen oder sich als solcher verstehen. Daher ist es sinnvoll, in formaler Weise Manager und Unternehmer anhand ihrer Positionen zu unterscheiden. Ein Unternehmer ist, anders als ein Manager, selbstständig und gehört nicht zum Personal des Unternehmens. Er ist durch Gründung oder Übernahme Mit- oder Haupteigentümer eines Unternehmens und ggf. in dieser Position geschäftsführend und nicht einfach austauschbar. Der Manager hingegen ist eine vom Unternehmen angestellte Person, welche qua Position mit Führungs-, Koordinations- und Kontrollaufgaben in der Organisation betraut ist, und gehört damit zum Personal der Organisation.

Aus institutionentheoretischer Perspektive ist es dabei bemerkenswert, dass diese Offenheit durch eine fehlende professionspolitische Schließung nicht dazu geführt hat, dass Managerkarrieren ausschließlich an der im Berufsalltag erbrachten Leistung orientiert sind. Vielmehr spielen hohe formale Bildungsabschlüsse oder exzellente Bildungsstätten für die Rekrutierung des Managementpersonals in der Wirtschaft ebenso eine Rolle wie Faktoren sozialer Herkunft. In den meisten Ländern ist es keineswegs so, dass weitgehend unabhängig von der sozialen Herkunft ähnliche Karrierechancen für die meisten Schichten bestehen, wie dies die Unternehmen und ihre Personalabteilungen propagieren.[80] Da die individuelle Persönlichkeit auch Entscheidungen

---

80   Die Chance, aus großbürgerlichen Verhältnissen in das Top-Management zu wechseln, ist nach den
      Ergebnissen von Hartmann (2002, 2004) signifikant höher als bei einer Herkunft aus kleinbürger-

beeinflussen kann, so macht auch Luhmann deutlich, kommen in Organisationen nicht formalisierte Rekrutierungs- oder Beförderungskriterien zum Einsatz, die sich an Personenmerkmalen, Patronage oder, wie im Falle des Managements, an Kriterien sozialer Herkunft orientieren (vgl. Luhmann 2000:292).

Der Managementbegriff umfasst demzufolge nicht nur die Funktion, die das Management im Unternehmen erfüllt, sondern bezeichnet auch eine soziale Berufsgruppe mit bestimmten Interessen, biografischen Prägungen und spezifischen Karrierepfaden, die Aufschluss über die gesellschaftlich legitimierbaren Regeln der Eliterekrutierung geben.

6.4 Zusammenfassung

Dieses Kapitel zeigt, worauf sich die Soziologie der Organisation bezieht, wenn sie Management thematisiert: auf eine Funktion in der Organisation, auf so bezeichnete Führungspositionen und auf die Personen, die diese Stellen besetzen. Während mit dem Wort »Management« im Alltag sehr viel Verschiedenes verbunden wird, haben wir entlang von drei Theorieansätzen das Managementverständnis in der Soziologie konkretisiert: In der Theorie rationaler Wahl erscheint Management als das an Nutzenmaximierung orientierte Setzen von Anreiz- und Sanktionsstrukturen, um Prinzipal-Agenten-Probleme beim korporativen Akteur zu vermeiden. In der Institutionentheorie wird diese Perspektive ergänzt und Management als eine gesellschaftlich anerkannte, als rational ausgewiesene Form der Leitung von Organisationen verstanden. Die Systemtheorie thematisiert hingegen Management als das Setzen von Entscheidungsprämissen durch Entscheidungsträger, die als solche in die Evolutionsdynamik des Entscheidungssystems eingehen, ohne dieses determinieren zu können. Von diesen Perspektiven ausgehend haben wir uns dann auf ein soziologisches Verständnis von Führung und Strategie konzentriert. In Abgrenzung von der einseitigen, auf den Führungsanspruch der Vorgesetzten bezogenen Typisierung von Führungsstilen haben wir deren Wechselseitigkeit betont und den darauf verweisenden Autoritätsbegriff ins Zentrum des soziologischen Führungsverständnisses gestellt. So bekommt man, wie am Beispiel der Meuterei auf der

---

licher Familie. Beim Weg in die Vorstände sind die Söhne des gehobenen Bürgertums doppelt, die des Großbürgertums sogar dreimal so erfolgreich wie jene aus der breiten Bevölkerung (Hartmann 2004:139). Dabei lässt sich aber auch erkennen, dass eine überproportionale Rekrutierung nach sozialer Herkunft – die Hartmann (2002; 2007) zu Recht konstatiert – nicht so zu verstehen ist, dass eine Form der Elitenreproduktion oder eine Reproduktion des Großbürgertums aus den Top-Management- oder Top-Unternehmer-Positionen das dominante Strukturmuster darstellt. Zieht man die Anteile von Managern heran, deren Väter Elitepositionen bekleideten – also selbst Vorstände von Großunternehmen, Bankdirektoren, Professoren, Richter oder Ähnliches waren – so ist dieser Anteil der Elitenreproduktion relativ gering (Pohlmann/Bär 2011).

Bounty zu sehen war, auch einen Zugang zur Erklärung von Führungsproblemen. Führung findet demnach von beiden Seiten ausgehend statt (von den Vorgesetzten und von den Mitarbeitern) und erst im Zusammenspiel von wechselseitigen Erwartungen und Verpflichtungen ergibt sich der Führungsstil. Auch den Strategiebegriff haben wir nicht nur als Verfolgung und Umsetzung langfristiger Ziele gefasst, sondern an »Strategien«, so haben wir gesagt, kann man auch die Art und Weise ablesen, wie Organisationen ihren bisherigen Erfolg begründen. Wie immer fiktional diese Zurechnungen sein mögen, sie geben in der Organisation Sicherheit. Mit diesen Erfolgszurechnungen ebenso wie mit ihren Gehältern und schillernden Karrieren bekommt man Manager dann als soziale Schicht in den Blick – mit dem Ergebnis, dass sie neben der Unternehmerschaft einen eigenen, gesellschaftlich herausgehobenen Stellenwert bekommen haben und sich gehobene Schichten auf ihren Positionen reproduzieren.

Kapitel 6: Fragen zur Vertiefung

- Worin unterscheidet sich ein soziologisches Verständnis von Führung von der Führungsstildiskussion, wie sie in der Betriebswirtschaftslehre geführt wird?
- Welches sind die Argumente, die eine systemtheoretische Sicht gegen die Vorstellung einer »Steuerung« der Organisation durch das Management bereit hält?
- Welche Folgen hat es für die Sozialstruktur einer Gesellschaft, dass Manager Spitzengehälter realisieren und wie könnte sich dies auf das Führungsgeschehen in einer Organisation auswirken?

Übung zu Kapitel 6: Führung und Strategie in Veränderungsprozessen

Dass das im Rahmen des Kapitels bereits eingeführte Beispiel der Meuterei auf der Bounty auch in der heutigen Zeit als Lehrstück für das Verständnis von Führung und Management gelten kann, verdeutlicht die folgende Fallstudie.
Der junge Manager Thomas Weber ist nach Abschluss eines MBA an einer renommierten europäischen Business School bereits einige Jahre in verschiedenen leitenden Positionen eines weltweit agierenden Gesundheitskonzerns tätig. Aufgrund eines mehr oder minder glücklichen Zufalls – sein Vorgänger fällt wegen gesundheitlicher Probleme aus – wird der »High Potential« als Projektleiter einer

Firmenintegration mit der späteren Übernahme der Führungsposition vorgeschlagen. Seine Erfahrung und Ausbildung prädestinieren ihn für diese Herausforderung. Er entscheidet sich, den Job anzunehmen, obwohl er dafür mehrere
Jahre nach Taiwan muss. Das neue Unternehmen – Elba – ist ein traditionsreiches
deutsches ehemaliges Familienunternehmen, das nach erfolgreichen Jahrzehnten
aufgrund interner und externer Probleme in der jüngsten Vergangenheit zu
kämpfen hatte. Der neue Mutterkonzern aus Taiwan avisiert ehrgeizige Wachs-
tumsziele. In der ersten Vorstandssitzung analysiert Weber präzise die Defizite des
Unternehmens, präsentiert seine strategische Vorstellung und stellt die Erwartungen des neuen Mutterkonzerns vor – eine Präsentation wie aus dem Lehrbuch, so
könnte man meinen. Er spricht die Fehler offen an und nennt die Stellen beim
Namen, von denen er sich verspricht, dass sie Verantwortung für ihre Fehler übernehmen. Dem indirekten Managementstil des taiwanesischen Unternehmens
entspricht dies gar nicht. Die Führungsmannschaft, insbesondere die älteren
Kräfte, quittieren die Ausführungen mit Zurückhaltung. In den folgenden
Wochen verbessert sich das Klima im Managementteam zusehends. Trotzdem
bleibt Weber skeptisch. Jeden Morgen um neun Uhr gibt es Managermeetings,
aber die großen Probleme kommen dort nicht auf den Tisch. Wenn man merkt,
dass es in einen Konflikt ausartet, heißt es: »We discuss it after that meeting.« Es
wird solange gesprochen und diskutiert, bis alle Seiten damit leben können. Das
dauert manchmal unnötig lange und führt nach Webers Erachten zu nichts. Aus
seiner Sicht sind die Entscheidungsprozesse in Taiwan zu langwierig und viele der
Führungskräfte und Mitarbeiter zu sehr in »alten Zeiten« verhaftet. Dem Unternehmen fehlt der nötige Antrieb, um neue Innovationen auf den Markt zu bringen und so den ehrgeizigen Zielen der neuen Eigner zu genügen. Weber nutzt die
folgenden Vorstandssitzungen, um zahlreiche Vorschläge zu machen. Er führt
Gespräche mit den einzelnen Verantwortlichen, um sie auf die neuen Herausforderungen einzuschwören, doch vieles verläuft im Sand. In der nächsten Vorstandssitzung wird Weber sehr deutlich und fordert endlich Ergebnisse. Am Tag
nach der Veranstaltung wird ihm von einem jungen ambitionierten Mitarbeiter
zugetragen, dass sich seine Führungsmannschaft am Vorabend nach der Veranstaltung in hitzige Debatten über ihn verstrickt hatte. Sie planten bereits, ihn bei
der Konzernleitung in Verruf zu bringen und so seine Absetzung zu betreiben.

Arbeitsaufgaben:
1. Worin liegen die Führungsprobleme von Weber begründet?
2. Wie werden seine strategischen Gestaltungsimpulse möglicherweise aufgenommen
   und verarbeitet? Welche Theorie bietet sich dabei für eine Analyse an?

Exemplarische Antworten auf die Fragen zur Vertiefung sowie einen Lösungsvorschlag
zur Übung finden Sie im Internet unter www.utb.de/soziologie-der-organisation

7 Organisationskultur

In diesem Kapitel erfahren Sie
➢ was die Soziologie je nach Theorierichtung unter
   Organisationskultur versteht,
➢ wie sich Veränderungen der Organisationskultur denken
   und gestalten lassen,
➢ was Change Management so schwierig macht.

Um uns einem soziologischen Verständnis von Kultur und Organisationskultur zu nähern, rücken wir noch einmal die Geschichte der Bounty-Meuterer in den Fokus (siehe dazu Kap. 6). An der Art und Weise, wie es mit ihnen weiterging, sehen wir, wie wenig diese kleine Inselgesellschaft aus ihren paradiesischen Bedingungen machen konnte. Sie griff auf kulturelle Traditionen und Regeln zurück, welche die Situation, in der sie sich befanden, nicht optimierte, sondern – ganz im Gegenteil – sehr schnell ihren Fortbestand gefährdete. Die kulturellen Errungenschaften der tahitianischen Gesellschaft, welche die Matrosen zuvor so sehr bewegt hatte, wurden jedenfalls von diesen schnell aufgegeben. In dieser außergewöhnlichen Umgebung, im Mikrokosmos des Insellebens, kamen vielmehr hintergründige »Kulturbestände« und »Wissensvorräte« zum Tragen (vgl. dazu Schütz/Luckmann 1979/94; Habermas 1981), welche die Situation für alle Beteiligten unerträglich werden ließ.

Leitbeispiel 7.1: Ordnungs- und Organisationsformen im Paradies – Die Meuterer und der Kampf der Kulturen

Neun Seeleute flohen zusammen mit sechs männlichen Tahitianern, 12 tahitianischen Frauen und einem Baby weiter auf die unbewohnten Pitcairn-Inseln. Hier konnten sie von vorne anfangen. Sie waren scheinbar frei darin, welche Ordnung sie sich gaben. Essen und Trinken gab es reichlich, auch für weibliche Gesellschaft und Unterhaltung war gesorgt. Welche soziale Ordnung etablierte sich nun in dieser eigentlich »paradiesischen« Situation?

Es war eine, von der Kultur der Matrosen dominierte Ordnung, nur in viel schlimmerer Ausprägung als jene der britischen Krone. Zwar wurde die Rangord-

Quelle: Wikimedia Commons, File: Fletcher Christian's house.jpg House of Fletcher Christian, leader of mutiny on Bounty, Pitcairn Island, 19th Century, Author unknown

nung der britischen Marine aufgehoben[81], aber schnell setzte sich das Denken in Kategorien des Privatbesitzes durch. Die tahitianische Kultur des Gemeineigentums hatte keine Chance und das Land der Insel wurde von den Matrosen in Parzellen auf- und zugeteilt. Dasselbe galt für die Frauen. Auch sie wurden wie Objekte zugeteilt und im Streitfalle verlost, wobei erst die britischen Seeleute versorgt wurden, bevor die tahitianischen Männer zum Zuge kamen.

Mit der in der tahitianischen Kultur üblichen sexuellen Freizügigkeit sowie einer fast »klassenlosen« Gesellschaft war es sofort vorbei. Die kulturellen Regeln einer weitgehend kontrollierten, männlich dominierten Monogamie hielten Einzug. Dabei wurden die tahitianischen Frauen und Männer faktisch versklavt. Obwohl sich unter den tahitianischen Männern der Sohn eines Häuptlings befand, zwang man ihn mit Gewalt zur Sklavenarbeit. Das tahitianischen Geben und Nehmen wurde von Ausbeutung und Sklaverei abgelöst, Gemeineigentum wurde in Privateigentum umgewandelt und auch Klassenunterschiede sowie Sexismus und Rassismus etablierten sich schnell in dem kleinen Südseeparadies. Es gab keinen anerkannten Gesellschaftsvertrag, keine *Magna Charta* und damit keine grundlegenden Rechte und Ansprüche, welche den Matrosen Einhalt gebieten konnte. Die Schatten der Vergangenheit und der Kultur der Matrosen hatten die Pitcairn-Gesellschaft schnell eingeholt. Die Meuterer fielen auf viel schlechtere kulturelle und gesellschaftliche Standards zurück, als sie auf der Bounty, oder in England selbst, jemals bereit gewesen wären zu erdulden. Aus dem Südseeparadies entwickelte sich in den Händen der Meuterer eine schwer erträgliche Gesellschaftsform mit wenig paradiesischen Zügen und gravierenden Folgen.

Was in jedem Bounty-Film ausgeblendet wird, ist das spätere Schicksal der Meuterer. Von den neun britischen Seeleuten auf den Pitcairn-Inseln war nach Ablauf von zwei Jahren noch ein einziger am Leben. Im gleichen Zeitraum waren auch alle tahitianischen Männer verstorben. Mit einer Ausnahme wurden sie alle-

---

81   Damit war die Gesellschaft der Briten auf der Insel weitgehend führungslos. Dies äußerte sich u. a. darin, daß die Bounty in einem nächtlichen Streich ohne Information und gegen den Willen der ehemals Vorgesetzten verbrannt wurde. Sie sollte die Meuterer nicht verraten können. Damit war eine sichere Rückkehr ausgeschlossen.

samt Opfer eines gewaltsamen Todes. Nachdem die Europäer erkennen ließen, dass sie die polynesischen Männer keineswegs als Personen mit Rechten anerkannten, eskalierte die Situation schnell. Eine Revolte gegen die Meuterer hob an, der ein wechselseitiges Gemetzel folgte. Ihm fielen (mit Ausnahme von John Adams) alle Meuterer, aber auch alle tahitianischen Männer zum Opfer (vgl. dazu u. a. Lummis 2000:90 ff.).[81] Vordergründig war es ein Kampf um knappe Güter, Konkurrenz und Neid, der die Ordnung der britischen Seeleute auf Pitcairn aus den Angeln hob. Tatsächlich prallten jedoch zwei sehr verschiedene Kulturen mit gravierenden Folgen aufeinander.

Vieles an dieser Geschichte erinnert an einen Rückfall in den von Thomas Hobbes beschriebenen »Naturzustand«, in dem der Mensch »des Menschen Wolf« ist (vgl. Hobbes 1651/1980:114 ff.). Doch hier ist nicht so sehr der Wegfall zivilisatorischer oder kultureller Standards spannend, sondern ihr Fortbestand. Selbst wenn die Meuterer in bester Absicht einen kompletten Neuanfang hätten wagen wollen, es wäre ihnen kaum gelungen, ihre kulturelle Sozialisation wie einen Mantel abzulegen. Sie fielen in dieser Grenzsituation (auch gegenüber ihren eigenen Visionen von einem besseren Leben und einer besseren Ordnung) auf sehr einfache Standards zurück, wie Dinge zu tun und zu sehen sind. Die Diskrepanz zu ihrer Herkunftsgesellschaft ist frappierend: Ihnen fehlten in dieser extremen Situation gesellschaftliche Institutionen, die ihnen mittels Normen und Sanktionen Orientierung hätten geben können. In dem geschilderten Prozess des Zurückfallens auf einfachere Standards tritt die Problematik des Nachwirkens von kulturellen Wissensvorräten und Traditionen deutlich zu Tage. Für die Meuterer gab es keine neue Zeitrechnung, keine historische »Stunde null«; stattdessen reproduzierten sie zentrale Elemente der Ordnung des britischen Empire, ohne jedoch an deren zivilen Standards festzuhalten. Mit diesem selektiven Rückgriff auf überkommene kulturelle Standards spitzten sich die Konflikte innerhalb der Inselgesellschaft dramatisch zu. Zwar konnten sich diese Standards gegenüber der tahitianischen Tradition durchsetzen, doch sie forderten einen Blutzoll, der die männliche Inselgesellschaft beinahe komplett ausgelöscht hat (vgl. dazu ausführlich Lummis 2000:90 ff.; Pohlmann 2004).

Dies Beispiel zeigt, dass sich Kulturen – gerade im Falle eines drastischen Wandels der Lebensverhältnisse – nur sehr langsam ändern und sich gleichsam »unsichtbar« und »hintergründig« reproduzieren. Mit solch langsamen kulturellen Wandel haben in aller Regel auch Änderungsversuche von Kulturen, gerade auch von Organisationskulturen, zu kämpfen. Die Versuche stehen nicht außerhalb der Kultur, die sie ändern

---

82 Der letzte der Meuterer lebte mit zahlreichen Frauen und Kindern auf der Pitcairn-Insel, bis diese sehr viel später von einem Schiff der Royal Navy entdeckt wurde.

wollen, sondern sind selbst ein Teil davon. Die Probleme vieler Veränderungsversuche bei der Generierung einer besseren kulturellen oder gesellschaftlichen Ordnung hängen in einer soziologischen Sichtweise auch damit zusammen, dass sie die unsichtbare Reproduktion von Kultur weder außer Kraft setzen noch effektiv bekämpfen können. Im Falle der Bounty entzündeten sich die Konflikte zwar an Verteilungsfragen, aber im Hintergrund prallten unterschiedliche Traditionen und Kulturen aufeinander, von denen jene für die Reproduktion der Inselgesellschaft ungünstigere die Oberhand gewann. Edgerton (1992) hat in seiner Analyse von »kranken« Gesellschaften (»sick societies«) gezeigt, dass dies kein Einzelfall ist und sich nicht selten in Kulturen Regeln und Bräuche durchsetzen, die dem Fortbestand der Kultur oder gar der Bevölkerung schaden (vgl. Edgerton 1992). Kulturentwicklung funktioniert nicht einfach nach Kriterien der Nützlichkeit oder des evolutionären Fortschritts, wie es noch die älteren Modernisierungstheorien konzipierten (vgl. z. B. Lerner 1958; Parsons 1966/86 und zu dieser Diskussion Knöbl 2001). In den Augen der Kognitionstheorie, der Institutionen- oder der Systemtheorie (siehe weiter unten) wird Kultur viel eher nach gesellschafts- oder organisationseigenen Regeln produziert und reproduziert, die weder zu einer höheren Rationalität noch zu mehr Fortschritt führen müssen.

Da die Frage der Gestaltbarkeit von Kultur sowie nach der Durchsetzungsbarkeit von als vorteilhaft erscheinenden kulturellen Errungenschaften zentral für jede Kulturtheorie ist, kann man diese auch danach unterscheiden, wie sehr sie die gezielte Veränderbarkeit von Kultur für möglich halten, wie sehr sie Kulturentwicklung an kollektive und eigendynamische Wandlungsformen knüpfen und ihren Kulturbegriff daran ausrichten. Dies gilt auch für die Soziologie der Organisation. Ein Teil der Autoren betrachtet »Kultur« als eine Variable, welche zum Nutzen der Organisation gezielt verändert werden kann. Bei den anderen bezieht sich der Begriff auf kollektiv verankerte Deutungs- und Handlungsweisen, die sich nur kollektiv und nach eigenen Regeln, aber nicht von einzelnen Akteuren geplant verändern lassen.

Die Beschäftigung mit Organisationskultur ist für uns dabei nicht so sehr eine Frage von Definitionen (die in ihrer Vielfalt eine passende Formel für jeden Zweck bereithalten und somit für sich betrachtet kaum Orientierung bieten), sondern von einer ausgeführten soziologischen Theorie. Wir werden uns daher wieder auf die für uns wichtigen Theorieansätze rückbesinnen. Sie sollen uns auch hier helfen, einen soziologischen Zugang zum Thema der Organisationskultur zu finden. Allerdings werden wir diesmal die Theorie rationaler Wahl Colemans nur streifen (7.1), da sie uns für das Thema der Organisationskultur nicht so einschlägig scheint, wie jene kognitionsorientierte Theorie Karl Weicks (1969/85). Im Zentrum steht daher die Betrachtung der neuen Institutionentheorie (7.1) und der Systemtheorie (7.1) sowie von Weicks Perspektive (7.2), anhand derer wir das jeweilige Verständnis von Organisationskultur und die Antwort auf die Frage nach den Chancen eines Veränderungs- oder »Change Managements« innerhalb der Organisation herausarbeiten (7.3).

7.1   Kultur als veränderbare Variable oder als ungeschriebene Regeln, die sich der gezielten Veränderung entziehen?

Wie diese Theorien mit dem Thema Kultur umgehen, wollen wir im Folgenden wiederum an einem Leitbeispiel diskutieren, das sich in der Zeit der asiatischen Finanzkrise in Südkorea ereignete.

Leitbeispiel 7.2: Unausgesprochene Kündigung in Südkorea

Ein junger koreanischer Geschäftsführer eines großen Automobilzulieferunternehmens vollzog während der asiatischen Finanzkrise als Morgengabe für seinen Präsidenten eine Verschlankung des Unternehmens im Geiste des Lean Managements. Die Entscheidungsstrukturen wurden zwar nicht verändert, aber das mittlere Management sollte abgebaut werden. Bei seinem Amtsantritt richtete er daher eine »Taskforce« bestehend aus 25 überwiegend jüngeren, mittleren Manager und Führungskräften ein, der er jedoch keine Aufgaben zuwies. Damit war die unausgesprochene Erwartung verbunden, dass diese im Laufe eines halben Jahres das Unternehmen verlassen würden. Gesprochen wurde darüber kein Wort. Und tatsächlich hatten nach einem halben Jahr 20 von 25 das Unternehmen verlassen. Fünf der Angestellten weigerten sich jedoch. Sie saßen noch ein Jahr später in leeren Büros, bar jeder Tätigkeit. Sie mussten sich Tag für Tag die Zeit vertreiben. In der Belegschaft waren sie nur noch geduldet und wurden von jeder formalen wie informalen Kommunikation ausgeschlossen. Gleichwohl war ihr Fall nun in der Belegschaft Diskussionsgegenstand Nummer eins und die Richtigkeit der Maßnahme ebenso umstritten wie die neue, an asiatischen Werten orientierte, vom Management proklamierte Unternehmensphilosophie (vgl. dazu Pohlmann 2002; 2004).

Als erste Annäherung an die Thematisierung der Organisationskultur dient uns das Kulturmodell von Schein, da es die verschiedenen Facetten der Organisationskultur vereint und sich als »Handwerkszeug« und erster Zugang im Umgang mit dem Thema der Organisationskultur bewährt hat. Es ist für verschiedene Disziplinen anschlussfähig und spielt u. a. auch in der Betriebswirtschaftslehre eine wichtige Rolle. Kultur wird hier als Variable gesehen, die man zur Verbesserung der Gewinnsituation des Unternehmens gezielt ausrichten und gestalten kann.

Für Edgar Schein (1992) bezieht sich die Organisationskultur auf »die Gesamtheit gemeinsam geteilter Grundannahmen, Werthaltungen, Normen und Orientierungsmuster, die von den Menschen in einer Organisation zur Bewältigung der Probleme der äußeren Anpassung und der inneren Integration entwickelt wurden und die sich nach gemeinsamer Überzeugung so bewährt haben, dass sie an neue Mitglieder weiterzugeben sind, damit diese in der richtigen Weise wahrnehmen, denken, fühlen und handeln« (Neubauer 2003:22). Für Schein ist Kultur nichts Abstraktes, sondern gehört zu einer »Gruppe«, die sie durch ihre gemeinsamen Erfahrungen und durch ständige Lernprozesse produziert und weiterentwickelt. Besonders in der Gründungsphase einer Organisation gibt die Führung Handlungsanweisungen vor, die zur äußeren und inneren Stabilität der Organisation beitragen sollen. Werden diese von den Mitarbeitern des Unternehmens in dieser Form befolgt, besteht die Wahrscheinlichkeit, dass sich daraus bestimmte Überzeugungen und Werte etablieren, die für diese Gruppe spezifisch sind und die Gruppe gewissermaßen auszeichnen. Genau daran orientierte sich in unserem Beispiel auch der junge koreanische Präsident. Er setzte auf die unhinterfragte Realität von geteilten Werten, die das Denken und Handeln der Akteure bestimmt (vgl. Neubauer 2003). Doch musste er schnell feststellen, dass seine Politik der unausgesprochenen Entlassung in der Krisensituation nicht mehr unhinterfragt geteilt wurde und die fünf in der Firma Verbleibenden für alle sichtbar andere Wertorientierungen bekundeten. Der Konflikt wurde aber nicht nur auf symbolischer Ebene bekundeter Werte ausgetragen, sondern spiegelt im Sinne Scheins auch die Tatsache, dass die Grundprämissen nicht mehr geteilt wurden. Denn diese zeichnen sich gerade dadurch aus, dass sie in der Regel nicht hinterfragt werden. Solche Grundannahmen können z. B. sein, die Harmonie in der Firma zu wahren oder die Autorität des Präsidenten nicht offen zu hinterfragen etc. Darüber wird in der Regel nicht diskutiert, es handelt sich dabei um eine Art »Unterbewusstsein der Organisation« (Bonazzi 2008:321). Nur unter Berücksichtigung aller drei Ebenen – Artefakte, bekundete Werte und Grundannahmen – kann die Kultur einer Organisation für Schein angemessen aufgeschlüsselt werden. Schein geht dabei allerdings – anders als der Institutionalismus oder die Systemtheorie in der Organisationssoziologie – davon aus, dass die Unternehmenskultur gestaltbar und veränderbar ist. Die akribische Analyse, bis zu der tiefsten Ebene der Grundprämissen, sei jedoch notwendig, um Veränderungen erfolgreich durch Führungsprozesse initiieren zu können. Wie dies dann von statten gehe, bleibt jedoch weitgehend im Dunkeln.[83]

Diese Prämisse der Gestalt- und Veränderbarkeit der Organisationskultur teilt auch Colemans Theorie rationaler Wahl. Unter »Organisationskultur« lässt sich nach Coleman verstehen: eine Form der Identifikation der Akteure mit der Organisation, deren

---

83   Einen an der Praxis orientierten Vorschlag hierfür findet sich bei Homma/Bauschke (2010).

Interessen sie sich zu Eigen machen und deren normative Ordnungen sie verinnerlichen. Sie erscheint in dieser Perspektive durch die Organisation oder deren Management gestaltbar und hilft, hintergründige Prinzipal-Agenten-Probleme zu lösen. Für die Theorie rationaler Wahl ist zum einen klar, dass Körperschaften solche Identifikationen hervorrufen können, also z. B., wie es der junge koreanische Präsident mit der neuen Unternehmensphilosophie versucht, die »Corporate Identity« zu stärken. Eine solche Internalisierung der Interessen der Körperschaft verschaffe dieser mehr Kontrolle (vgl. ebd.: 249) und dem Akteur zugleich persönlichen Nutzen (vgl. ebd.: 253). Zum anderen entstehen in Körperschaften mit der Übertragung von Handlungsrechten der Individuen auf den korporativen Akteur normative Ordnungen, inklusive ungeschriebener Regeln, Anstandsfragen, Bräuchen und Konventionen etc. (vgl. Coleman 1991:332). Auch diese normativen Ordnungen sind gestaltbar, allerdings immer rückgebunden an den Konsens bzw. ihre Geltung in der Organisation. Im Konfliktfalle kann es zur kollektiven Hinterfragung der herrschenden Ordnung und damit auch zum Herrschaftsentzug kommen, aber dieser setzt ein bestimmtes Maß an Beteiligung der anderen Belegschaftsmitglieder voraus, die in unserem Beispiel erkennbar nicht zustande kommt.

Aus der Perspektive des neuen Institutionalismus zeigt das koreanische Beispiel zudem, wie sich der junge koreanische Geschäftsführer westlicher Führungs- und Managementkonzepte für einen formalen Rationalitätsausweis bedient. Sie werden jedoch an Rationalisierungsinteressen geknüpft und in ihrem Rationalitätsversprechen offen unterlaufen, was ihre Legitimität unterhöhlt. So wird die geplante Personalreduktion nicht, wie beispielsweise im schnell herbeizitierten »Lean Management-Konzept« vorgesehen, mit einer Veränderung der Entscheidungsstrukturen verbunden. Er macht sich zwar mit der »Verschlankung des Managements« ein weltweit etabliertes Rationalisierungskonzept der 1990er-Jahre zu Eigen[84], jedoch nur, um die vorgesehenen Entlassungen oberflächlich zu kaschieren. Diese »Leistung« wird noch durch die Einführung einer »Taskforce«[85] überboten, der keine Aufgaben zugewiesen werden. Er versucht damit nicht nur, sein Vorgehen auf ungeschriebene Harmonieregeln der koreanischen Kultur zu stützen, sondern auch eine darauf basierende Organisati-

---

84   Dies ist ein Konzept, das einer westlichen Deutung japanischer Produktionskonzepte aus den 1980er-Jahren entstammt. Dessen Aneignung, im Verbund mit den Rationalisierungsinteressen der westlichen Industrie, haben in den 1990er-Jahren zu einer Welle der »Verschlankung« des mittleren Managements und des »Downsizing« im Sinne des Schlagworts »Lean Management« geführt (vgl. u. a. Czarniawska-Joerges /SevÓn 1996).

85   Unter einer »Taskforce« kann man eine außerhalb der Organisationshierarchie angesiedelte, nur zeitweise eingerichtete Aufgabeneinheit zur Verfolgung genau bestimmter, oft außerordentlicher Ziele der Organisation verstehen. Mit ihr wird ein westliches, ursprünglich vom Militär übernommenes Organisationskonzept zur Anwendung gebracht.

onskultur ins Spiel zu bringen.[86] Diese sorgt für einen organisationsspezifischen
Zuschnitt der unausgesprochenen Erwartungen und Regeln. Der junge Geschäftsführer formuliert einen Autoritätsanspruch als Präsident und gewährt im Gegenzug der
anderen Seite, selbst zu gehen und so ihr Gesicht zu wahren. Doch die ungeschriebenen Regeln der Organisationskultur, auf die der Geschäftsführer anspielt, finden im
Unternehmen nicht mehr durchgehend Anerkennung. Sie waren Teil einer »hidden
agenda«, welche in dieser Firma zum Streitpunkt wurde. Die Rationalitätsfassade des
schlanken Managements, die nur durch die ungeschriebenen Regeln der Organisationskultur aufrechterhalten werden konnte und (im unausgesprochenen Einverständnis in der Organisation) nie mehr als Fassade sein sollte, bröckelte mit den fünf widerständigen Angestellten für alle Mitarbeiter sichtbar. Erst die ungeschriebenen
Handlungs- und Deutungsregeln der Organisation sorgen also in dieser Sichtweise
für die Institutionalisierung von angeeigneten oder überkommenen Rationalitäts-
mustern und damit dafür, wie weit Rationalitätsfassade und tatsächliches Operieren
der Organisation entkoppelt werden können.

Sehr deutlich wird hier, womit man es zu tun hat, wenn Organisationskulturen ins
Spiel kommen: mit hintergründigen Erwartungen, ungeschriebenen Regeln und
Werten, die nicht offen angesprochen werden. Die neue Institutionentheorie interessiert sich hier – sofern sie an Meyer/Rowan orientiert argumentiert – vor allem für das
Spannungsverhältnis zwischen dem formalen Rationalitätsausweis und den ungeschriebenen Handlungs- und Deutungsregeln der Organisation, die ihre Kultur ausmachen.

In der Luhmannschen Perspektive handelt es sich bei diesen ungeschriebenen
Regeln der Organisationskultur um eine in der Kommunikation nicht-thematische
Aktualisierung von Wertehorizonten (vgl. dazu auch Luhmann 1986, 1997). Man
erkennt, wie Wertehorizonte z. B. des Gesichtswahrens, der Harmonie sowie der
Anerkennung von Autorität unterstellt und in dieser Unterstellung zunächst rekursiv
verfestigt werden. Der junge Manager spielt (z. B. in Form der Entscheidung über die
Einrichtung einer »Taskforce«) auf diesen gemeinsamen Wertehorizont als Basis der
Kommunikation an, ohne natürlich wissen zu können, ob er ihn als »geltend« oder
»unumstritten« voraussetzen kann. Er kann dies jedoch keinesfalls zum Thema
machen, ohne die Kommunikation zu sehr zu belasten und die »Harmonie«, auf die
er anspielt, zu zerstören. »Harmonie« ist ein abstrakter kultureller Wert und wäre,
wenn man ihn thematisieren würde, in der koreanischen Firma wahrscheinlich mit
äußerst widersprüchlichen Deutungen versehen. Nur die Anspielung und die Behand-

---

86   So kommen z. B. implizite Senioritätsvorstellungen ins Spiel, die offiziell längst von der Firmena-
     genda gebannt waren, aber dennoch ihre Wirkungen entfalteten. Denn für die Autoritätszurechnun-
     gen war es sehr wichtig, dass ein junger Präsident mit geringerem Autoritätsvorschuss als der alte diese
     Maßnahmen durchführte für ihre Akzeptanz jedoch gleichzeitig, dass von ihr kaum ältere Führungs-
     kräfte betroffen waren.

lung als Nicht-Thema in der Kommunikation, so Luhmann, schaffen einen Deutungs- und Handlungshorizont, der die Entscheidungen orientiert, ohne diese zu determinieren (vgl. dazu auch Luhmann 1986, 1997:341). Deswegen bezeichnet Luhmann die »Kultur« der Organisation als einen Komplex von unentscheidbaren Entscheidungsprämissen. Der Einfluss der Organisationskultur erscheint in dieser Theorie dann als einer, der – neben offensichtlichen Stereotypen, Symbolen und Abgrenzungen – oft hintergründig und unsichtbar den Horizont des Organisierens bestimmt. Mit unentscheidbaren Entscheidungsprämissen als den Elementen von Organisationskulturen sind also auch Erwartungshaltungen angesprochen, die als »gemeinsame« unterstellt werden und, das ist der zweite wichtige Aspekt, unhinterfragt zur Geltung kommen (vgl. Luhmann 1997:799). Das Ansprechen solcher latenten Entscheidungsvoraussetzungen ist nur in seltenen Fällen möglich und kann sogar kontraproduktiv werden, da es sich um normativ geladene Sinnstrukturen handelt, die, einmal aufgedeckt, ihre Wirkungskraft verlieren und für die zeitraubende Austragung von Konflikten in der Organisation sorgen. Entsprechend utopisch wäre es zu hoffen, per Entscheidung alle Mitarbeiter darauf verpflichten zu können, eine einzige Meinung zu teilen, wenn es sich z. B. um die Außendarstellung der Organisation oder um eine neue Unternehmensphilosophie handelt. Aus diesem Grund sind unentscheidbare Entscheidungsprämissen nur schwer zu beeinflussen. Setzt man dort an, macht man sich unwillkürlich verdächtig und muss mit Widerständen rechnen, da die fraglichen Prämissen die unhinterfragte Wertebasis der Organisation widerspiegeln. Eine gezielte Veränderung der Organisationskultur bedeutet ein In-Frage-Stellen der Werte, die Anhaltspunkte der Kommunikation sind. Tut man dies, muss man mit Chaos, Unsicherheit und einer im besten Fall kurzfristigen Beeinträchtigung der Entscheidungsproduktion rechnen.

7.2   Organisationskultur als Regeln, wie Dinge gesehen werden

Das Werk von Karl E. Weick (1969/85, 1995) bietet eine ebenso grundlegende Perspektive auf das Thema der Organisationskultur an wie die zuvor behandelten Ansätze, konzentriert sich dabei allerdings in einem kognitionsorientierten Kulturverständnis darauf, wie in Organisationen Dinge gesehen und verstanden werden. Wie sich an dem von Starbuck (1996) beschriebenen Beispiel verdeutlichen lässt, erscheint Weick auch die externe Welt als *eine systeminterne Konstruktion der Organisation*. Sie wird erst durch Prozesse der Wahrnehmung und Interpretation im Rahmen kulturell geprägter kognitiver Schemata erzeugt. Weicks Begriff des »Sensemaking« spielt genau darauf an (Weick 1995). Die Bedeutung im Prozess des Organisierens entsteht, wenn Signale aus der Umwelt mit den vorhandenen kulturellen kognitiven Schemata angeeignet werden (vgl. dazu auch Hiller 2002:3).

Leitbeispiel 7.2: Starbuck und die schwedische Marine

So berichtet William H. Starbuck (1996) über einen Fall, der sich in der schwedischen Marine zugetragen hat. Ab Mitte der 1970er-Jahre beobachtete die schwedische Marine sowjetische Unterseeboote, die sich vor der Küste Schwedens aufhielten. Die schwedische Regierung erhöhte in der Folgezeit die entsprechenden Posten in ihrem Verteidigungsetat und man brachte schwere Abwehrgeschütze in Stellung. Unterwasserbomben und ferngesteuerte Minen wurden auf die feindlichen U-Boote abgefeuert. Allein im Mai/Juni 1988 haben neun schwere Feuergefechte zwischen der schwedischen Marineabwehr und den russischen U-Booten stattgefunden. Das schwedische Verteidigungsministerium erweiterte daraufhin die Feuererlaubnis ihrer Kommandeure. Gegen eines der russischen U-Boote eröffneten die Schweden den größten Feuereinsatz, der je von der schwedischen Marine ausging. Der Sprecher des Ministeriums berichtete, dass das feindliche U-Boot entkommen sei. Anhand der Unterwasseraufnahmen ließ sich aber rekonstruieren, dass sich das feindliche U-Boot genau an der Stelle aufgehalten habe, an der es vermutet wurde. Dies sei, so der Sprecher, ein deutliches Zeichen für den hohen Leistungsstandard der schwedischen Marineabwehr, der kontinuierlich verbessert wurde. Dass es in all den Jahren nicht gelang, eines der russischen U-Boote zu vernichten, war nicht überraschend. Niemand erwartete, dass Schweden mit seinem eher bescheidenen Verteidigungsarsenal dem russischen Goliath Paroli bieten könnte. Die Sowjetunion hingegen wies die schwedischen Proteste wegen Verletzung ihrer Hoheitsgewässer permanent zurück. Die militärischen Auseinandersetzungen zwischen Schweden und Russland spielten

»Submarine S-189 (project 613) currently being turned into museum«. 11:51, 05.08.2007 (UTC). Quelle: Wikimedia Commons, Foto: One half 3544

sich mit großer Regelmäßigkeit (und zwar vornehmlich in der wärmeren Jahreszeit!) über einen Zeitraum von etwa 30 Jahren ab.

Ihr überraschendes Ende fanden sie mit einer Rede des schwedischen Verteidigungsministers im Februar 1995. Der Minister berichtete, dass die Marine im Jahre 1992 mit neuen hydrophonischen Instrumenten ausgestattet wurde. Der Einsatz dieser Geräte habe zu der Erkenntnis geführt, dass Wale oder ggf. sogar Nerze in der Lage seien, ähnliche Laute zu erzeugen wie man sie von Unterseebooten kennt. Es sei durchaus möglich, schlussfolgerte der Minister, dass sich niemals ein sowjetisches Unterseebot vor der schwedischen Küste aufgehalten habe. Eine genauere Untersuchung dieses Falles habe ergeben, dass Robbenexperten schon seit 1987 vermutet hatten, die schwedische Marine jage Wassertiere. Diese Deutungsalternative wurde jedoch von den Spezialisten im Verteidigungsministerium verworfen.

Indem Schemata die »Erkundung«, also das Wahrnehmen und Handeln lenken, konstituieren sie den Gegenstand, der wahrgenommen wird (Neisser 1976) – hier die Umwelt der Organisation. Sie dienen dabei nicht nur als Aufmerksamkeitsfilter (zur Selektion auffälliger Vorkommnisse vor der schwedischen Küste etwa), sondern formen das, was als Umwelt und wie diese Umwelt gesehen wird. So werden die Signale im Falle der Wale oder Nerze nicht nur auf U-Boote zurückgeführt, sondern auch als aggressiver Akt im Freund/Feind-Schema westlicher Militärorganisationen verstanden. Die Auswahl der Ereignisse und ihre wiederholte Einordnung in ein etabliertes Interpretationsmuster zeigt auch in diesem Fall, wie sehr Sinnerzeugungsprozesse darauf ausgerichtet sind, bestehende Selbstbeschreibungen aufrecht zu erhalten und zu bestätigen (vgl. dazu ausführlich Hiller 2002:3). Für Organisationen ist es schwer, bewährte Schemata aufzugeben, weil sie Rechtfertigungsmöglichkeiten zur Verfügung stellen, die an die Selbstbeschreibungen anschließen können. Da die Erwartung der schwedischen Marineorganisation darin bestand, dass die Sowjetunion zu feindlichen Übergriffen bereit sei, wurden die Signale aus der Umwelt so interpretiert, dass sie die Erwartung bestätigten (vgl. Hiller 2002:4).

Dies verdeutlicht ein Blick auf die Ursachen, die Starbuck (1996) für den hartnäckigen Irrtum der schwedischen Marine verantwortlich macht. Demzufolge waren sowohl ein Regierungswechsel in Schweden als auch der Zusammenbruch der Sowjetunion der Grund dafür, dass das schwedische Verteidigungsministerium seine Problemwahrnehmung im Jahr 1995 revidierte. Denn die Annahme, dass die Sowjetunion (bzw. seit 1991/92: Russland) mit einer hochtechnisierten U-Boot-Flotte Schweden angreifen wolle, verlor nun an Plausibilität. Für die Organisation der schwedischen Marine wurde dies – zusammen mit den Messungen der neuen hydrophonischen Instrumente – als relevantes Wissen behandelt, welches einen Wechsel des Deutungsschemas einleitete. Für das Schicksal von Organisationen sind diese oft unsichtbaren Prozesse der Auswahl und Stabilisierung von Deutungsschemata, so Hiller, »vermutlich bedeutsamer als Entscheidungen über Strukturänderungen« (Hiller 2002:4).

Für Weick sind also organisatorische Prozesse nichts anderes als Sinnerzeugung. Von Interesse ist daher der Prozess des Organisierens, nicht die Organisation als solche. Die Organisation ist auf der einen Seite das Ergebnis von Sinngebungsprozessen, auf der anderen Seite schafft sie es vorzüglich, die Mehrdeutigkeit im Prozess der Selektion zu reduzieren. In diesem Sinne ist die Organisationskultur das Ergebnis ähnlicher, durch Prozesse der Deutungsmacht verfestigter kausaler Landkarten, die für die Reduktion der Komplexität und Handlungsfähigkeit sorgen.

Organisationskultur ist für ihn also bestimmt durch die Art der Sinngebung im Prozess des Organisierens. Dabei bringt jeder Prozess eine Art Grammatik ins Spiel, also Regeln und Konventionen dafür, wie Dinge gesehen oder getan und wie z.B. Variablen und Kausalrelationen bestimmt und zugeordnet werden. Organisieren bedeutet für ihn die Erzeugung und Aufrechterhaltung einer Grammatik der Sinngebung – und Organisationskultur das, was daraus an Sicht- und Handlungsweisen entsteht und sich reproduziert. Diese organisationale Grammatik bringt sinnvolle, für die Handelnden verständliche soziale Prozesse und Strukturen hervor und reduziert somit die verwirrenden Mehrdeutigkeiten und Undurchsichtigkeiten der Welt. Eine solche Grammatik wird durch Konsens oder Einverständnis »gültig« gemacht (Weick 1969/85:12). Sie besteht daher aus kollektiv geteilten Rezepten oder »Montageregeln«, wie Dinge getan werden sollen und wie Getanes interpretiert werden soll.

Der externen Welt kommt also keine eigene, intrinsische Bedeutung zu, sondern sie hat immer nur die Bedeutung, die wir ihr zuschreiben: Wir können die äußere Welt nicht anders kennen und mit ihr interagieren als im Rahmen unserer Prozesse der Sinnerzeugung.« (Bonazzi 2008:331). Diese Sinnerzeugung orientiert sich an »kausalen Landkarten«, die als Teil der Organisationskultur dazu beitragen, neue Reize (Variation oder Gestaltung) nach vorhandenen Schemata zu systematisieren (Selektion), wodurch schließlich unser Verhalten strukturiert wird. Die »kausalen« oder »normativ-kognitiven« Landkarten enthalten Deutungen und Schlussfolgerungen, die sich aus der Perspektive des Handelnden bewährt haben und immer wieder angewandt werden, um das Erfahrene zu verarbeiten und einzuordnen (Retention).

7.3 Organisationskulturen und die Veränderung der Organisation

Wenn wir die Frage der Steuerbarkeit von Organisationskultur mit Hilfe von Weicks *kognitionsorientiertem Ansatz* beantworten wollen, müssen wir uns zwangsläufig abermals mit den Mechanismen der Sinnerzeugung auseinandersetzen. Auf dieser tiefen, unsichtbaren Ebene sollte der Steuerungsprozess beginnen, damit er erfolgreich verläuft. Die bloße Änderung der Unternehmensphilosophie wie im koreanischen Beispiel oder Schulungen und Workshops fürs Personal sind kein Garant für die Gestaltung einer neuen »effektiveren« Unternehmenskultur. Nötig ist ein Gewinn an Deutungsmacht und eine Veränderung der für die Organisation spezifischen kausalen Landkarten, die für eine Handlungsfähigkeit der Akteure im Rahmen der Organisation sorgen. Der erste Schritt wäre also, Selbstverständlichkeiten aufzudecken und in Frage zu stellen, die für den Prozess der Sinngebung essentiell sind. Eine Veränderung der Organisationskultur heißt aber auch, dass sich – wie im Falle der schwedischen Marine – neue Deutungsmuster durchsetzen, und ihrerseits den Status von unhinterfragten Tatsachen erreichen. Die Komplexität kognitiver Prozesse in Organisationen macht jedoch eine Kulturveränderung in eine vom Management gewünschte Richtung eher schwierig. Erst durch das Eindringen in die tiefen Schichten der Organisation werden die Prozesse der Kulturproduktion sichtbar. Tut man dies nicht, bewegt man sich nur auf der Oberfläche und verändert etwas anderes – nur nicht die Organisationskultur, denn diese ist lediglich in Ausschnitten thematisierbar (Froschauer 1997). Die Vorbehalte gegenüber der strategischen Steuerung von Organisationskulturen rührt bei Weick daher, dass Kultur in seinem Ansatz keine einheitliche Gestalt annimmt, sie existiert vielmehr als ein Prozess der fließenden Sinnerzeugung in den Köpfen der Organisationsmitglieder.

Hinzu kommt, so Weick, dass ein Großteil der mannigfaltigen Inputs in Organisationen »unberührt« bleibt. Keineswegs interpretiert die Organisation die im Gestaltungsprozess produzierten Ergebnisse immer so, als ob eine relevante Entscheidung getroffen worden wäre. Erst wenn dies geschieht und Wissen durch die retrospektive Sinngebung der Organisation als relevant ausgewählt wird, hat sich eine Intervention des Managements, eine Beratung oder Organisationsentwicklungsmaßnahme als organisational anschlussfähig erwiesen (vgl. dazu Pohlmann 2002; 2003).

Aus den Erkenntnissen, die der *neo-institutionalistische Ansatz* liefert, ist eine klare Antwort auf die Steuerungsfrage nicht möglich. Er macht uns aber darauf aufmerksam, welche Wechselwirkungen zwischen Organisation und institutioneller Umwelt bestehen und in welchem Umfang sie den Erwartungen aus der Umwelt ausgesetzt sind. Letztere haben einen wesentlichen Einfluss auf das organisationale Geschehen und bedingen dadurch auch den Prozess der Kulturproduktion. Obwohl Organisationen eigene Logiken entwickeln und Erfordernisse von außen rein instrumentell behandeln können, ohne dass damit tiefgreifende organisationale Veränderungen verbunden sein müssen, ist eine direkte Steuerung der Kulturproduktion sehr schwierig. Dies kann geschehen, wenn z. B. Führungspersönlichkeiten für die Institutionalisierung neuer Werte in einer Organisation eintreten, die aber mit den Werten in der Umwelt der Organisation übereinstimmen. Aus diesem Grund ist auch jede gezielte Gestaltung der Organisationskultur eine Herausforderung, weil Kultur erstens nicht nur in den Führungsetagen produziert wird, sondern von allen Organisationsmitgliedern. Zweitens ist sie das Ergebnis des nicht endenden komplexen Zusammenspiels zwischen organisationalen Deutungs- und Handlungsmustern und solchen, die aus der Umwelt der Organisation entspringen. Organisationskultur zu gestalten und steuern zu wollen, würde in diesem Fall bedeuten, die Einflüsse der institutionellen Umwelt auf das organisationale System und seine Mitglieder stets richtig einschätzen und die negativen Einflüsse abfedern zu können. Inwiefern dies realistisch scheint, ist eine empirische Frage. Die Komplexität und die Tiefe organisationskultureller Prozesse sorgen diesbezüglich eher für Ernüchterung.

»Ernüchterung« ist auch das richtige Wort, wenn es um die Gestaltung der Organisationskultur durch die Führungskräfte aus *systemtheoretischer Perspektive* geht. Denn die absichtsvolle Organisationskulturänderung beinhaltet die Formulierung und Kommunikation der impliziten, grundlegenden Werte durch das Management. Was passiert aber, wenn sich das Management vornimmt, die selbstverständlichen Werte zum Thema der internen Kommunikation zu machen? Dies sorgt meistens für Verwirrung und Misstrauen: Es wird angenommen, »dass Organisationskultur der Selbstdarstellung des Führungspersonals dient oder dass sie ein Mittel der Erzeugung unbezahlter Motive ist« (Luhmann 2000: 246). Plötzlich zeigen sich verborgene Interessen, Konflikte und Machtspiele. Ein Eingriff seitens der Führung ist in dieser Hinsicht kontraproduktiv, da der Sinn der Organisationskultur in ihrer Unsichtbarkeit für die organisationale Kommunikation liegt. So bleibt sie unangreifbar und im besten Falle höchst funktional für die Entscheidungsproduktion. Die gewisse Veränderungsresistenz der Organisationskulturen liefert eine Erklärung für die »Trägheit« von Organisationen, wenn es um die Implementierung neuer Werte oder Praktiken geht. Die Organisation als nicht-triviale Maschine operiert nach eigenen Regeln, die den direkten Zugriff von außen (z. B. die gezielte Veränderung der Organisationskultur durch das Management) stoppt bzw. in Form einer Irritation intern bearbeitet. Was das genaue Ergebnis eines solchen Eingriffs sein wird, ist nicht ohne Weiteres vorhersehbar.

Die soziologische Skepsis hinsichtlich der Steuerung kultureller Prozesse in Organisationen bedeutet jedoch nicht, dass ein Wandel der Organisation nicht stattfinden kann, sondern nur, dass es von den ungeschriebenen Regeln der Organisation oder ihrer Eigendynamik abhängt, welche Veränderungsimpulse zu einem organisationalen Wandel führen oder beitragen.

Die wichtigste Erkenntnis, die uns die soziologische Organisationsanalyse der neuen Institutionentheorie, der Theorien Weicks und Luhmanns liefert, ist, dass ein durch das Management gesteuerter kultureller Wandel als absichtsvolle organisationale Änderung an die Bedingungen der kollektiven Kulturentwicklung der Organisation und damit an Voraussetzungen geknüpft ist, die sich der Kontrolle und Bestimmung durch das Management entziehen.

7.4   Organisationskulturen im Theorienvergleich

Wir haben in diesem Kapitel sehr unterschiedliche Ansätze mit ihrem je eigenen Verständnis von »Organisationskultur« kennengelernt. Für die Theorie rationaler Wahl erscheint Organisationskultur als eine Identifikationsform, welche es für Akteure erleichtert, sich die Interessen der Organisation zu eigen zu machen. Sie spiegelt zugleich die Entstehung von Normen, die im Konsens der Organisationsmitglieder Geltung erlangen, auch wenn es bloße Konventionen oder ungeschriebene Regeln sind. In jedem Fall ist sie durch das Management mittels Identifikationsstrategien und Normensetzung gestaltbar. Sie teilt— wenn auch auf anderer theoriesystematischer Basis – diese Perspektive mit vielen Autoren der Betriebswirtschaftslehre (siehe Infobox 7.1). Die Organisationskultur bestimmt also mit, ob und wie Dinge für die Organisation getan werden. Sie wird grundsätzlich als ein auf Interessen, Identifikationen und Normen bezogenes Verhältnis von Akteur und Organisation (bzw. Körperschaft) verstanden und hilft der Organisation ihre Kontrolltätigkeit zu optimieren und etwaige Differenzen zwischen dem Prinzipal und dessen Agenten abzumildern.

Der kognitionstheoretische Ansatz ist von dieser Perspektive weit entfernt. Organisationskulturen sorgen im Sinne Weicks dafür, wie Akteure in Organisationen die Dinge sehen. Er interessiert sich vor diesem Hintergrund für die Deutungs- und Handlungsregeln der Organisation. Diese hängt in ihren selbstgesponnenen Bedeutungszusammenhängen, die sich evolutionär weiterentwickeln und Entwicklungsimpulse aus der Umwelt nach eigenen Deutungsregeln verarbeiten. Die Organisationskultur sorgt durch ihre nachträgliche Geschichtsschreibung für ein konsensuales Validieren von Erfolg und Anpassung. Sie ist darin von jedem Einzelnen gestaltbar, doch erst die kollektive Sinngebung mit ihrer Grammatik und ihren Deutungsregeln entscheidet, welche Gestaltungsimpulse aufgenommen und als Änderungen stabilisiert werden.

Auch der Institutionalismus interessiert sich für die ungeschriebenen Handlungs- und Deutungsregeln der Organisation. Sie sorgen dafür, wie formale Veränderungen, Organisations- und Managementkonzepte in der Organisation aufgenommen und verarbeitet werden. Damit geschieht nicht nur eine Anpassung an das institutionelle und kulturelle Umfeld der Organisation, sondern es wird auch die Differenz zwischen formaler Fassade und dem tatsächlichen Operieren der Organisation bestimmt. Die Art, wie eine Organisationsänderung aufgenommen und geänderte Gestaltungskriterien mit Geltungschancen versehen werden, passiert nicht nur durch Anreiz- und Sanktionsstrukturen, sondern ganz maßgeblich auch durch die Kultur der Organisation. Erst wenn einzelne Maßnahmen des Managements kollektive Geltung erfahren, ändert sich die Organisation. Die Geltungsregeln selbst sind aber wiederum nur kollektiv verfüg- und veränderbar, so dass jedes Management der Organisation auf diese kollektive Verankerung angewiesen ist.

Tabelle 7.1: Das Verständnis von Organisationskultur im Theorienvergleich

	Theorie rationaler Wahl (Coleman)	Kognitionstheorie (Weick)	neue Institutionentheorie	Systemtheorie (Luhmann)
Organisationskultur als …	Identifikationsform der Akteure und normative Ordnung der Organisation	Art und Weise der Sinnerzeugung mittels Grammatiken, Schemata und Regeln	Ungeschriebene Deutungs- und Handlungsregeln mit Geltung in der Organisation	Unentscheidbare Entscheidungsprämissen
Welche Aufgabe/ Funktion erfüllt die Organisationskultur?	Die Akteure machen die Interessen der Organisation zu ihren eigenen. Sie hilft, die Kontrolle zu optimieren und Prinzipal-Agenten-Probleme abzumildern.	Sie dient der Konstruktion von Wirklichkeit unter dem Aspekt der Anpassung.	Sie dient der Anpassung an das kulturelle Umfeld der Organisation, der Institutionalisierung von Deutungs- und Handlungsmustern hinter der formalen Fassade der Organisation.	Als Deutungshorizont von Entscheidungen erhöht sie die Wahrscheinlichkeit der Entscheidungsproduktion.
Ist sie durch das Management gestaltbar/steuerbar?	Sie ist in Form von Normensetzung und Identifikationsstrategien (Corporate Identity) für das Management steuerbar	Sie ist gestaltbar, aber in der Evolution der Sinnsysteme nicht durch das Management steuerbar	Sie ist nur kollektiv veränderbar, nicht durch einzelne Maßnahmen des Managements steuerbar	Über unentscheidbare Entscheidungsprämissen kann nicht entschieden werden; über die Wirkung von Gestaltungsimpulsen entscheidet die Eigendynamik des Systems

Die Systemtheorie wiederum sieht in den unentscheidbaren Entscheidungsprämissen als dem zentralen Element der Organisationskultur, einen dem Management nicht direkt zugänglichen Deutungshorizont von Entscheidungen. Dieser erhöht die Wahrscheinlichkeit der Beachtung konformer Entscheidungen, ohne dass über die hintergründigen Prämissen abgestimmt oder anderweitig entschieden werden könnte. Wie auch bei Weick entscheidet für Luhmann die Eigendynamik (oder: Autopoiesis) des Entscheidungssystems über die Anschlussfähigkeit der Gestaltungsimpulse des Managements. Statt darüber zu bestimmen, ist dieses also den Regeln des Systems genauso unterworfen wie alle anderen Mitglieder auch.

7.5   Zusammenfassung

Die vorgestellten soziologischen Ansätze beleuchten das Phänomen der
Organisationskultur aus verschiedenen Perspektiven und bearbeiten
unterschiedliche Forschungsfragen. Karl Weick unterstreicht die Rolle

der kognitiven Prozesse auf der Akteursebene bei der Untersuchung
organisationaler Phänomene wie z. B. die Organisationskultur und widmet sich der
Frage: Wie entsteht eine Organisationskultur? Die neo-institutionalistischen Ansätze
interessieren sich dagegen dafür, welche Einflussfaktoren bei der Entstehung und Etablierung einer Organisationskultur wirkmächtig sind und betonen die Rolle der institutionellen Umwelt für die internen Vorgänge in der Organisation. Die systemtheoretisch angeleitete soziologische Analyse gibt uns eine Antwort auf die Frage: »Welche
Funktion erfüllt die Organisationskultur für das Fortbestehen des sozialen Systems?«
und liefert dadurch eine Erklärung für die Komplexität und den Eigensinn von Organisationen. Berücksichtigen wir einerseits die Vielschichtigkeit kultureller Prozesse
und andererseits die oft undurchsichtigen organisationsspezifischen Verarbeitungs-
mechanismen von Umwelteinflüssen, wird schnell klar, dass die Veränderungsimpulse
des Managements selbst der organisationskulturellen Verarbeitung unterworfen sind
und es von deren Regeln abhängt, ob und inwieweit sie zu Veränderungen führen.

Kapitel 7: Fragen zur Vertiefung

- Wie verändert man nach den Annahmen der Coleman'schen Theorie rationaler Wahl die Organisationskultur einer Körperschaft?
- In welcher Weise beeinflussen sich aus der Perspektive des neuen Institutionalismus die ungeschriebenen Regeln und die formalen Regeln einer Organisation?
- Warum gestaltet sich aus systemtheoretischer Perspektive der gezielte Wandel
  der Organisationskultur so schwierig?

Übung zu Kapitel 7: Entlassungskulturen

Eva Stotz erzählt in ihrem Dokumentarfilm »Sollbruchstelle« anhand der wahren Geschichte ihres Vaters, welche Entwicklung Konflikte in Unternehmen nehmen können.[87] Herr Stotz hat sich im Tochterunternehmen einer europäischen Firma in Deutschland bis in eine Position mit Führungsverantwortung hochgearbeitet. Nach 40 Jahren Betriebszugehörigkeit bekommt Herr Stotz im Zuge einer Restrukturierung einen neuen Vorgesetzten. Nach und nach werden alle Kollegen ausgetauscht. Bald wird auch Herr Stotz zum Personalleiter zitiert und betriebsbedingt gekündigt. Das Unternehmen expandiert jedoch weiterhin und so entscheidet sich Herr Stotz auf Wiedereinstellung in gleichwertiger Position zu klagen – mit Erfolg. Herr Stotz wird von seinem ehemaligen Vorgesetzten begrüßt und wiederum zum Personalleiter geschickt. Der teilt ihm mit, dass der Vorgesetzte »ihn nicht mehr in seiner Abteilung haben möchte«. Sein altes Büro wird ihm verwehrt und man stellt ihm ein anderes Büro auf einem anderen Stockwerk, weit weg von seiner alten Abteilung, zur Verfügung. Ihm wurde ebenfalls mitgeteilt, dass er einer Kontaktsperre zu seinen ehemaligen Mitarbeitern unterliege und daher den Kontakt zu seinen Mitarbeitern »unterlassen möge«. Es bleibe alles wie bisher, nur das er eben keine Aufgabe hätte. Herr Stotz geht nun jeden Tag in sein Büro, liest Zeitung und arbeitet kleinere Schriftsätze ab oder bringt sich nach eigenem Bekunden Arbeit mit. Der Personalchef hätte damit abgewendet, dass er jeden Tag eine Aufgabe bekommen würde, die dann jeden Abend vor seinen Augen »im Papierkorb landen würden.« Wenn er Fragen hätte, könne er jeder Zeit ins Personalbüro kommen. Neun Monate geht Herr Stotz ohne Aufgabe zur Arbeit. Er gewinnt einen weiteren Prozess gegen die Firma, doch die will seine Arbeitskraft nicht mehr. Er empfindet die Situation als Verlust seiner gesellschaftlichen Stellung. Zunehmend weicht seine Frustration nach eigenem Bekunden Hass auf das Management und seinen ehemaligen Vorgesetzten. Der Personalleiter sagt ihm, er sei überzeugt, die Isolation und die zusätzlichen Auflagen würden langfristig dafür sorgen, dass Herr Stotz »über die Wupper ginge.« und »er nicht damit gerechnet hätte dass er es durchstehen würde.« (Dem Personalleiter wird später aufgrund seines Misserfolges in der Causa Stotz ebenfalls gekündigt.)

---

87   Ein Interview mit der Filmemacherin findet sich in Meiners (2009).

Irgendwann hält Herr Stotz diese »Isolationsfolter« nicht mehr aus, wird krank und geht zu einem Psychiater, der Ihn nach Schilderung der Situation sofort für arbeitsunfähig erklären will. Das lehnt Herr Stotz ab, denn er möchte weiter arbeiten. Immer stärker erlebt er einen Zustand permanenter Erschöpfung. Der neu eingesetzte Personalleiter gibt ihm sporadisch Aufgaben, jedoch keine Arbeit in wirklich vergleichbarer Position. Nach sechs weiteren Jahren nimmt Herr Stotz ein Abfindungsangebot seiner Firma an und geht endgültig.

Arbeitsaufgaben:
1. Bitte arbeiten Sie die Unterschiede dieses Falles zu jenem der »unausgesprochenen Entlassung« in Südkorea heraus (Leitbeispiel 7.2). Wo kommen Ihres Erachtens kulturelle Unterschiede zum Tragen?
2. Welche selbstverständlich gewordenen Deutungsschemata und ungeschriebenen Regeln der Organisation spielen in diesem Fall eine Rolle?

Exemplarische Antworten auf die Fragen zur Vertiefung sowie einen Lösungsvorschlag zur Übung finden Sie im Internet unter www.utb.de/soziologie-der-organisation

8 Moral und Korruption

(unter Mitarbeit von Julian Klinkhammer)

In diesem Kapitel erfahren Sie
➤ welche Rolle Moral in Organisationen spielt,
➤ was sich organisationssoziologisch hinter aktiver Korruption
  verbirgt,
➤ ob die Maßnahmen der Organisationen
  (Corporate Social Responsibility) diese verhindern können.

In den Medien und im öffentlichen Diskurs wird über die Tätigkeit von Verwaltungen, Unternehmen, Verbänden oder NGOs in den Medien und im öffentlichen Diskurs unter den Vorzeichen von Moral und Ethik verhandelt. Organisationen sollen heute nach gängigen gesellschaftlichen Moralstandards agieren oder gar nicht. Einige dieser Standards sind auch mit rechtlichen Sanktionen bewehrt, wie z. B. das Verbot von Kinderarbeit, andere nicht.

Dennoch wird nicht nur erwartet, dass Organisationen im Rahmen gesellschaftlicher Normen und Gesetze operieren, sondern darüber hinaus auch nach Maßgabe gesellschaftlicher Akzeptanz. So sollen etwa Manager ihre Boni in wirtschaftlich schlechten Zeiten auch dann nicht einfordern, wenn diese ihnen rechtlich zustehen, oder sie sollen bestimmte Geschäfte in fernen Ländern unterlassen, selbst wenn es das dortige Rechtssystem zulässt oder Löhne in einer Höhe gezahlt werden, die man dort nicht zahlen müsste. Die Agenda öffentlicher Skandalisierungen ist lang und macht darauf aufmerksam, wie der Zusammenhang von Organisation und Moral gesellschaftlich bestimmt wird. Als gute »corporate citizens«, so die Vorstellung, müssten sich die Organisationen den gesellschaftlichen Moralvorstellungen anpassen.

Aber ob und inwieweit haben Organisation überhaupt etwas mit Moral zu tun? Das wird uns im Folgenden ebenso beschäftigen, wie die Frage, wie sich im Gegenzug erklären lässt, dass Organisationen oder ihre Mitarbeiter illegal operieren und/oder Ziele verfolgen, die keine gesellschaftliche Akzeptanz erfahren. Erst auf dieser Grundlage kann die Frage beantwortet werden, ob und wie Organisationen dies – falls beabsichtigt – verhindern können.

Die Vorbemerkungen (8.1) sollen zunächst das Verhältnis von Organisation, Moral und Ethik soziologisch bestimmen und theoretisch fundieren. Anschließend (8.2) werden auf Basis eines empirischen Beispiels zur (aktiven) Korruption – dem 2006 aufgedeckten Korruptionskomplex der Siemens AG – im Dienste von Unternehmen verschiedene Erklärungsweisen dafür diskutiert, warum Organisationen und ihre Mitarbeiter von Normvorgaben abweichen und wo die grundsätzlichen Schwierigkeiten liegen, die Normeinhaltung zu kontrollieren. Wir enden mit Überlegungen (8.3) zur Frage, wie man sich nach unterschiedlichen Ansätzen »Korruptionsbekämpfung« vorstellen und ob Corporate Social Responsibility (CSR) dabei hilfreich sein könnte, sowie einer Zusammenfassung der Ergebnisse dieses Kapitels (8.4).

8.1   Organisation und Moral – einige Vorbemerkungen

In einer sozialwissenschaftlichen Analyse des Zusammenhangs von Organisation und Moral sowie der angeführten Fallbeispiele kann es nicht darum gehen, den eigenen moralischen Standpunkt zu dokumentieren. Wichtig ist allein, die gesellschaftlichen Voraussetzungen, Praktiken und Folgen in der Handhabung von Moral und Ethik in Organisationen zu untersuchen. Sozialwissenschaftlich ist deren »Objektivität« – und in diesem Punkt können wir uns ebenso auf Max Weber (1922/88) wie auf James Coleman und Niklas Luhmann berufen – nicht durch einen absoluten Wahrheitsanspruch, durch eine höhere Moral begründbar, sondern nur durch die Analyse der kulturellen Geltungsstandards von Moral und Ethik, in Unternehmen genauso wie in anderen Organisationen (Weber 1922/85 : 18 f.). Die empirischen Geltungsstandards in einer Kultur entscheiden dann darüber, was als Moral verstanden werden kann; nicht die Moralstandards derjenigen, die sich mit Moral beschäftigen. Weder für Luhmann noch für Coleman gibt es einen absoluten Beobachtungspunkt außerhalb eines sozialen Systems, von dem aus eine moralische Beurteilung gefällt werden kann (vgl. Coleman 1992 : 84).

Dennoch kann man sagen, was je nach theoretischem Ansatz in der Soziologie (fernab der eigenen Moral) unter Moral verstanden wird. Für Max Weber erscheinen moralische Handlungen als wert- und ethikorientierte Handlungen, die im Dienste einer Überzeugung vollzogen werden und im praktischen Leben Geltung beanspruchen[88] (vgl. Weber 1910/82 : 386; vgl. dazu auch Schluchter 2006 : 308 ff.).[89] Im Hintergrund stehen Werte, Wertrationalitäten und irrationale Weltanschauungen, die mehr oder weniger unversöhnlich aufeinandertreffen (vgl. Weber 1922/88 : 507).[90]

---

88   »Es kommt natürlich hier für uns nicht sowohl darauf an, was die theologische ethische Theorie begrifflich entwickelte, sondern darauf, was im praktischen Leben der Gläubigen geltende Moral war, wie also die religiöse Orientierung der Berufsethik praktisch wirkte« (Weber 1920/88 : 386).

89   »Wert kann man definieren«, so Schluchter in Anknüpfung an Weber, »als die Vorstellung einer Geltung, die zur Ursache einer Handlung wird« (Schluchter 2006 : 308).

90   »Es handelt sich nämlich zwischen den Werten letztlich überall und immer wieder nicht nur um Alternativen, sondern um unüberbrückbar tödlichen Kampf, so wie zwischen ›Gott‹ und ›Teufel‹. Zwischen diesen gibt es keine Relativierungen und Kompromisse. Wohlgemerkt: dem Sinn nach nicht. Denn es gibt sie, wie jedermann im Leben erfährt, der Tatsache und folglich dem äußeren Schein nach, und zwar auf Schritt und Tritt. In fast jeder einzelnen wichtigen Stellungnahme realer Menschen kreuzen und verschlingen sich ja die Wertsphären« (Weber 1922/88 : 507).

Man muss sie glauben, ihnen anhängen, ohne sie am Erfolg oder Nicht-Erfolg wertorientierter Handlungen zu messen (vgl. Weber 1922/85:13; Schluchter 2006).[91] Moral wird bei Weber also nicht substanziell, nach einer bestimmten gesellschaftlichen Ethik bestimmt, sondern nach der Sinnstruktur, die sie sozialen Handlungen unterlegt. Ein »ethischer« Maßstab ist für ihn ein solcher, der eine spezifische Art von wertrationalem Glauben von Menschen als Norm des »Geltensollenden« an menschliches Handeln legt, welches das Prädikat des »sittlich Guten« in Anspruch nimmt (Weber 1922/85:18f.). Darin erscheint die Moral somit als ein historisch variables Phänomen und in ihren jeweiligen historisch-gesellschaftlichen Bedingungen zu analysieren. Anders als Coleman, der u. a. ein prozedurales Verständnis des »moralisch Richtigen« nach Kenntnis und Berücksichtigung von Interessen der Akteure in einer Körperschaft vorschlägt und Ethik als Moralphilosophie versteht[92], nimmt Luhmanns Systemtheorie diesen Faden auf und radikalisiert, nun auf Kommunikation bezogen, diese Perspektive. In der systemtheoretischen Weiterführung von Luhmann wird Moral dann nur noch als eine spezifische Form von Sinnzuschnitten und Sinnzuschreibungen begriffen, die mit der Leitunterscheidung von Gut und Böse operieren und ihren Ausdruck in der Artikulation von Achtung und Missachtung finden. Ethiken sind im Anschluss an Luhmann dadurch definiert, dass sie sich mit den Prinzipien moralischer Bewertung als eine Art »Reflexionstheorie« der Moral beschäftigen (Luhmann 1989:37), aber in ihrer Argumentation selbst dem Moralcode unterworfen sind. Denn jede Ethik ist im gesellschaftlichen Diskurs darauf verwiesen, so Luhmann, etwas Gutes und nichts Schlechtes zu wollen, will sie als solche verstanden werden (Luhmann 1989:37). Auch eine so verstandene Ethik wäre jedenfalls Gegenstand der folgenden Ausführungen, nicht ihre Voraussetzung.

---

91 »Vom Standpunkt der Zweckrationalität aus aber ist Wertrationalität immer, und zwar je mehr sie den Wert, an dem das Handeln orientiert wird, zum absoluten Wert steigert, desto mehr: irrational, weil sie ja umso weniger auf die Folgen des Handelns reflektiert, je unbedingter allein dessen Eigenwert (reine Gesinnung, Schönheit, absolute Güte, absolute Pflichtmäßigkeit) für sie in Betracht kommt« (Weber 1922/85:13).

92 Für Coleman kann sich das moralisch Richtige in einer idealen Situation einer Gruppe oder Körperschaft aus der Kenntnis der Interessen der anderen sowie ihrer Berücksichtigung nach Maßgabe ihrer Bedeutung für das Funktionieren des Kollektivs ergeben und wäre dann mit sozialer Effizienz gleichzusetzen (vgl. Coleman 1992:83).

Tabelle 8.1: Das Verständnis von Moral und Ethik im Theorienvergleich

	Theorie rationaler Wahl (Coleman)	Handlungs- und Institutionentheorie (Weber)	Systemtheorie (Luhmann)
Moral als ...	Ideal des gerechten Interessenausgleichs nach Maßgabe der Bedeutung des Akteurs für die Gruppe	Wertüberzeugungen, die auf irrationale Weltanschauungen zurückgehen	Artikulation von Achtung und Missachtung in der Kommunikation
Ethik als ...	Moralphilosophie mit Reflexion über gerechte Bedingungen der Handlungskoordination	(Reflexions-)Prinzipien des wertrationalen Glaubens als Norm für menschliches Handeln	Reflexionstheorie der Moral, die sich selbst als »moralisch gut« versteht

Deutlich zu erkennen ist anhand dieser Unterscheidungen bereits, dass Moral vor Organisationen nicht Halt macht, ja gar nicht Halt machen kann, da diese »Verkörperungen« von Gesellschaft darstellen. In der beruflichen Lebenswelt der Organisationsmitglieder spielen Fairness und Gerechtigkeit, Wertüberzeugungen sowie die Artikulation von Achtung und Missachtung eine wichtige Rolle. Jede Handlung und jede Kommunikation kann selbstverständlich einer moralischen Bewertung unterzogen werden. Die Frage ist nur, ob Organisationen, sofern ihre Zwecke nicht in der Verfolgung oder Etablierung von Moralstandards liegen, sich grundsätzlich daran orientieren oder nicht. Dies ist zwar eine Frage, die nach einer empirischen Antwort verlangt, aber die generelle Perspektive in den Antworten der hier herangezogenen theoretischen Ansätze ist klar: Innerhalb eines normativen Rahmens, der z. T. rechtlich sanktionierbare Standards für das organisationale Handeln festlegt, sind Organisationen frei, ihre Zwecke fernab moralischer Einmischungen und Imperative zu verfolgen. Das bedeutet aber auch: Inwiefern sie dies dann tatsächlich tun, können Organisationen selbst bestimmen.

Jede Organisation wird sich in der Verfolgung ihrer Zweckorientierung, in einem empirisch zu bestimmenden Ausmaß, an gesellschaftlichen Normen orientieren und sich innerhalb dieses Rahmens selbst Normen setzen. Diese Normen sind teilweise als Ausdruck gesellschaftlicher Wert- und Moralhorizonte zu verstehen. An der Orientierung an rechtlichen Standards bemisst sich zum einen die Legalität der Zweckverfolgung der Organisation. Zum anderen braucht sie für ihre Aktivitäten ein bestimmtes Maß an gesellschaftlicher Akzeptanz oder Legitimität. Auch weil ihre Sinnstrukturen diesen normativen Rahmen zum Teil reproduzieren, verkörpern Organisationen Gesellschaft. Sie stehen nicht außerhalb der Gesellschaft, nicht jenseits der Rechts- und Institutionenordnungen, sondern sind darin eingebettet (siehe auch Kap. 7).

Innerhalb dieses normativen Rahmens sind Organisationen aber gesellschaftlich freigesetzt, sich an autonom bestimmten Zwecken auszurichten. Seien dies rein ökonomische Zwecke wie in der Wirtschaft oder machtpolitische wie in Staat und Verwaltung oder an Erkenntnisproduktion orientierte wie in der Wissenschaft. In allen drei von uns ausgewählten organisationssoziologischen Perspektiven sind Organisationen jedenfalls Kommunikations- und Handlungszusammenhänge, die sich nach Maßgabe ihrer potenziellen Instrumentalität und ausgewiesenen Zweckhaftigkeit organisieren (siehe dazu auch Kap. 2). Dies macht ihre potenzielle Amoralität[93] aus: dass sie ihre Zwecke fernab moralischer Einmischungen und Imperative verfolgen können. Um ein naheliegendes Beispiel aus der Universität zu nehmen: So wird ein Professor nicht für seine moralisch guten Taten und Reden bezahlt, sondern für seine mögliche und gegebenenfalls auch tatsächliche Leistung in der wissenschaftlichen Forschung und Lehre, im Sinne der Zwecke einer Universität. Würde er stattdessen Forschungsgelder oder Personalmittel der Universität an Notleidende verschenken oder Leistungsnachweise an Studenten nach deren jeweiliger Bedürftigkeit vergeben, wäre er schnell aus den Diensten der Universität entlassen. Außerhalb formal festgelegter, ethisch begründeter Prinzipien des Handelns an Universitäten sind die Moral des Professors sowie seine ethischen Maximen sein Privatvergnügen. In dieser potenziellen Amoral der Organisation, in einer Zweckorientierung »jenseits von Gut und Böse«, liegen nicht zuletzt für Luhmann sowohl die Freiheitschancen der Person als auch jene der Organisation (im Sinne einer Bedingung der Möglichkeit wechselnder Zielorientierungen) begründet (siehe dazu Kap. 4).

Wirtschaftsunternehmen pflegen vor diesem Hintergrund einen auf den wirtschaftlichen Erwerb ausgerichteten Sinnzuschnitt, der sich an eine als rational ausgewiesene Betriebsform knüpft. Das leitende Handeln, das sich in Entscheidungen artikuliert, ist in rational dargestellter Form am Wirtschaften mittels freier Arbeit, rationaler Kapitalrechnung, bürokratischer Organisation (siehe dazu Kap. 3) und friedlichem Tausch orientiert (Weber 1922/85:62 ff.). Ihrem Sinn nach sind die Erwerbsbetriebe permanent an Marktchancen, also an »verkehrswirtschaftlicher Bedarfsdeckung« (Weber) bzw. dem Erhalt ihrer Zahlungsfähigkeit (Luhmann) orientiert; im Falle kapitalistischer Betriebe am Wirtschaften nach Maßgabe der Profitabilität oder der Rendite. Die für sie handelnden Akteure werden also der Regelerwartung ausgesetzt, sich am wirtschaftlichen Zweck der Organisation zu orientieren, und darin als Personal beansprucht. Eine fortwährende Enttäuschung dieser Erwartungen wird mit entsprechenden Risiken für die Karriere, das Einkommen oder die Mitgliedschaft selbst verbunden. Konkret bedeutet das, dass auch ein Vorstandsvorsitzender, der das Geld des Unternehmens an Arme und Notleidende verteilt, anstatt den Aktionären des Unternehmens eine Dividende zu zahlen, seiner Aufgaben bald ledig sein

---

93 Amoralität wird hier im Sinne von: weder moralisch noch unmoralisch verwendet und spricht also die Möglichkeit einer Zweckverfolgung fernab moralischer und ethischer Imperative an.

wird. Das bedeutet nicht, dass Manager keine moralischen Orientierungen pflegen, sondern nur, dass sie nicht wirtschaften, wenn sie Entscheidungen allein oder vorrangig nach Wertüberzeugungen (Weber) oder Maßgabe gesellschaftlicher Achtung oder Missachtung (Luhmann) treffen. Sie bewegen sich dann außerhalb der Zweckorientierung der Unternehmen, es sei denn, deren »Moral« wird zum Bestandteil der Renditeorientierung der Organisation.[94]

So kann ein Unternehmen selbstverständlich entscheiden, Felder gesellschaftlicher Missachtung konsequent zu meiden, also in einem Verhaltenskodex (»Code of Conduct«) zu bestimmen, dass Geschäfte auch in Ländern mit hoher Korruptionsrate nur ohne Korruption oder gar nicht gemacht werden. Oder es kann festlegen, sich nur in Geschäftsbereichen zu bewegen, die nach Maßgabe von Expertengremien, Ethikkommissionen oder Stiftungen und nach reiflicher ethischer Reflexion unbedenklich erscheinen, so dass es nicht Gefahr läuft, in moralisch fragwürdige Geschäfte zu investieren. Organisationen können ihre Entscheidungsprämissen moralisch begründen, doch sie müssen dies nicht tun.[95] Dennoch bleibt auch eine solche, vielleicht nach den derzeit gängigen ethischen Standards der Gesellschaft willkommene Form moralischer Orientierung von Unternehmen eine Strategie, die sich instrumentell an Nutzleistungen oder Zahlungen orientiert. Das heißt: Es bleibt eine Form des Wirtschaftens und nicht des moralischen Handelns.

In diesem Zusammenhang ist nun auch von Bedeutung, dass auf Moral spezialisierte Organisationen in modernen Gesellschaften eine immer größere Rolle spielen. Sie sind instrumentell auf die Realisierung bestimmter ethisch begründeter Programme oder Moralstandards ausgerichtet und schaffen auf diese Weise für jeden Einzelnen die Möglichkeit, die Erfüllung von moralischen Ansprüchen an Organisationen zu delegieren. So gibt es etwa mit Amnesty International, Greenpeace, Transparency International, der UNO, der WHO etc. für viele moralische Standards eine schlagkräftige Organisation, die man durch Mitgliedsbeiträge oder zeitweiligen Aktivismus unterstützen kann. Darauf müssen Organisationen, die sich auf das Wirtschaften spezialisiert haben, ihrerseits reagieren. Denn sie haben es nicht mehr nur mit Moralisten und ethisch inspirierten Bewegungen zu tun (die ebenfalls massiv Einfluss nehmen können), sondern auch mit Organisationen, die an Wertüberzeugungen orientierte Ziele verfolgen. Diese achten nun systematisch und dauerhaft

---

94   Kritisch argumentiert Schreyögg (2008b) aus betriebswirtschaftlicher Perspektive gegen eine derartige »Zweitcodierung« wirtschaftlichen Handelns.

95   In diesem Punkt weichen wir ersichtlich von Coffin/Jäger (2011:49) ab. Dies zu tun wird allerdings auch oft von Vertretern der Wirtschaftswissenschaften – insbesondere in der Vertrags-, Transaktionskosten- und der Spieltheorie – empfohlen. Sie weisen darauf hin, dass es insbesondere bei wiederholtem Tausch und unvollständigen Verträgen sehr gewinnbringend sein kann, eine Ethik der Kooperation zur Geltung zu bringen (vgl. Weitbrecht 2007). Fairness zahle sich in solchen Fällen aus (vgl. auch Weitbrecht 1999, Weitbrecht/Mehrwald 2001, Weitbrecht 2002; kritisch dazu Schreyögg 2008b).

darauf, dass beim Wirtschaften die von ihnen festgelegten und/oder kollektive Geltung beanspruchenden Moralstandards nicht verletzt werden – wie z. B. Prinzipien des Umweltschutzes, der transparenten Buchführung oder die Einhaltung der Menschenrechte. Dies kann sich für den wirtschaftlichen Erfolg der Unternehmen als riskant erweisen. Ein publikumswirksames Schlauchboot, ein paar festgekettete Aktivisten, eine bedrohte Fledermausart können ausreichen, um die Nachfrage nachhaltig zu gefährden. Der Einzug nicht religiös gebundener, auf Moral spezialisierter, international operierender Organisationen ist zwar historisch betrachtet jüngeren Datums und daher ein vergleichsweise neues Phänomen, gleichwohl ein gesellschaftlich effektvolles. Denn der Vorteil der Organisierung von Moral liegt darin, dass Organisationen wie Greenpeace oder Amnesty International nicht rein im Dienste der Überzeugung, also ohne Rücksicht auf die vorauszusehenden Folgen operieren, sondern als Organisationen auf zweckrationale Sinnzuschnitte spezialisiert sind, die sie an der Etablierung von Wertstandards ausrichten. Daher rührt erst ein Großteil ihrer Schlagkraft. Vor diesem Hintergrund eines soziologisch präzisierten Zugangs zum Thema von Ethik und Moral wollen wir im Folgenden einblenden, wie Reibungspunkte zwischen amoralischer Zweckverfolgung und der normativen Ordnung der Organisation entstehen. Aus soziologischer Perspektive kann am Beispiel aktiver Korruption gezeigt und theoretisch begründet werden, warum es nicht zuletzt Unternehmen so schwer fällt, sich bei der Verfolgung ihrer Zwecke an extern oder intern gesatzte Normen zu halten.

8.2   Organisationale Normen und aktive Korruption

Eigentlich könnte die Welt der Organisationen in bester Ordnung sein. Innerhalb einer normativen Ordnung sind ihnen die Art der Zweckverfolgung sowie die Wahl der Zwecke freigestellt. Doch die vielen Skandalisierungen machen darauf aufmerksam, dass amoralische Zweckverfolgung und gesellschaftliche Normorientierung oft aufeinanderstoßen, sich Organisationen an diesem Rahmen reiben, ihn bei Bedarf und wo es geht unterlaufen oder umgekehrt von gesellschaftlichen Normsetzungen oder Moralvorstellungen schlicht überfordert werden. Dies wirft zwei Fragen auf: 1. Wie lässt sich das nonkonforme, normabweichende Handeln von und in Organisationen begründen? 2. Welche Möglichkeiten haben Organisation, es zu unterbinden bzw. sich selbst und ihr Personal in dieser Hinsicht zu kontrollieren?

Wir interessieren uns bei den Antworten auf diese Fragen allerdings nicht für individuelles Fehlverhalten oder Formen persönlicher Bereicherung, wie sie auch in anderen sozialen Gebilden vorkommen, sondern für die Rolle der Organisation bei der Entstehung sowie der Kontrolle von normabweichendem Handeln. Sicherlich sind auch individuell motivierte opportunistische Handlungen der Arbeitnehmer, zum Schaden der Organisation, von großer Bedeutung (Green 1990). Organisationssozio-

Begriffsbox 8.1:
Aktive und passive
Korruption

Als Korruption bezeichnen wir allgemein die *Vorteilsnahme/-gewährung
zweier Parteien zum Schaden Dritter*. Wir
orientieren uns damit an einem engeren, rechtswissenschaftlich präfor-
mierten Korruptionsverständnis (Bannenberg 2007). Diesem zufolge geht es
»[i]m Kern [...] bei der Korruption darum, dass eine Person, die bestimmte
Aufgaben wahrzunehmen hat, für ein
Handeln oder Unterlassen im Rahmen
der Aufgabenerfüllung unzulässige Vorteile erhält« (Dölling 2007:3). Die Annahme eines solchen Vorteils heißt »passive Korruption«, während der Geber,
der den Vorteil gewährt, der ›aktiven
Korruption‹ bezichtigt wird (vgl.
von Alemann 2005:19).

logisch ist jedoch die interessantere Frage,
wie Organisationen mit Straftaten umgehen,
von denen sie selbst profitieren – also Straftaten, die von Mitarbeitern im Auftrag oder
zum Wohle des Unternehmens begangen
werden (Clinard/Quinney 1973; siehe dazu
auch Infobox 8.1). Hierunter fallen auch
Formen aktiver Korruption, beispielweise
wenn bestochen wird, um Aufträge zu erhalten. Die organisationssoziologische Perspektive zeichnet sich dadurch aus, dass bei der
Analyse eines solchen Kriminalfalls der Verstoß der Organisation gegen gesellschaftliche Normen sowie der Verstoß des Personals
gegen die formalen Normen der Organisation im Vordergrund stehen.[96]

Um noch genauer zu verstehen, wo die
Probleme der Einhaltung und Abweichung
von Normen aus der Sicht einer Soziologie
der Organisation liegen, folgt nun die Analyse eines Kriminalfalles, der in den letzten
Jahren sehr große Aufmerksamkeit erfahren hat und daher gut dokumentiert ist: die
Korruptionsaffäre der Siemens AG.

Hinsichtlich des Umfangs der Bestechungs- und der anschließenden Strafzahlun-
gen, hat Siemens neue Maßstäbe gesetzt; der »wohl größte bisherige Korruptionsfall
der Bundesrepublik Deutschland« (Wolf 2009:9). Die Gesamtkosten der Affäre werden für die Firma mittlerweile auf 2,5 bis 3,5 Milliarden Euro geschätzt. Diese Summe
enthält Geldbußen in Höhe von etwa 1,2 Milliarden Euro, die in den USA und in
Deutschland zu entrichten waren. Das Unternehmen, das bis dato als Pionier der
CSR-Bewegung und Vorbild im Bereich der Korruptionsprävention gelten konnte,
sah sich spätestens seit November 2006 mit immer neuen Korruptionsvorwürfen
konfrontiert (siehe Leyendecker 2007). Im Zuge der Ermittlungen von Strafverfolgungsbehörden in Deutschland, den USA und vielen weiteren Ländern sowie durch
interne Recherchen wurden Bestechungszahlungen in massivem Umfang aufgedeckt,
die über Jahrzehnte sowohl an staatliche als auch an privatwirtschaftliche Stellen
geflossen waren. Befürchtungen hinsichtlich des Ausmaßes und der Normalität von
Korruptionsdelikten in Deutschland (Bannenberg 2003; Bannenberg und Schaupen-
steiner 2007) haben sich durch den Fall der Firma Siemens mindestens bestätigt.

---

96 In der Kriminologie ist der Verstoß gegen organisationale Normen eher ein nachrangiges Problem,
    wohingegen der *Gesetzesverstoß* den Forschungsgegenstand konstituiert (vgl. Schwind 2010).

Durch die Ermittlungen wurden Korruptionsstrukturen sichtbar, die in ganz unterschiedlichen Abteilungen über Jahre, teilweise über Jahrzehnte bestanden hatten. Schon lange vor der Durchführung der aufgedeckten Straftaten hatte das Unternehmen ein formales Korruptionsverbot erlassen und die Mitglieder – insbesondere das Führungspersonal, das für die Implementierung der Vorgaben verantwortlich war – umfassend informiert und geschult (vgl. Dombois 2009:132; Siemens 2006:2). Wie also war es möglich, korrupte Strukturen innerhalb der Siemens AG auf Dauer zu stellen und warum griffen die präventiven Maßnahmen des Managements nicht?[97]

Ein Korruptionsfall wie jener bei Siemens ist weder einfach zu analysieren noch zu bewerten. Indem wir uns auf das »Hellfeld« gerichtsnotorischer aktiver Korruption beziehen (und nicht auf das »Dunkelfeld« der im Verborgenen stattfindenden Korruption), können wir zwar Bezug auf Dokumente der Rechtsprechung oder autorisierte Interviews mit Angeklagten und Verurteilten nehmen. Dennoch können unsere Schlussfolgerungen in diesem Fall höchstens vorläufige sein. Sie basieren auf einer exemplarischen Fallanalyse. Die Darstellung des Falls dient uns daher allein als Heuristik, um die bereits vorgestellten organisationssoziologischen Denkweisen empirisch zu vertiefen. Sie kann und soll daher keinesfalls in eine ethische Stellungnahme münden. Diese bleibt jedem Leser selbst überlassen.

Leitbeispiel 8.1: Auf den Spuren der Unternehmenskorruption – Der Fall Siemens

Die polizeilichen Durchsuchungen von Firmengebäuden der Siemens AG am 15. November 2006 markierten den Beginn einer mehrjährigen Episode der Aufarbeitung der bis dato »größten und folgenreichsten Korruptionsaffäre« (Leyendecker 2007:292) in der deutschen Unternehmensgeschichte (vgl. Wolf 2009). Die Gesamtkosten der Affäre werden auf ca. 2,5 bis 3,5 Mrd. Euro geschätzt. Darin sind Kosten für interne Ermittlungen und Geldbußen enthalten. Nicht

---

97 Die Besonderheit dieses Korruptionskomplexes wurde bereits wissenschaftlich in einem interdisziplinär angelegten Sammelband (Graeff u. a. 2009) aufgearbeitet. Dieser enthält drei Beiträge (Dombois 2009; Graeff 2009; Grieger 2009), die soziologische und organisationstheoretische Erklärungen des Siemens-Komplexes anbieten. Aus unterschiedlichen Perspektiven greifen die zitierten Beiträge auf den organisationswissenschaftlichen Ansatz der »Normalisierung« der Korruption zu, den Ashforth und Anand (2003) entwickelt haben (siehe dazu Infobox 8.1). Die Normalisierung korrupter Geschäftspraktiken könne (zumindest partiell) den bemerkenswerten Befund erklären, dass die vermeintlich korrupten Siemens-Mitarbeiter sich, »soweit den veröffentlichten Informationen zu entnehmen, nicht persönlich finanziell bereichert« (Dombois 2009:133) hätten.

enthalten sind Belastungen, die aus der Skandalisierung und dem damit verbundenen Reputationsverlust resultieren. Bis zum November 2006 galt die Siemens
AG vielen Beobachtern geradezu als Vorbild im Umgang mit den Risiken der
Korruption. Moderne »Corporate-Governance-Strukturen«, der eigene moralische Anspruch ein »guter Bürger« (*Corporate Citizen*) zu sein, sowie auf die Glo-
balisierung und die Anforderungen des Finanzmarktkapitalismus abgestimmte
Geschäftspraktiken trugen zu diesem Eindruck bei (vgl. Grieger 2009 : 103; Verschoor 2007; Zugehör 2003). Seit 1998 und noch bis zu den ersten Verdachtsmo-
menten gegen Siemens-Mitarbeiter im Jahr 2004, war die Firma korporatives
Mitglied des deutschen Ablegers von *Transparency International* – einer Organisation, die sich dem aktiven Kampf gegen Korruption verschrieben hat. Von Anbe-
ginn der Ermittlungen wurde daher die Frage diskutiert, wie es in einem der
größten (nach Umsatz und Mitarbeiterzahl) und traditionsreichsten deutschen
Unternehmen zu einem Korruptionsskandal dieses Ausmaßes kommen konnte.
Eine Woche nach den Razzien hatte Siemens noch suggeriert, eine kriminelle
»Bande« habe den Konzern um mehrere hundert Millionen Euro betrogen. Selbst
als sich die Ermittlungen ersichtlich auf die Vorstandsebene erstreckten, stellte
sich die Konzernleitung, in Person des Aufsichtsratsvorsitzenden Heinrich von
Pierer, noch demonstrativ hinter die Verdächtigen, die von Pierer als »ver-
diente[...] Mitglieder unseres Hauses« bezeichnete.

1. Szenenwechsel: Ende 1998 wurde der Siemens-Manager K. von einem Mitarbeiter aus der Buchhaltung seines Geschäftsbereichs, der zu diesem Zeitpunkt
kurz vor der Pensionierung stand, über die Existenz einer sogenannten »schwarzen Kasse« in der Schweiz informiert, die zum Besitzstand der von Siemens über-
nommenen Kraftwerk Union AG (KWU) gehört hatte. Die KWU, die 1977 in
den Siemens-Bereich Energietechnik integriert worden war (vgl. Siemens
2009 : 3), hatte die aus der offiziellen Buchführung ausgegliederten Gelder für
Bestechungsleistungen vorgesehen. Statt die Gelder in die reguläre Buchhaltung
der Siemens AG zu überführen, beauftragte K. den scheidenden Buchhalter, das
verbliebene Vermögen von rund 12 Millionen Schweizer Franken auf das Konto
einer neu zu gründenden Stiftung in Liechtenstein zu transferieren. Mit der
Gründung und Verwaltung des Vermögens dieser Stiftung, die den Namen »Gastelun« erhielt, betraute er V., einen ehemals leitenden Siemens-Angestellten, der
bis Anfang der 1990er-Jahre in der KWU beschäftigt gewesen war. Der gesamte
Betrag wurde von da an sukzessive zum Zweck der Auftragsakquise eingesetzt.
Zuvor hatte K., einer von vier Vorständen des Geschäftsbereichs »Siemens Power
Generation« (PG), bereits auf ein »etabliertes System zur Leistung von Bestechungsgeldern (sog. nützlichen Aufwendungen) [...] bei diversen liechtensteini-
schen Banken« (BGH 2 StR 587/07: Rn. 9) zurückgreifen können. Die auf ver-

schiedene Konten verteilten Gelder waren bei vorherigen Projekten, die sich »nützlicher Aufwendungen« bedienten, nicht aufgebraucht worden und standen darüber hinaus nicht in den offiziellen Büchern des Geschäftsbereichs. Dieses Vermögen verhalf K. dazu, im Jahr 1999 einen Siemens-intern als »La Casella« bezeichneten Auftrag über die Lieferung von Gasturbinen an den italienischen Kraftwerkskonstrukteur Enelpower S.p.A. zu akquirieren. Ein zweiter vom Enel-Konzern ausgeschriebener Auftrag schien für Siemens noch lukrativer als der erste. Wieder signalisierte der Geschäftsführer der Enel Produzione, dass ein Bestechungsgeld in Millionenhöhe an ihn und seinen Kollegen bei der Firma Enelpower zu zahlen sei, um den Geschäftsabschluss in diesem – Siemens-intern als »Repowering« bezeichneten – Fall zu ermöglichen. K. autorisierte auch diesen Vorgang. Allerdings wies er seine Mitarbeiter zuvor ausdrücklich auf die Möglichkeit der Aufdeckung der illegalen Absprache hin und machte auch die Konsequenzen deutlich, die sie persönlich zu gewärtigen hätten. In diesem Fall *»müsse jeder für sich kämpfen, die Siemens AG könne sie dann nicht decken.«* (BGH 2 StR 587/07: Rn. 19; Herv. d. Verf.).

Nichtsdestotrotz kam es am 3. August 2001 vereinbarungsgemäß zur Unterzeichnung des Vertrags, der dem Konsortium, an dem Siemens-PG beteiligt war, den Auftrag sicherte. Um die getroffene Absprache zu finanzieren, wurde diesmal auf Gelder der Anfang 1999 gegründeten Stiftung »Gastelun« zurückgegriffen.

Die beiden Ausschreibungen »La Casella« und »Repowering« hatten ein gemeinsames Auftragsvolumen von etwa 450 Millionen Euro, woran Siemens mit einem Anteil von über 338 Millionen Euro beteiligt war. Veranschlagt man darüber hinaus insgesamt circa 6 Millionen Euro als Bestechungssumme, die an die zwei Geschäftsführer der Enel gezahlt wurden, dann beläuft sich diese Summe auf 1,7 Prozent des Auftragsvolumens. Den Gesamtgewinn, den Siemens (vor Steuern) aus den beiden Aufträgen erwirtschaftete, beziffert das Landgericht Darmstadt mit 103,8 Millionen Euro (vgl. LG Darmstadt 712 Js 5213/04 – 9 KLs: Rn. 93, 98, 104).

2. Szenenwechsel: Gegen die beiden Enel-Manager und zwei Mitarbeiter von Siemens-PG, darunter der zuständige kaufmännische Leiter, wurde in Italien Anklage erhoben. Das Landgericht Mailand urteilte am 25. Juni 2006, dass die beiden Siemens-Mitarbeiter der Amtsträgerbestechung schuldig seien. Sie erhielten Bewährungsstrafen. Gegen die Siemens AG erging ein einjähriges Verbot für Vertragsschlüsse mit Einrichtungen der öffentlichen Verwaltung, eine Geldstrafe in Höhe von 500.000 Euro sowie eine Gewinnabschöpfung von 6.121.000 Euro. Schon 2003 hatte sich Siemens außerdem mit dem Enel-Konzern auf ein Arrangement verständigt, das Zahlungsverpflichtungen im Wert von 113 Millionen Euro beinhaltete, um etwaige Schäden aus den gesetzeswidrigen Absprachen auszugleichen

(vgl. BGH 2 StR 587/07: Rn. 21ff; LG Darmstadt 712 Js 5213/04 – 9 KLs: Rn. 113f.). In Deutschland wurde Anklage gegen K. und V. erhoben. Das Landgericht Darmstadt stellte in seiner Entscheidung fest, dass weder K. noch V. ein finanzieller Vorteil aus den beiden Aufträgen der Enel S.p.A. erwachsen sei (vgl. LG Darmstadt 712 Js 5213/04 – 9 KLs: Rn. 104). Zugunsten der Angeklagten sprach ferner, dass sie »im falsch verstandenen Interesse der S[iemens-]AG gehandelt« (LG Darmstadt 712 Js 5213/04 – 9 KLs: Rn. 190) hätten, »also nicht eigennützig« (ebd.). Die Straftaten hätten sich zudem in einer rechtlichen »Umbruchsituation« ereignet, in der die Geltung der Rechtsnormen nicht eindeutig zu bestimmen gewesen sei (vgl. LG Darmstadt 712 Js 5213/04 – 9 KLs: Rn. 190f.). Das Landgericht verurteilte die beiden Manager im Mai 2007, K. wegen Bestechung im geschäftlichen Verkehr nach § 299 Abs. 2 StGB und V., weil er dazu Beihilfe geleistet habe. Im Akt der Schmiergeldzahlung sah das Gericht außerdem den Tatbestand der Untreue (§ 266 StGB) als erfüllt an. Indem K. dadurch die Gelder der schwarzen Kasse vorsätzlich und unwiderruflich nicht in die offizielle Buchhaltung seiner Firma überführte, machte er sich der Veruntreuung von Vermögenswerten der Siemens AG schuldig. Schließlich ordnete das Gericht auch einen Wertersatzverfall in Höhe von 38 Millionen Euro gegen die Firma Siemens als Nebenbeteiligte an (vgl. BGH 2 StR 587/07: Rn. 25ff.; LG Darmstadt 712 Js 5213/04 – 9 KLs: Rn. 149ff.). Das Urteil wurde vom Bundesgerichtshof später revidiert und teilweise korrigiert.[98]

Die Handlungsrationalität der Akteure bei Siemens orientierte sich, soweit sie im Quellenmaterial nachvollziehbar wurde, an den instrumentellen Sinnzuschnitten und den wirtschaftlichen Nutzenkalkülen des Unternehmens. Mit Coleman kann man sagen: Es wurde im (unterstellten) Interesse des Prinzipals gehandelt. Unabhängig von vermögensmindernden Folgen der späteren Enthüllung betrachtet, waren die 6 Millionen Euro Bestechungsgeld im oben geschilderten Fall des Siemens-Geschäftsbereichs PG eine riskante, aber einträgliche Investition, die einen Bruttogewinn in Höhe von über 100 Millionen Euro erzielte. Ein formales Verbot der Bestechung war den Beteiligten bekannt, mögliche strafrechtliche Konsequenzen wurden noch vor der zweiten illegalen Absprache thematisiert.[99] Für V. musste schon aufgrund der Umstände der Anbahnung des »La Casella«-Auftrages und der auffällig »informellen Vorgehensweise« der italienischen Geschäftspartner klar erkennbar sein, dass der Gegenstand der Verhandlungen

---

98 Für eine ausführliche Darstellung des Falles siehe Klinkhammer (2011) sowie für die juristischen Implikationen der sogenannten Siemens-Entscheidung des Bundesgerichtshofs Satzger (2009).
99 Folgt man den Ausführungen des Landgerichts, kann man ausschließen, dass es innerhalb des Geschäftsbereichs aufgrund geringer Salienz der relevanten Norm zu einer kognitiven Normalisierung korrupter Praktiken gekommen war.

eine wahrscheinlich verbotene Geldzahlung beinhaltete (vgl. LG Darmstadt 712 Js
5213/04 – 9 KLs: Rn. 90 f.). Sein Vorgesetzter setzte sich wissentlich über die dem Vorgang widersprechenden organisationalen Regeln hinweg.[100] Er deckte also die illegale
Praxis und sanktionierte die Abweichung von der formalen Norm nicht. Sein Interesse
galt daher ganz offensichtlich ebenfalls den Unternehmensaufträgen.

8.2.1 Korruption als Risikokalkulation

Aus Colemans Perspektive ist auch normabweichendes, kriminelles Handeln Ergebnis einer rationalen Wahl der Akteure. Das Management nimmt für den korporativen
Akteur (den Prinzipal) die Rolle einer erziehenden und steuernd eingreifenden Instanz ein, die das Personal im Falle des Abweichens von den Normen des Prinzipals
sanktionieren wird, um die kollektiven Interessen zu wahren (siehe Kap. 3). Da sich
für die Agenten (das Personal) oft Situationen und Gelegenheiten ergeben werden, in
denen betrügerisches Verhalten vorteilhaft sein könnte, ist der Prinzipal darauf angewiesen in die Anreizstruktur der Mitgliedschaft und auf das regelkonforme Verhalten
seiner Mitglieder zu vertrauen – und dieses nach Möglichkeit zu kontrollieren. Rechtliche Sanktionen gehen als Risiken in die Kalkulation der Akteure ein.

Aus der Perspektive der Theorie rationaler Wahl ist daher die Risikokalkulation
interessant, auf die K. und seine Mitarbeiter ihre Entscheidungen gründeten. Vor
Gericht behauptete K., er habe zwischen Angestellten- und Amtsträgerbestechung
unterschieden. Danach sei er angeblich zu dem Schluss gekommen, dass es sich im
Falle der Enel-Manager bloß um Bestechung ausländischer Angestellter handele, die
in Deutschland keinem strafrechtlichen Verbot unterliege (vgl. LG Darmstadt 712 Js
5213/04 – 9 KLs: Rn. 128). Eine Ansicht, die der Bundesgerichtshof mit seinem
Urteil als (zum damaligen Zeitpunkt) konform mit deutschem Recht bestätigte. Da
K. nicht wissen konnte, ob Siemens den »La Casella«-Auftrag nicht auch ohne zusätzliche Bestechungszahlung zugesprochen bekommen würde, richtete er sich an den
allgemeinen Zielen des Prinzipals aus. Die Risikokalkulation erfolgte »nicht zuletzt
im Hinblick auf eine langfristige Positionierung im italienischen Markt« (LG Darmstadt 712 Js 5213/04 – 9 KLs: Rn. 91) und die Einwerbung eines »äußerst profitab-
len« (ebd.) Auftrags. Auch die gering geschätzte Entdeckungswahrscheinlichkeit ver-

---

100 Das Landgericht Darmstadt hat ausführlich die Rolle von Andreas K. als Bereichsvorstand und formal verantwortlichem Mitarbeiter für die Einhaltung geltender Regeln und Gesetze (Compliance)
beschrieben (vgl. LG Darmstadt 712 Js 5213/04 – 9 KLs: Rn. 4). Im Rahmen seiner Tätigkeit hatte
K. insbesondere im Jahr 1999 Rundschreiben selbst verfasst oder veranlasst, die auf Folgen der
Umsetzung der Anti-Korruptions-Konvention der OECD in deutsches Recht aufmerksam machten – für den Geschäftsbereich Siemens-PG und für dessen Mitarbeiter – und die auf das bestehende,
arbeitsvertraglich abgesicherte Verbot von Schmiergeldzahlungen auch unterhalb der Schwelle strafrechtlicher Relevanz hinwiesen (vgl. BGH 2 StR 587/07: Rn. 8, 41).

schaffte der rational begründeten Entscheidung ein positives Kosten-Nutzen-Kalkül. Bis hierhin ist der Erklärungsbeitrag einer Theorie rationaler Wahl überzeugend. Komplizierter wird es jedoch, wenn die persönlichen Interessen der Täter zum Gegenstand der Analyse werden.

Für die Theorie rationaler Wahl ist es keineswegs ausgeschlossen, dass auch kriminelles Verhalten der Agenten im Interesse des Prinzipals sein kann. Wenn Mitarbeiter des Unternehmens sich der aktiven Korruption bedienen, indem sie Beamte oder Angestellte bestechen (etwa um Aufträge für das Unternehmen zu gewinnen, Verwaltungsvorgänge zu beschleunigen oder dem Unternehmen Kosten zu ersparen), dann ist kein Verlass auf die effektive Kontrollausübung des Managements. Denn derartige Transaktionen sind für den Prinzipal von Nutzen und erhöhen den erwirtschafteten Profit, solange eine mögliche Bestrafung unwahrscheinlich ist (vgl. Rose-Ackerman 1978 : 189-209; 2010 : 234). Doch selbst diese Form der Unternehmenskriminalität wird letztlich auf die Interessen der Akteure zurückgeführt; auch dann, wenn sie von den wirtschaftlichen Interessen des Prinzipals nicht abweichen. Die Theorie rationaler Wahl legt in diesem Fall die These nahe, dass den Agenten zusätzliche materielle oder immaterielle Anreize geboten werden müssen, damit es ihnen rational erscheint, das persönliche Risiko strafrechtlicher Sanktionen auf sich zu nehmen und kriminelle Handlungen zu vollziehen.

Dazu vorweg: 1999 war der jüngste der insgesamt neun verurteilten Angeklagten 43, der älteste im Jahr seiner Verurteilung (2007) 73 Jahre alt. Zu Beginn des jeweiligen Tatzeitraums hatten alle Täter das 40. Lebensjahr vollendet, fünf von ihnen bereits ihr 50. Die Verurteilten sind ohne Ausnahme männlichen Geschlechts. Nur einer von ihnen war bereits zuvor in einem Strafverfahren verurteilt worden – wegen des vorsätzlichen Fahrens ohne Fahrerlaubnis (§ 21 StVG). Unter den übrigen Verurteilten befanden sich hingegen ein Honorarprofessor der Technischen Universität Berlin sowie ein Träger des Bundesverdienstkreuzes, dem das Gericht, genau wie seinem Mitangeklagten, ein »völlig untadeliges Leben« (LG Darmstadt 712 Js 5213/04 – 9 KLs: Rn. 188) attestierte. Dass es sich demnach um Personen handelte, die als sogenannte »Siemensianer« ein hohes Maß an Anerkennung für sich beanspruchten und auch außerhalb organisationaler Grenzen der Kommunikation einen hohen sozialen Status zugeschrieben bekamen, steht außer Zweifel. Für alle Verurteilten ist darüber hinaus eine hohe Verweildauer im Unternehmen, eine Hauskarriere, typisch.

In Bezug auf ihr persönliches Interesse befanden die Gerichte, dass die Mehrzahl der Angeklagten nicht eigennützig, sondern ganz überwiegend im vermeintlichen Interesse des Unternehmens gehandelt hat.[101] Der juristische Untreuetatbestand

---

101 Rein rechtlich betrachtet wurde in letzter Instanz allerdings eine Veruntreuung des KWU-Siemens-Vermögens und somit eine formal illegitime Zweckentfremdung, im Sinne einer Beeinträchtigung der Zahlungsfähigkeit des Unternehmens festgestellt. Sie hat jedoch nichts mit einer persönlichen Bereicherung der Angestellten zu tun.

(§ 266 StGB), der auf sechs der sieben Täter Anwendung fand, darf nicht darüber hinwegtäuschen, dass nur einem von ihnen eine persönliche Bereicherung nachgewiesen werden konnte. Alle Indizien sprechen dafür, dass die Verurteilten ihr Handeln an den Brauchbarkeitsbedingungen der Organisation und nicht vorrangig, wie von der Theorie rationaler Wahl nahegelegt, an ihrem persönlichen Interesse orientierten. Auch ein, durch die illegalen Aktivitäten vielleicht nahegelegtes Erreichen weiterer Sprossen auf der Karriereleiter war aufgrund des Alters und der Positionen für die meisten Täter nicht relevant oder lässt sich nicht nachweisen.[102]

8.2.2   Korruption als Anpassung und Nachahmung

Aus institutionentheoretischer Perspektive betrachtet sind daher einige Ergänzungen und Korrekturen der Erklärungsperspektive der Theorie rationaler Wahl nötig. In diesem Rahmen ist wichtig, dass V. vor Gericht behauptete, Bestechung sei »gängige Praxis« gewesen (vgl. Leyendecker 2007 : 131). Eine solche Interpretation wird durch Aussagen gestützt, wonach Bestechungsleistungen organisationsintern als »*nützliche* Aufwendungen« ausgewiesen werden konnten. Darin drückt sich eine Alternative« zum strafrechtlich belastenden Vokabular aus, welche die betriebswirtschaftliche Rationalität der Handlungen als Investitionen akzentuiert und sich somit auf die Instrumentalität der Zahlung für den Geschäftsabschluss bezieht (siehe dazu LG Darmstadt 712 Js 5213/04 – 9 KLs: Rn. 126). Wer Bestechungsleistungen in diesem Sinne als nützliche Aufwendungen deklariert, legt eine informale Akzeptanz für derartige Handlungen nahe. Sie erscheinen auch dann als »rational« und nach den ungeschriebenen Regeln der Organisation als »legitim«, wenn ihr zweifelhafter legaler Status den Entzug der formalen Anerkennung erwarten lässt.

Insbesondere die Vorstellung, dass Organisationen allzeit legal und im Rahmen geltender Gesetze operieren (können), wird in institutionalistischer Perspektive als »rationaler Mythos« entlarvt. Zwischen den Rationalitätsfassaden formaler Organisation und den rituellen Praktiken, die sie aufrechterhalten, besteht meist eine eher lose Kopplung. Dennoch sieht der Ansatz in der sichtbaren Fassade mehr als ein notwendiges Feigenblatt und verweist stattdessen auf die Schwierigkeit, die vielfältigen, teils widersprüchlichen Anforderungen der Umwelt in die Praxis umzusetzen (vgl. dazu Meyer/Rowan 1977).

Eine institutionalistische Perspektive zeigt dabei auf, dass Korruption nicht isoliert als opportunistisch-kriminelles Verhalten einzelner Mitarbeiter verstanden werden

---

102 In den Legitimationserzählungen eines der Täter hört sich die Begründung wie folgt an: »Ich hab' das als Dienstleister getan«, begründet [S.], warum er nicht für seine eigene Sparte, sondern die eines Kollegen Schmiergeldzahlungen organisierte. Die Aufgabe sei nun einmal »qua Position hängen geblieben«. (Manager Magazin vom 26. Mai 2008)

muss, sondern an institutionalisierte, also selbstverständlich gewordene Erwartungen und Praktiken in ihrem organisationalen Feld anknüpfen kann. Innerhalb des jeweiligen organisationalen Feldes ist es möglicherweise rational und legitim, sich im Interesse einer Steigerung des Unternehmensgewinns korrupt zu verhalten, denn auch hinter den Fassaden formaler Vorgaben der Unternehmen, die Korruptionsprävention betreiben, stehen ungeschriebene Regeln.

Wie lange und in welchem Umfang derartige Praktiken im diesem Geschäftsbereich von Siemens zuvor bereits bestanden hatten, ist nicht eindeutig nachvollziehbar. Eine isolierte Betrachtung könnte daher den Schluss nahelegen, dass es sich um ein lokal begrenztes Problem, um einen einzelnen korrumpierten Geschäftsbereich oder um eine korruptionsförderliche regionale Umwelt handelte. Oder dass hier besonders kreative Mitarbeiter am Werk waren, die ihr Handeln an lokalen Gelegenheitsstrukturen (einige wenige schwarze Kassen) orientierten. Gegen diese These (und für eine institutionalistische Interpretation) spricht aber die Einbettung der Bestechung von Enel-Managern in einen umfassenderen, für Korruptionsfälle typischen Geldwäsche-Plot (vgl. Levi u. a. 2007), der als Indiz für systematische Korruption gilt (vgl. Satzger 2009 : 298). Nach den bislang bekannt gewordenen Indizien zu urteilen, war die Zahlung von Bestechungsgeldern insbesondere im internationalen Geschäftsverkehr kein lokalisierbares Problem einzelner Geschäftsbereiche (siehe dazu auch die Beiträge in Graeff u. a. 2009) und längst nicht auf Manager K. und seine Mitarbeiter beschränkt. Im April 2008 vermutete Siemens, dass konzernweit circa 1,3 Milliarden Euro zu Bestechungszwecken verwendet worden waren. Von diesem Betrag entfiel der mit 301 Millionen Euro zweithöchste Einzelposten auf den Geschäftsbereich PG. Damit kann die Nachahmungsthese des neuen Institutionalismus zumindest für die Organisation, aber auch für das organisationale Feld der Elektrizitätserzeuger plausibilisiert werden (Gulati/Rao 2007).

8.2.3   Korruption als »brauchbare Illegalität«

Die systemtheoretische Analyse zeigt demgegenüber, dass es sich bei der aktiven Korruption um eine Form von »brauchbarer Illegalität« handelt, die für die Bestandserhaltung der Organisation als »notwendig« erachtet wird. So berichteten zentrale Akteure des Geschäftsbereichs Kommunikationstechnik (Siemens-COM) von den dortigen Korruptionsstrukturen, dass man intern wiederholt über die existenzielle Gefährdung des Bereichs durch legales, bestechungsfreies Wirtschaften gesprochen hatte. Die Legitimität der Korruption war daher in der Organisationskultur so fest verankert, dass die formalen Vorgaben der Korruptionsprävention die hintergründigen Werthorizonte der Organisation nicht erreichten. Durch die individualisierende Zurechnung des Illegalen auf die verantwortlichen Mitarbeiter wurde dies im Nachhinein verdunkelt. Gerade die Unterstellung eines Konsenses, der angeblich innerhalb des Unternehmens für die illegalen Geschäftspraktiken sprach, macht darauf aufmerksam, wie sehr kulturelle Prämissen unausgesprochen Geltung erlangten. Denn für die Aufrechterhaltung der Korruptionsstrukturen musste keine Umfrage und keine Abstimmung unter den Mitarbeitern durchgeführt werden; es reichten Anspielungen, dass man in diesem Punkt einer Meinung sei. Die Korruption der Siemens AG fungierte daher in systemtheoretischer Perspektive nicht als das Instrument einer bestimmten Entscheidung, die unter Unsicherheit zu treffen ist, sondern als organisationskulturelle Entscheidungsprämisse, die für alle weiteren Entscheidungen im Prozess der Unsicherheitsabsorption Geltung beanspruchen und vorausgesetzt werden konnte – unter der Bedingung der offenkundigen Brauchbarkeit von Korruption für den Erhalt des Systems.

Im soziologischen (nicht: im juristischen) Sinne sind Organisationen – so die Pointe der Systemtheorie Luhmanns – auf »brauchbare Illegalität« verwiesen. Sie können ihre Formalstrukturen nicht so ausbilden und ihre Entscheidungsprämissen nicht so setzen, dass es Regeln und Vorschriften für alle Fälle gibt und deren Befolgung in allen Fällen zweckdienlich ist. Ein »voll formalisiertes System«, so Luhmann, wäre »nicht überlebensfähig« (Luhmann 1964 : 27). Für das Verhalten, das »formale Erwartungen verletzt« (ebd.: 304), reserviert Luhmann den Begriff der Illegalität. Eine Erwartung gilt für ihn dann als formalisiert, wenn »*erkennbar Konsens darüber besteht, daß die Nichtanerkennung oder Nichterfüllung dieser Erwartung mit der Fortsetzung der Mitgliedschaft unvereinbar ist.*« (Luhmann 1964 : 38; Herv. i. Orig.). Diese Definition muss für die Zwecke empirischer Analyse noch genauer gefasst werden. »Erkennbarer Konsens« bedeutet dann im Sinne Luhmanns, dass sich die Organisation bzw. das Mitglied als »Benutzer« der Norm im Konfliktfalle auf diese Erwartungen und Regeln berufen können muss,[103] weswegen formalisierte Regeln oft in schriftlicher Form vorliegen. Sie müssen jedenfalls explizit als Bedingung der Mitgliedschaft ausgewiesen und offen bekundet sein und lassen sich darin von »ungeschriebenen Regeln« und impliziten Erwartungen unterscheiden. Statt informale Erwartungen aber nur als Abweichung vom formalen Regelwerk zu behandeln, so Luhmann, sei es sinnvoll anzuerkennen, dass die informale Organisation »die eigentliche Arbeit« (Luhmann 2000 : 207) erledige, wohingegen die »Hierarchie mit ihren Notstandskompetenzen des formal bindenden Entscheidens nur eine Hilfsfunktion erfüllt.« (ebd.).

Das zentrale Problem im Umgang der Organisation mit der Illegalität ihrer Handlungsweisen liegt genau darin, dass es sich für diese zum großen Teil um brauchbare Illegalität handelt. Während man Formen des Betrugs an der Organisation oder der persönlichen Bereicherung in der Organisation einfacher diskriminieren und identifizieren kann, weil sie für diese »unbrauchbar« sind und insofern in keinem gesellschaftlichen oder unternehmerischen Wertehorizont – außer in einem kriminellen – veran-

---

103 Erkennbarer Konsens ist auch für Luhmann (1964) eine empirische Frage – die sich nur vom »Standpunkt des Benutzers« erschließt (ebd.: 308).

kert werden können, fällt dies bei der »brauchbaren Illegalität« schwerer. Die Akteure verstehen ihre Handlungen – wie im Falle von Siemens – als zweckdienliche und sehen sie durch die Nutzenerwartungen der Organisation gedeckt. Weder die vermeintliche Gier der Manager noch das oft unterstellte persönliche Interesse der Angestellten an den illegalen Geschäftspraktiken können demnach den empirischen Befund erklären, dass die Akteure sich an den Wert- und Zielvorgaben der Organisation orientierten und ihre formal illegitimen Handlungen durch den hintergründigen Werthorizont der Organisation gedeckt sahen (Klinkhammer 2011). Nicht selten sind es die loyalen – und nicht die illoyalen – Mitarbeiter, die solche Risiken im (vermeintlichen) Interesse der Organisation in Kauf nehmen. Die Ergebnisse unserer Analyse stehen somit in scharfem Kontrast zu den Erklärungsansätzen der Organisationsforschung, die das Problem der Korruption in Wirtschaftsorganisationen als eine Frage des Missbrauchs organisationaler Autorität zu privaten Zwecken, insbesondere zu persönlicher Vorteilsnahme, verstehen. Persönliche Bereicherung konnte für acht von neun verurteilten Tätern explizit ausgeschlossen werden und auch im einzigen Ausnahmefall nicht die Korruptionsstruktur – die Gelegenheitsstruktur der Bereicherung – erklären.

 Infobox 8.1: Korruption aus organisationssoziologischer und kriminologischer Perspektive

Die Organisationssoziologie hat sich bislang nur vereinzelt mit Moral und Korruption befasst. Erst in jüngster Zeit werden gegenläufige Tendenzen sichtbar. Diesen Umstand illustrieren eine Reihe organisationssoziologischer Abhandlungen, welche die Rolle der Moral in Organisationen neu thematisieren (Coffin/ Jäger 2011; Neuberger 2006; Ortmann 2010). In der systemtheoretischen Perspektive wird die aktuelle Beschäftigung mit Korruptionsphänomenen zum Anlass genommen, zu fragen, ob Korruption die Differenzierung der Funktionssysteme auf organisationaler Ebene unterläuft und in Entdifferenzierung resultiert (Baecker 2000; Hiller 2005:60; Jansen 2005:20 ff.; Morlok 2005:136 f., Luhmann 1995, 2000:385 f.).

Solche gesellschaftlichen Effekte werden in der interdisziplinären organisationswissenschaftlichen Literatur in der Regel ausgeklammert, die Korruption gemeinhin als ein Phänomen der »dunklen Seite« der Organisation verstanden (vgl. dazu auch Ortmann 2010). Als dunkle Seite bezeichnet Vaughan (1999:273) all diejenigen Ereignisse, Aktivitäten oder Umstände, die in formalen Organisationen geschehen oder durch sie produziert werden und die *sowohl* von formalen Zielen der Organisation *als auch* von allgemeineren normativen Standards oder gesellschaftlichen Erwartungen abweichen. Wenn in dieser Hinsicht »suboptimale« gesellschaftlichen Erwartungen abweichen. Wenn in dieser Hinsicht »suboptimale« Folgen sichtbar werden, so definiert Vaughan (vgl. ebd.), kann man auch von *organisationaler Devianz* sprechen. Aguilera und Vadera (2008:433) bezeichnen Korruption hingegen als »dunkle Seite« der Autorität. Organisationale Korruption könne man als eine Form der Straftat (*crime*) definieren, welche sich zugewiesener Autorität innerhalb der Organisation bediene, mit dem Zweck private Vorteile (*personal gain*) zu erzielen. Ein Forschungsstrang der interdisziplinären Organisationswissenschaften, der ebenfalls Organisationsstrukturen thematisiert, hat die *Normalisierung* der Korruption zum Gegenstand (Anand u. a. 2005; Ashforth und Anand 2003; Joshi u. a. 2008). »Die Geberseite wird im rechtswidrigen wirtschaftskriminellen Verhalten durch soziale Üblichkeit im Unternehmen bestärkt. (…) Oft herrscht eine Doppelmoral, so dass Ethikerklärungen und Verhaltensstandards Korruption und unlautere Geschäftspraktiken zwar als verbotene Handlungen beschreiben, diese Normen bleiben aber im Unternehmensalltag abstrakt und werden nicht umgesetzt. Es findet keine Kontrolle der anfälligen Bereiche durch Vorgesetzte und Innenrevision statt. Üblich ist dagegen häufig eine Förderung der korrupten Verhaltensweisen bis in die Vorstandsetagen, indem Buchhaltungs- und Abrechnungsregeln umgangen werden, schwarze Kassen angelegt werden und anderes mehr.« (Bannenberg 2002:347f.) Ashforth und Anand (2003:2f.) beschreiben drei sich gegenseitig verstärkende Prozesse, die in ihrer Interaktion zur Einbettung korrupter Praktiken in Organisationsstrukturen führen können: Als »Institutionalisierung« (1) bezeichnen sie einen Prozess, durch den korrupte Praktiken wiederholbar werden und sich der bewussten Kontrolle durch Organisationsmitglieder entziehen. Unter »Rationalisierung« (2) verstehen die Autoren einen Prozess, durch den Individuen, die an korrupten Handlungen beteiligt sind, sich sozial konstruierter Gründe bedienen, um ihr Verhalten zu legitimieren. Drittens wird unter »Sozialisierung« (3) der Prozess des Lernens verstanden, durch den sich neue Organisationsmitglieder korrupte Praktiken aneignen und diese zu akzeptieren lernen.

Drei Thesen kristallisieren sich aus einer Durchsicht der interdisziplinären organisationswissenschaftlichen Literatur, die zu organisationalen Korruptionsphänomenen die Vorstellung vermittelt, dass 1. sie eine besondere Autoritätsposition voraussetzen; 2. sie äußerst schädigend für das Unternehmen sind; 3. der Grund für ihre Realisierung persönliche Bereicherung ist.

8.3   CSR, Moral und die Bekämpfung von Korruption

In Anbetracht dieses Falles stellt sich auch für die Soziologie der Organisation – fernab einer normativen Stellungnahme – die Frage, was Organisationen tun könnten, um sich selbst und ihre Mitarbeiter (falls tatsächlich beabsichtigt) zur Einhaltung von formalen Normen der Korruptionsprävention zu bringen. Sie führt im Kontext unserer Argumentation zu hypothetischen Antworten, die nicht jene ersetzen sollen, welche die Praxis selbst geben kann. Sie sollen vielmehr der weiteren Reflexion dienen, um die Theorieoptionen der verschiedenen Ansätze noch besser zu verstehen.

Aus der Perspektive der Theorie rationaler Wahl ist es eine Frage insbesondere der Risikoerwartungen, d. h. der zu gewärtigenden Strafen (Art/Höhe) und der Einschätzung der Wahrscheinlichkeit der Sanktionierung illegaler Geschäftspraktiken (Becker 1968, 1976). Sofern Gesetze und auf Korruptionsbekämpfung spezialisierte Organisationen mittels Strafen und Skandalen für den Prinzipal das Risiko einer negativen Sanktion illegaler Praktiken erhöhen, diese also – wie im Falle von Siemens – sehr teuer machen, werden in der Organisation die Anreiz- und Sanktionsstrukturen für die Agenten anders gesetzt und so die Wahrscheinlichkeit erhöht, dass diese die präventiven Interessen des Prinzipals zu ihren eigenen machen.

In der Institutionentheorie sind dabei nicht nur die Rechtsnormen und justizielle Sanktionspraxis wichtig, sondern auch die wachsende Illegitimität solcher Praktiken. Je mehr diese im organisationalen Feld als nicht akzeptabel, geächtet oder irrational erscheinen, desto eher könnte der Dominoeffekt der Nachahmung für wachsende Chancen einer effektiven Kontrolle der Korruption sorgen.

Auch wenn der Neo-Institutionalismus dazu tendiert, CSR-Maßnahmen (Corporate Social Responsibility) als Lippenbekenntnisse zu entlarven, indem er sie vor allem als Ausbildung von Formalstrukturen analysiert, mit denen keine tatsächliche Veränderung der Geschäftspraktiken einhergehen muss, vermag eine auf seinen Grundannahmen aufbauende Argumentation (Hiß 2005) gleichwohl zu zeigen, inwiefern gerade die Einführung solcher zunächst nur auf Legitimation hin orientierter Maßnahmen die betreffenden Unternehmen auf lange Sicht sehr wohl zu einem tatsächlichen Wandel, zur Ausbildung entsprechender Aktivitätsstrukturen, nötigen kann: Durch ihre Selbstdarstellung als moralisch integer und sozial engagiert wirken Unternehmen unweigerlich auf »den Definitionsprozess von Mythen zu CSR« (ebd.: 226) ein und erhöhen dadurch den allgemeinen Institutionalisierungsgrad des CSR-Mythos, was wiederum als gesteigerte Erwartung und verschärfter Legitimationsdruck auf sie selbst zurückwirkt. So werden die Unternehmen nun an ihren selbstgesetzten Moralstandards gemessen und gerade solche mit anspruchsvollen Verhaltenskodizes von der Öffentlichkeit, den Medien und NGOs besonders kritisch beäugt und mit der Erwartung konfrontiert, den vollmundigen Ankündigungen auch Taten folgen zu lassen.[104]

---

104 Sie »können in diesem fortgeschrittenen Stadium dann gewissermaßen nicht mehr hinter die von ihnen mitgeschaffene Wirklichkeit von Mythen zu CSR zurückweichen« (Hiß 2005: 227), sondern geraten umso mehr unter Druck, »wenn die Diskrepanz zwischen Formalstruktur und Aktivitätsstruktur offenbar wird. Sind Lippenbekenntnisse erst einmal öffentlichkeitswirksam als solche angeprangert, dann würde die Rücknahme auch eines freiwillig auferlegten Verhaltenskodex mit einem Verlust an Reputation und Legitimation einhergehen« (ebd.). Auf diese Weise kommt eine Eigendynamik des CSR-Mythos ins Rollen, auf die die Unternehmen kaum noch steuernd Einfluss nehmen können.

An diese Argumentation kann dann auch Luhmanns Ansatz anknüpfen, allerdings mit anderen Akzentuierung. In ihrer Selbstreferentialität ist die Organisation auf einen langfristigen evolutionären Wandel der normativen Orientierungen ihrer Mitglieder, der organisationskulturellen Semantiken und der gesellschaftlichen Wertbezüge angewiesen, um vormals legitime Praktiken brauchbarer Illegalität auch informal illegitim werden zu lassen. Das Management kann diesen Prozess beeinflussen, z. B. indem die Brauchbarkeit illegaler Praktiken in Abrede gestellt und Verstöße konsequent sanktioniert werden. Der rasche Austausch des Personals (in Form des Wechsels oder der Kündigung) kann insofern die Geltung formaler Normen stärken – aber letztlich auch den Bestand des Systems gefährden. Ob derlei Änderungen der Entscheidungsprämissen tatsächlich konkrete Entscheidungen in die gewünschte Richtung steuern, hängt von der Evolution der organisationalen Binnenkulturen ab – darauf weist die Systemtheorie hin.

Das Problem der Illegalität ist dem systemtheoretischen Ansatz zufolge eindeutig nicht durch eine optimierte Normstruktur zu lösen. Die Formalisierung löst nur einen schmalen Ausschnitt der Ordnungsprobleme eines Systems. Sie kann die Abweichung von den Regeln auch nicht einer neuerlichen Normierung unterziehen, ohne damit logisch in einen infiniten Regress einzutreten (vgl. dazu auch Pohlmann 2008b: 171). Das Problem jeden Managements, das mit Formalisierung die Illegalität des Systems reduzieren möchte, ist, dass eine Organisation nicht zugleich »brauchbare Illegalität« zulassen und formal festlegen kann, wo die Grenzen in deren Ausübung liegen. Sie kann auf ausufernde oder riskant werdende »brauchbare Illegalität« zwar formal reagieren, ohne sie aber mittels Vorschriften regulieren zu können. Denn »brauchbare Illegalität« ist dadurch bestimmt, dass sie sich jeder formalen Vorschrift entzieht. Sie ist dem Dezisionismus der Organisation entzogen. Jedes CSR-Management bekommt es deswegen mit der *Kultur* eines Unternehmens zu tun. Denn nur die Kultur einer Organisation generiert jene hintergründigen Wertorientierungen und Handlungsschemata, welche auch die Handhabung von brauchbarer Illegalität limitieren.

Natürlich kann das Management der Organisation Normen setzen und bestimmte Formen der Illegalität mit scharfen Sanktionen bedrohen, aber deren Wirksamkeit hängt maßgeblich von einem *kulturellen Wandel der Organisation* ab, der sich der einfachen Entscheidbarkeit entzieht. Für den Umgang der Organisation mit Kulturen und Werten ist charakteristisch, dass man diese nicht einfach verordnen oder durch Entscheidungen verändern kann. Denn in systemtheoretischer Perspektive sind es vor allem *nicht-thematische Relevanzen und unentscheidbare Entscheidungsprämissen* (vgl. Luhmann 2000: 239), welche die Kultur einer Organisation ausmachen (siehe Kap. 7 und weiter unten).

Mit dem CSR-Management wird in systemtheoretischer Betrachtung nur eine Semantik bereitgehalten, welche die Organisation im Entscheidbaren, im Thematischen hält. Denn das Typische für Organisationen ist für Luhmann, dass sie dort

Entscheidbarkeit signalisieren, wo Unentscheidbarkeit vorherrscht: in der Handhabung der Unternehmenskultur als »Corporate Identity« oder in der Handhabung der Unterscheidung von brauchbarer und unbrauchbarer Illegalität als CSR-Management. Der mit dem CSR-Management betriebene Aufbau einer innenorientierten Wertesemantik hat die Funktion, das Problem der Unentscheidbarkeit im Entscheidbaren zu behandeln und so Unsicherheiten in Wahrscheinlichkeiten zu transformieren. Es ist wie beim Pfeifen im Walde: Man gewinnt an Sicherheit, ohne diese tatsächlich durch Entscheidung generieren zu können.

Der Vergleich der verschiedenen Ansätze zeigt, dass nur die Theorie rationaler Wahl – ähnlich wie Teile der kriminologischen Forschung – die persönlichen Interessen der Akteure in den Vordergrund einer Erklärung des normabweichenden Handelns in und von Organisationen stellt.

Für den neuen Institutionalismus verbirgt sich dahinter viel eher ein Nachahmungseffekt, der die aktive Korruption auch für das Management als legitim und rational erscheinen lässt. Es übt deswegen seine Kontrollfunktion nur in Grenzen aus. Dieser Effekt der Institutionalisierung akzeptabler illegaler Praktiken erklärt das normabweichende Handeln in und von Organisationen und nicht vorrangig das persönliche Interesse der Akteure. Die systemtheoretische Erklärung einer solchen Abweichung gewichtet individuelle Nutzenkalküle schon deswegen anders, weil sie unterstellt, »dass Organisationen fortbestehen können, ohne dass ein Individuum seinem Selbstverständnis nach davon profitiert.« (Luhmann 2000 : 87 f.) Für die Systemtheorie sind Organisationen in ihrer Funktionsweise grundsätzlich auf brauchbare Illegalität angewiesen. Ohne die Abweichung von formalen Vorgaben wäre keine Organisation überlebensfähig. Nicht Nachahmung, sondern das Interesse an der Bestandssicherung erklärt die illegale Praxis. Sie lässt sich nicht einfach kontrollieren, weil sie gerade dadurch gekennzeichnet ist, dass sie sich formalen Vorgaben oder Normierungen entzieht und nicht qua Entscheidung geändert werden kann.

Ob das Management von Ethik also zum Zuge kommt oder als »Feigenblatt« die Praxis »brauchbarer Illegalität« verdeckt, hängt maßgeblich nicht vom Management oder der Art der Implementierung der CSR-Maßnahmen ab, sondern von den kulturellen Prämissen der Organisation bzw. von ihrem Wandel. Dieser dauert gemeinhin sehr viel länger und erweist sich als sehr viel weniger steuerbar als die Semantik des CSR-Managements suggeriert. Ob die Mitglieder zur Korruption als formal illegitimem, aber gleichwohl brauchbar-illegalem Instrument der Geschäftspraxis greifen, ist daher aus Luhmanns Perspektive eine empirische bzw. eine historisch und fallweise zu beantwortende Frage, die nach den organisationskulturellen Dunkelfaktoren forschen muss, die einem solchen Verhalten als Quelle informaler Legitimation dienen können.

Tabelle 8.2: Abweichung von formalen Normen und Probleme der Kontrolle nach verschiedenen Theorieansätzen

	Theorie rationaler Wahl (Coleman)	Neue Institutionentheorie	Systemtheorie (Luhmann)
Warum kommt es zur Abweichung von formalen Normen?	Weil dies im Interesse der Mitglieder (Agenten) und ggf. der Organisation (Prinzipal) ist	Weil es innerhalb eines Feldes als »rational« und »legitim« erscheint, solange die legale Fassade gewahrt wird	Weil Organisationen auf »brauchbare Illegalität« angewiesen sind
Warum kann die Organisation das (falls beabsichtigt) nicht immer verhindern?	Weil das Kosten-Nutzen-Kalkül des Prinzipals zur nachlässigen Kontrolle durch das Management führt	Weil das Management selbst es als legitim empfindet, solange es die anderen auch tun und die Wahrscheinlichkeit einer Sanktion gering erscheint	Weil sich »brauchbare Illegalität« den formalen Vorgaben bzw. der formalen Kontrolle des Managements entzieht
Welche Möglichkeiten zur Bekämpfung aktiver Korruption sind vorstellbar?	Erhöhung der Risiken des Prinzipals durch effektive Regulation (Gesetze, behördliche Maßnahmen), die von dessen Agenten in Sanktions- und Anreizstrukturen der Organisation »übersetzt« wird	Durch Gesetze Zwang ausüben, durch internationale Organisationen & NGOs den Wandel im organisationalen Feld vorantreiben und die Selbstbindung der Organisation durch CSR erhöhen	Einen evolutionären Wandel der kulturellen Brauchbarkeitsbedingungen illegaler Handlungen anstoßen sowie die Verantwortlichkeit der Organisation erhöhen (z. B. durch Organisationsstrafen)

8.4 Zusammenfassung

Der Zugang der Soziologie zu der Frage, wie Organisation und Moral zusammenhängen, ist amoralisch, d. h. sie unterwirft die Analyse nicht den eigenen ethischen oder moralischen Standards. Im Ergebnis weisen die hier herangezogenen Ansätze darauf hin, dass Organisationen, indem sie Gesellschaft verkörpern, immer in einem normativen Rahmen operieren, aber zugleich innerhalb dieses Rahmens zur Zweckverfolgung fernab moralischer Imperative freigesetzt sind. Jedoch reiben sie sich in ihrer amoralischen Zweckverfolgung oft an diesem normativen Rahmen und es kommt immer wieder zu normabweichenden Handlungen von und in Organisationen.

Diese erscheinen in der Theorie rationaler Wahl durch die betrügerischen Interessen der Akteure begründet und im neuen Institutionalismus durch die Legitimität solcher Praktiken in der Organisation, in der Branche und in der Wirtschaft selbst. Die Systemtheorie sieht darüber hinaus jede Organisation als abhängig von »brauchbarer Illegalität«. Aber diese entziehe sich formalen Vorgaben, weswegen die Normkontrolle der Organisation schwer falle.

Diese unterschiedlichen Theorieoptionen ließen sich am empirischen Fall der Korruptionsaffäre bei Siemens weiter vertiefen. Die Analyse hatte zum Ergebnis, dass eine Zurechnung auf die persönlichen Interessen der Akteure im Falle der aktiven Korruption bei Siemens schwer fiel. Damit verlor die Theorie rationaler Wahl an Plausibilität und der Neo-Institutionalismus und die Systemtheorie konnten diese Erklärungsperspektive mit dem Hinweis auf die Selbstverständlichkeit des korrupten Handelns und seiner Brauchbarkeit für die Organisation ergänzen und korrigieren.

Alle drei Ansätze führen zu sehr verschiedenen (hypothetischen) Möglichkeiten der Korruptionsbekämpfung. In der Coleman'schen Perspektive müssen durch Gesetze und Skandalisierungen die Kosten für den Prinzipal und/oder die Agenten (wie im Falle Siemens) in die Höhe getrieben werden, während der neue Institutionalismus darüber hinaus auch auf die Möglichkeiten der Selbstbindung durch CSR verweist. Da die Luhmann'sche Theorie im CSR-Management eher ein Signal von Entscheidbarkeit sieht, wo Unentscheidbarkeit vorherrscht, verweist sie auf eine evolutionäre, zukunftsoffene Veränderung der Kultur einer Organisation, welche die informale Akzeptanz von »brauchbarer Illegalität« zu ändern vermag.

   Kapitel 8: **Fragen zur Vertiefung**

- Schildern Sie aus der Sichtweise der Theorie rationaler Wahl die Problematik für den Arbeitnehmer, wenn der Arbeitgeber seine Interessen auch mittels aktiver Korruption verfolgt.
- Beurteilen Sie die Möglichkeiten eines »Wertemanagements« in systemtheoretischer Sichtweise.
- Welche Möglichkeiten gibt es aus der Sichtweise der neuen Institutionentheorie, Korruptionspraktiken ihre Legitimität zu entziehen?

Übung zu Kapitel 8: Ein kniffliger Fall – Führung einer gelben Gewerkschaft[105] durch einen ehemaligen Siemensianer

Im Herbst des Jahres 2000 erhielt Johannes F., Vorstandsmitglied im Geschäftsbereich Automatisierungstechnik, einen Anruf aus dem Zentralvorstand der Siemens AG. Er wurde von seinem Vorgesetzten gebeten, mit dem Vorsitzenden einer Gewerkschaft namens »Arbeitsgemeinschaft Unabhängiger Betriebsangehöriger e. V.« (AUB), einen Rahmenvertrag abzuschließen. Der Gegenstand desselben blieb jedoch noch im Unklaren.

Beim Treffen mit dem Gewerkschaftsvorsitzenden Wilhelm S. informierte ihn dieser über seine langjährige und intensive Zusammenarbeit mit den Personalabteilungen der verschiedenen Siemens-Bereiche. Insbesondere eine intensive Zusammenarbeit bei der Auswahl »geeigneter« Kandidaten der Gewerkschaft für Betriebsratswahlen hatte sich als erfolgreich erwiesen. Allerdings benötige man für die weitere Zusammenarbeit eine neue Finanzierungsquelle. F. machte seine Zustimmung davon abhängig, dass die zu leistenden Zahlungen nicht die Bilanz seiner Abteilung beeinträchtigen sollten, sondern letztlich von der Siemens-Zentrale zu begleichen seien. Unter dieser Bedingung kam die Vereinbarung am 21. Januar 2001 zustande. Sie beinhaltete ein Basishonorar von jährlich 2 Millionen Euro für die Unternehmensberatung, die der Gewerkschaftsvorsitzende nebenbei betrieb. Die Mittel wurden zur Finanzierung der Gewerkschaft verwendet. F. setzte sich mit dieser Vereinbarung allerdings über die Vertretungsregeln der Siemens AG hinweg, die bei derartigen Verträgen die Unterschrift zweier Prokuristen vorschrieben.

Im Gerichtsverfahren, das im November 2008 mit einem ersten Urteil endete, befand der Richter diese Regelverletzung als eine vorsätzliche, mit dem Ziel, den eigentlichen Zweck der Vereinbarung zu verdecken. Beide Parteien waren informell übereingekommen, dass S. statt der vorgeschriebenen Leistungen in der Rahmenvereinbarung die Mittel tatsächlich zur Finanzierung der Gewerkschaft einsetzen solle. Im Gegenzug wurde dem Führungspersonal von Siemens die Möglichkeit der Vorauswahl bequemer Betriebsratskandidaten für Gewerkschafts-Listen eingeräumt. Über diese Absprache sowie eine vorteilhafte Pensionszusage an den Unternehmensberater S. wurde Stillschweigen vereinbart (vgl. (LG Nürnberg-Fürth 3 KLs 501 Js 1777/2008: Rn. 116-140, 238, 441 f., 460, 484).

---

105 Als »gelbe« Gewerkschaften werden Arbeitnehmervereinigungen bezeichnet, die entweder von den Arbeitgebern abhängig sind oder sehr arbeitgebernahe Positionen vertreten.

Die insgesamt 16 Jahre während Siemens-Finanzierung der Gewerkschaft AUB
fand 2006 ein jähes Ende, kurz nach Beginn der Ermittlungen zum Siemens-
Komplex in Deutschland. In seiner Urteilsbegründung dokumentierte das zuständige Landgericht ausführlich, dass Betriebsräte der Gewerkschaft AUB in mehreren Fällen Entscheidungen des Managements unterstützt hatten, die mit teils
drastischen Nachteilen für die Arbeitnehmer verbunden waren. Dennoch sah es
das Gericht als erwiesen an, dass der Siemens AG aus der unterlassenen Prüfungs-
tätigkeit F.s – der die korrekte Verwendung der Mittel durch S. im Sinne der
Rahmenvereinbarung kaum kontrolliert hatte – ein Schaden in Höhe der Investitionen (insgesamt 30,3 Millionen Euro) entstanden sei, »[d]a den so erfolgten
Zahlungen (…) jedenfalls kein unmittelbarer wirtschaftlicher Vorteil gegenüber-
stand« (LG Nürnberg-Fürth 3 KLs 501 Js 1777/2008: Rn. 147). Das Landgericht
verurteilte F. wegen Untreue zu einer Bewährungs- und einer Geldstrafe, hielt ihm
in der Urteilsbegründung allerdings zugute, dass er »als ›Siemensianer‹ klassischer
Herkunft jedenfalls glaubte, ›im Interesse der Firma Siemens‹ zu handeln« (LG
Nürnberg-Fürth 3 KLs 501 Js 1777/2008: Rn. 558) und sich durch sein Handeln
»auch nicht persönlich bereichert hat.« (ebd.) Wilhelm S. wurde komplementär
dazu wegen Beihilfe zu F.s Veruntreuung verurteilt, da er diese erst ermöglicht
habe. Außerdem wurde er wegen verschiedener Steuerdelikte und schließlich
wegen Betrugs belangt, denn schon seit einiger Zeit – etwa ab dem Jahr 2003 –
hatte er von den Geldern, die Siemens auf das Konto seiner Unternehmensberatung einzahlte, eine ganze Reihe von Rechnungen beglichen, die mit der ursprünglichen Zweckvereinbarung in keinem Zusammenhang standen.
Schlussendlich verhängte das Landgericht gegen S. eine Gesamtfreiheitsstrafe von
viereinhalb Jahren. Es gab zu Lasten S.s »zu bedenken, dass er als ›zentrale Figur‹
konspirativen Zusammenwirkens über Jahre hinweg inmitten [der] Straftaten
stand« (LG Nürnberg-Fürth 3 KLs 501 Js 1777/2008: Rn. 585). Die Revision
des ehemaligen Gewerkschaftsvorsitzenden vor dem Bundesgerichtshof hatte teilweise Erfolg, zumindest wurde der Vorwurf der Beihilfe zur Untreue fallengelassen (vgl. BGH 1 StR 220/09).

Arbeitsaufgaben:
1. *Könnte die Siemens AG durch andersgeartete formale Regeln (bspw. schärfere
   Sanktionen, detailliertere Verhaltensvorschriften, etc.) ein derartiges Fehlverhalten
   ihrer Mitarbeiter künftig verhindern?*
2. *Analysieren Sie den Fall mit Hilfe des Begriffs der brauchbaren Illegalität: Haben
   die Akteure F. und S. im Interesse der Siemens AG gehandelt?*

Exemplarische Antworten auf die Fragen zur Vertiefung sowie einen Lösungsvorschlag
zur Übung finden Sie im Internet unter www.utb.de/soziologie-der-organisation

9 Literatur

Abels, Heinz (2009), Einführung in die Soziologie. Band 1: Der Blick auf die Gesellschaft, 4. Aufl., Wiesbaden: VS Verlag.

Abraham, Martin/Büschges, Günter (2009), Einführung in die Organisationssoziologie, Bd. 4., Wiesbaden: VS Verlag.

Adorno, Theodor W. (1953), Individuum und Organisation, in: Gesammelte Schriften, Bd. 8, Frankfurt a. M.: Suhrkamp.

Aguilera, Ruth. V./Vadera, Abhijeet K. (2008), The Dark Side of Authority: Antecedents, Mechanisms, and Outcomes of Organizational Corruption, in: Journal of Business Ethics 77(4), S. 431–449.

Albert, Gert (2006), Max Webers non-statement view, in: Albert, G./Bienfait, A (Hrsg.), Aspekte des Weber-Paradigmas, Wiesbaden: VS Verlag.

Alemann, Ulrich von (2005), Dimensionen politischer Korruption. Beiträge zum Stand der internationalen Forschung. In: Alemann, Ulrich von (Hrsg.) Politische Vierteljahresschrift. Sonderheft; 35. 1. Aufl. ed. Wiesbaden.

Alexander, Caroline (2004), Die Bounty: Die wahre Geschichte der Meuterei auf der Bounty, Berlin: Berlin-Verlag

Anand, Vikas u. a. (2005), Business as usual: The acceptance and perpetuation of corruption in organizations, in: Academy of Management Executive 19(4).

Arendt, Hannah (1963/2006), Eichmann in Jerusalem. ein Bericht von der Banalität des Bösen, München: Piper.

Arlacchi, Pino (1995), Mafia von innen. Das Leben des Don Antonio Calderone, Frankfurt a. M.: Fischer.

Ashforth, Blake E./Anand, Vikas (2003), The Normalization of Corruption in Organizations, in: Research in Organizational Behavior 25, S. 1–52.

Ashforth, Blake E./Mael, Fred (1989), Social Identity Theory and the organization, in: Academy of Management Journal 14 (1), S. 20–39.

Axelrod, Robert (1991), Scientia nova. Die Evolution der Kooperation, Studienausg., 2. Aufl., München: Oldenbourg.

Baecker, Dirk (1994), Postheroisches Management. Ein Vademecum, Berlin: Merve.

Baecker, Dirk (2000), Korruption, empirisch. In: Die Tageszeitung taz Nr. 6049 vom 24.1.2000.

Baecker, Dirk (1999), Organisation als System, Frankfurt a. M.: Suhrkamp.

Bannenberg, Britta (2002), Korruption in Deutschland und ihre strafrechtliche Kontrolle. Eine kriminologisch-strafrechtliche Analyse, Neuwied/Kriftel: Luchterhand.

Bannenberg, Britta (2003), Korruption in Deutschland – Befunde und Konsequenzen. In: Von Nell, V./Schwitzgebel, G./Vollet, M. (Hrsg.), Korruption. Interdisziplinäre Zugänge zu einem komplexen Phänomen, Wiesbaden: Deutscher Universitäts-Verlag, S. 119–136.

Bannenberg, Britta (2007), Korruption. In: Wabnitz, Heinz-Bernd/Janovsky, Thomas (Hrsg.), Handbuch des Wirtschafts- und Steuerstrafrechts, Bd. 3, neu bearb. Aufl., München: Beck.

Bannenberg, Britta/Schaupensteiner, Wolfgang (2007), Korruption in Deutschland. Portrait einer Wachstumsbranche. 3. Aufl. München: Beck.

Barnard, Chester (1938), The functions of the executive Cambridge, Cambridge, Mass.: Harvard University Press.

Barnard, Chester (1948), Organization and Management, Cambridge (Mass.): Harvard University Press.

Bartling, Hartwig/Luzius, Franz (2008), Lernbücher für Wirtschaft und Recht: Grundzüge der Volkswirtschaftslehre. Einführung in die Wirtschaftstheorie und Wirtschaftspolitik, 16., verb. und erg. Aufl. Aufl., München: Vahlen.

Baum, Joel/Oliver, Christine (1991), Institutional linkages and organizational mortality. In: Administrative Science Quarterly 36, S. 187–218.

Bebchuk, Lucien/Jesse Fried (2005), Pay without Performance: Overview of the Issues. In: Journal of Applied Corporate Finance 17, No. 4, S. 8–23.

Bebchuk, Lucien/Fried, Jesse (2004), Pay without performance: the unfulfilled promise of executive compensation, Cambridge, Mass. [u. a.]: Harvard Univ. Press.

Bechtle, Günter (1980), Forschungsberichte aus dem Institut für Sozialwissenschaftliche Forschung e. V., München: Betrieb als Strategie : theoretische Vorarbeiten zu einem industriesoziologischen Konzept, Frankfurt a. M. [u. a.]: Campus.

Becker, Fred (2001), Lexikon des Personalmanagements, München: DTV.

Becker, Gary S. (1962), Investment in Human Capital: A Theoretical Analysis. In: Journal of Political Economy 70, S. 9–49.

Becker, Gary S. (1968), Crime and Punishment: An Economic Approach. In: Journal of Political Economy 76 (2), S. 169–217.

Becker, Gary S. (1976), The economic approach to human behavior, Chicago, Ill.[u. a.]: Univ. of Chicago Press.

Becker, Gary S. (1993), Human capital : a theoretical and empirical analysis with special reference to education, 3rd ed. Aufl., Chicago, Ill. [u. a.]: Univ. of Chicago Press.

Beckert, Jens (1997), Theorie und Gesellschaft; 39: Grenzen des Marktes. Die sozialen Grundlagen wirtschaftlicher Effizienz, Bd. 39, Frankfurt a. M. [u. a.]: Campus-Verl.

Beckert, Jens (1999), Agency, Entrepreneurs, and Institutional Change. The Role of Strategic Choice and Institutionalized Practices in Organizations. In: Organization Studies 20, S. 777–799.

Benz, Wolfgang u. a. (2008), Der Ort des Terrors. Geschichte der nationalsozialistischen Konzentrationslager, Bd. 7, München: Beck.

Benz, Wolfgang (2005), Nationalsozialistische Zwangslager. Ein Überblick. In: Benz, Wolfgang/Distel, Barbara (Hrsg.), Der Ort des Terrors. Geschichte der nationalsozialistischen Konzentrationslager, München: Beck.

Bergmann, Rainer/Bungert, Michael (2010), BA Kompakt: Strategische Unternehmensführung. Perspektiven, Konzepte, Strategien, Heidelberg; Berlin [u. a.]: Physica-Verl.

Bogumil, Jörg/Schmid, Josef (2001), Grundwissen Politik 31, Politik in Organisationen. Organisationstheoretische Ansätze und praxisbezogene Anwendungsbeispiele, Opladen: Leske + Budrich.

Boltanski, Luc/Chiapello, Ève (2003), Der neue Geist des Kapitalismus. Aus dem Franz. von Michael Tillmann, Konstanz: UVK-Verl.-Ges.

Bonazzi, Giuseppe. (2008), Geschichte des organisatorischen Denkens, Wiesbaden: Verlag für Sozialwissenschaften.

Braverman, Harry (1977), Die Arbeit im modernen Produktionsprozess, 1. Aufl. Aufl., Frankfurt a. M. [u. a.]: Campus-Verlag.

Browning, Christopher R. (1993), Ganz normale Männer. Das Reserve-Polizeibataillon 101 und die ›Endlösung‹ in Polen, Reinbek: Rowohlt

Brüderl, Josef (1991), Sozialwissenschaftliche Arbeitsmarktforschung; 22: Mobilitätsprozesse in Betrieben : dynamische Modelle und empirische Befunde, Bd. 22, Frankfurt a. M.; New York: Campus-Verl.

Buß, Eugen (2007), Die deutschen Spitzenmanager. Wie sie wurden, was sie sind. Herkunft, Wertvorstellungen, Erfolgsregeln, München/Wien: Oldenbourg.

Chandler, Alfred (1962/84): Strategy and Structure: Chapters in the History of the American Industrial Enterprise. Cambridge, MA: MIT Press.

Chandler, Alfred (1980), Managerial Hierarchies. Cambridge, Mass. [u. a.]: Harvard Univ. Press.

Chandler, Alfred/Daems, Herman (1979), Administrative Coordination, Allocation and Monitoring. Conzepts and Comparisons. In: Horn, Norbert (Hrsg.), Recht und Entwicklung der Grossunternehmen im 19. und fruehen 20. Jahrhundert. Wirtschafts-, sozial- und rechtshistorische Untersuchungen zur Industrialisierung in Deutschland, Frankreich, England und den USA, Bd. Kritische Studien zur Geschichtswissenschaft 40, Goettingen: Vandenhoeck und Ruprecht.

Chandler, Alfred (1977), The visible hand. The managerial revolution in American business, Cambridge, Mass. [u. a.]: Belknap Press.

Child, John u. a. (1983): A Price to Pay? Professionalism and Work Organisation in Britain and West Germany. In: Sociology 1 : 63-78.

Clinard, Marshall B./Quinney, Richard (1973), Criminal Behavior Systems. A Typology, 2. Aufl., New York: Holt/Rinehart/Winston.

Coffin, Arthur R./Jäger, Wieland (2011), Die Moral der Organisation. Beobachtungen in der Entscheidungsgesellschaft und Anschlussüberlegungen zu einer Theorie der Interaktionssysteme, Wiesbaden: VS Verlag.

Cohen, Michael D. u. a. (1972), A Garbage Can Model of Organizational Choices. In: Administrative Science Quarterly 17(1), S. 1–25.

Coleman, James S.(1991), Handlungen und Handlungssysteme. In: Grundlagen der Sozialtheorie, Bd. 1, München: Oldenbourg.

Coleman, James S. (1986), Die asymmetrische Gesellschaft, Basel: Beltz Verlag.

Coleman, James S. (1992), Körperschaften und die moderne Gesellschaft. In: Coleman, J. (Hrsg.), Grundlagen der Sozialtheorie, Bd. 2, München: Oldenbourg.

Connell, Raewynn. W./Messerschmidt, James (2005), Hegemonic Masculinity: Rethinking the Concept. In: Gender and Society 19 (6), S. 829–859.

Crozier, Michel/Friedberg, Erhard (1979), Macht und Organisation. Die Zwänge kollektiven Handelns, Königstein/Ts.: Athenaeum-Verlag.

Czarniawska-Joerges, Barbara/Sevón, Guje (1996) Translating organizational change, Berlin; New York: Walter de Gruyter.

Dahl, Robert (1976), Vorstufen zur Demokratietheorie, Tübingen: J.C.B. Mohr.

Danielsson, Bengt (1956), Love in the South Seas, 4. impr. Aufl., London: Allen & Unwin.

Deutschmann, Christoph (1999): Die Verheißung des absoluten Reichtums. Zur religiösen Natur des Kapitalismus, Frankfurt a. M./New York: Campus

Dimaggio, Paul (1988), Interest and Agency in Institutional Theory. In: Zucker, Lynne G (Hrsg.), Institutional patterns and organizations: Culture and environment, Cambridge, Mass.: Ballinger Pub. Co., S. 3–21.

Dimaggio, Paul/Powell, Walter W. (1983), ›The iron cage revisited‹ institutional isomorphism and collective rationality in organizational fields. In: American Sociological Review 48(2), S. 147–160.

D'Iribarne, Philippe (1991): Nationale Formen der gesellschaftlichen Bindung und Funktionsprinzipien von Unternehmen. In: Heidenreich, Martin, Gert Schmidt (eds.): Internationale vergleichende Organisationsforschung. Fragestellungen, Methoden, Ergebnisse, Opladen: WDV, S. 106–116.

Dölling, Dieter (2007), Grundlagen der Korruptionsprävention. In: Dölling, Dieter (Hrsg.), Handbuch der Korruptionsprävention, München: Beck, S. 1–40.

Dombois, Rainer (2009), Von organisierter Korruption zu individuellem Korruptionsdruck? Soziologische Einblicke in die Siemens-Korruptionsaffäre. In: Graeff, Peter /Schröder, Karenina/Wolf, Sebastian (Hrsg.), Der Korruptionsfall Siemens. Analysen und praxisnahe Folgerungen des wissenschaftlichen Arbeitskreises von Transparency International Deutschland, Baden-Baden: Nomos.

Donaldson, Mike (1993), What Is Hegemonic Masculinity? In: Theory and Society 22 (5), S. 643–657.

Drepper, Thomas (2003), Organisationen der Gesellschaft. Gesellschaft und Organisation in der Systemtheorie Niklas Luhmanns, Wiesbaden: WDV.

Drumm, Hans Jürgen (2008), Personalwirtschaft, 6., überarb. Aufl., Berlin; Heidelberg: Springer.

Durkheim, Èmile (1893/2004), Über soziale Arbeitsteilung, Frankfurt a. M.: Suhrkamp.

Edgerton, Robert B. (1992), Trügerische Paradiese. Der Mythos von den glücklichen Naturvölkern, Hamburg: Kabel.

Elias, Norbert (1976a), Wandlungen der Gesellschaft – Entwurf zu einer Theorie der Zivilisation. In: Über den Prozess der Zivilisation, Bd. 1, Frankfurt a. M.: Suhrkamp.

Elias, Norbert (1976b), Wandlungen der Gesellschaft – Entwurf zu einer Theorie der Zivilisation. In: Über den Prozess der Zivilisation, Bd. 2, Frankfurt a. M.: Suhrkamp.

Esser, Hartmut (2000), Soziales Handeln. In: Esser, H. (Hrsg.), Soziologie. Spezielle Grundlagen, Bd. 3, Frankfurt a. M./New York: Campus Verlag.

Fayol, Henri (1916/1929), Administration industrielle et générale. Prévoyance, organisation, commandement, coordination, contrôle, Paris: Dunod et Pinat.

Ferdon, Edwin (1981), Early Tahiti as the explorers saw it, 1767-1797, Tucson, Az: Univ. of Arizona Press.

Franklin, Jonathan (2011), 33 Männer Lebendig begraben. Die exklusive Inside-Story über die chilenischen Bergarbeiter, München: Bertelsmann.

Frentzen, Carola (2007), Kreuzzug gegen die Mafia, Online: http://www.wz-newsline.de/home/panorama/kreuzzug-gegen-die-mafia-1.472213, [Stand: 16.05.2011].

Frey, Bruno S. (1997), Markt und Motivation. Wie ökonomische Anreize die (Arbeits-)Moral verdrängen, München: Vahlen.

Frey, Bruno S./Osterloh, Margit (2000), Managing motivation. Wie Sie die neue Motivationsforschung für Ihr Unternehmen nutzen können, Wiesbaden: Gabler.

Friedrichs, Jürgen/Jagodzinski, Wolfgang (Hrsg.) (1999), Kölner Zeitschrift für Soziologie und Sozialpsychologie. Sonderhefte; 39: Soziale Integration, Bd. 39, Opladen [u.a.]: Westdt. Verl.

Froschauer, Ulrike (1997), Organisationskultur als soziale Konstruktion. In: Österreichische Zeitschrift für Soziologie 22, S. 107–124.

Gaitanides, Michael (2004), Is there no business like show business – Manager, die Stars der Moderne? In: Müller-Christ, G./Hälsmann, M. (Hrsg.), Modernisierung des Managements. Festschrift für Andreas Remer zum 60. Geburtstag, Wiesbaden: Dt. Univ.-Verl., S. 179–207.

Gambetta, Diego (1988), Mafia: The price of distrust. In: Gambetta, Diego (Hrsg.), Trust. Making and breaking cooperative relations, Oxford [u.a.]: Basil Blackwell, S. 158–175.

Gambetta, Diego (1994), Die Firma der Paten: Die sizilianische Mafia und ihre Geschäftspraktiken. München: dtv.

Ganßmann, Heiner (1996): Geld und Arbeit, Frankfurt a. M./New York: Campus.

Garen, John E. (1994), Executive Compensation and Principal-Agent Theory. In: Journal of Political Economy 102, No. 6, S. 1175–1199.

Geser, Hans (1990), Organisationen als soziale Akteure. In: Zeitschrift für Soziologie 19, S. 401–417.

Göbel, Fabian (2007), Die stationäre Behindertenarbeit. Begriffe, Vergleiche, Ausblicke: VDM Verl. Dr. Müller.

Goffman, Erving (1973), Asyle. Über die soziale Situation psychiatrischer Patienten und anderer Insassen, Frankfurt a. M.: Suhrkamp.

Goffman, Erving (1959/91), Wir alle spielen Theater. Die Selbstdarstellung im Alltag, München: Piper.

Graeff, Peter (2009), Im Sinne des Unternehmens? Soziale Aspekte der korrupten Transaktionen im Hause Siemens. In: Graeff, Peter/Schröder, Karenina/Wolf, Sebastian (Hrsg.), Der Korruptionsfall Siemens. Analysen und praxisnahe Folgerungen des wissenschaftlichen Arbeitskreises von Transparency International Deutschland, Baden-Baden: Nomos.

Graeff, Peter u. a. (Hrsg.) (2009), Der Korruptionsfall Siemens. Analysen und praxisnahe Folgerungen des wissenschaftlichen Arbeitskreises von Transparency International Deutschland, Graeff, Peter/Schröder, Karenina/Wolf, Sebastian (Hrsg.), Baden-Baden: Nomos.

Granovetter, Mark (1974), Getting a job. A study of contacts and careers, Cambridge, Mass. [u. a.]: Harvard Univ. Press.

Green, Gary S. (1990), Occupational crime, Chicago: Nelson-Hall Publishers.

Grieger, Jürgen (2005), Corruption in organizations. Some outlines for research, Wuppertal: Univ., Fachbereich Wirtschafts- und Sozialwiss.

Grieger, Jürgen (2009), Korruption und Kultur bei der Siemens AG – Eine Handlungs-Struktur-Analyse. In: Graeff, Peter/Schröder, Karenina/Wolf, Sebastian (Hrsg.), Der Korruptionsfall Siemens. Analysen und praxisnahe Folgerungen des wissenschaftlichen Arbeits-kreises von Transparency International Deutschland, Baden-Baden: Nomos.

Guillen, Mauro F. (1994), Models of Management. Work, Authority and Organization in a Comparative Perspective, Chicago, Ill.: Univ. of Chicago Press.

Gukenbiehl, Hermann L. (1999), Formelle und informelle Gruppe als Grundformen sozialer Strukturbildung. In: Schäfers, Bernhard (Hrsg.), Einführung in die Gruppensoziologie. Geschichte, Theorien, Analysen, 3. korr. Aufl., Wiesbaden: Quelle/Meyer.

Gulati, Mohinder/Rao, M. Y. (2007), Corruption in the Electricity Sector. A Pervasive Scourge. In: Campos, J. E./Pradhan, S. (Hrsg.), The many faces of corruption: tracking vulnerabilities at the sector level, Washington, DC: World Bank.

Habermas, Jürgen (1995), Theorie des kommunikativen Handelns. Handlungsrationalität und gesellschaftliche Rationalisierung, Bd. 1, Frankfurt a. M.: Suhrkamp.

Habermas, Jürgen (1981), Handlungsrationalität und gesellschaftliche Rationalisierung. In: Theorie des kommunikativen Handelns, Bd. 1, Frankfurt a. M.: Suhrkamp, S. 533.

Handelsblatt (2005), Ex-Tyco-Chef Kozlowski muss bis zu 25 Jahre hinter Gitter, Online: http://www.handelsblatt.com/unternehmen/management/koepfe/ex-tyco-chef-kozlowski-muss-bis-zu-25-jahre-hinter-gitter/2553210.html, [Stand: 16.05.2011].

Hartmann, Michael (2002), Der Mythos von den Leistungseliten, Spitzenkarrieren und soziale Herkunft in Wirtschaft, Politik, Justiz und Wissenschaft, Frankfurt a. M./New York: Campus Verlag.

Hartmann, Michael (2004), Elitesoziologie. Eine Einführung, Frankfurt a. M. [u. a.]: Campus.

Hartmann, Michael (2007), Eliten und Macht in Europa. Ein internationaler Vergleich, Frankfurt a. M. [u. a.]: Campus.

Hasse, Raimund/Krücken, Georg (1996), Was leistet der organisationssoziologische Neo-Institutionalismus? Eine theoretische Auseinandersetzung mit besonderer Berücksichtigung des wissenschaftlichen Wandels. In: Soziale Systeme 2, S. 93–114.

Hecht, Karl (Hrsg.) (1993), Schlaf, Gesundheit, Leistungsfähigkeit. Mit 33 Tabellen, Berlin; Heidelberg [u. a.]: Springer.

Heidenreich, M./Schmidt, G. (Hrsg.) (1991): International vergleichende Organisationsforschung, Opladen.

Hell, Peter (2006), Mafiakiller:»Mein erster Mord war schön«, Online: <http://www.spiegel. de/panorama/justiz/0,1518,432681,00.html:>, [Stand: 13.06.2011].

Hentze, Joachim u. a. (2001), Allgemeine Betriebswirtschaftslehre aus Sicht des Managements, Stuttgart: UTB.

Herbert, Ulrich u. a. (1998), Die nationalsozialistischen Konzentrationslager, Bd. 1, Göttingen: Wallstein.

Hessinger, Philipp (2002), Mafia und Mafiakapitalismus als totales soziales Phänomen. Eine vergleichende Perspektive auf die Entwicklung in Italien und Russland. In: Leviathan 30(4), S. 482-508.

Hickson, David J./McMillan, Charles J. (1981): Organization and Nation. The Aston Programme IV, Westmead, Farnb.

Hiller, Petra (2002), Kognition und Innovation in Organisationen. Unveröffentlichtes Vortragsmanuskript.

Hiller, Petra (2005), Korruption und Netzwerke. Konfusionen im Schema von Organisation und Gesellschaft. In: Zeitschrift für Rechtssoziologie 26 (1), S. 57–77.

Hiß, Stefanie (2005), Corporate Social Responsibility – ein Mythos? Reichweiten und Grenzen des Neo-Institutionalismus als Erklärungsinstrument, Dissertation, Universität Bamberg.

Hobbes, Thomas (1651/1980), Leviathan, Stuttgart: Reclam.

Hofstede, Geert (1997): Cultures and Organizations. New York: McGraw-Hill.

Hohm, Hans-Jürgen (2001), Grundlagentexte soziale Berufe. Soziale Systeme, Kommunikation, Mensch. Eine Einführung in soziologische Systemtheorie, Weinheim; München: Juventa-Verl.

Holler, Manfred/Illing, Gerhard (2000), Einführung in die Spieltheorie, 4. Aufl., Berlin/Heidelberg/New York: Springer.

Homans, George C. (1972), Theorie der sozialen Gruppe, 6. Aufl., Opladen: WDV.

Homma, Norbert/Bauschke, Rafael (2010), Unternehmenskultur und Führung – Den Wandel gestalten – Methoden, Prozesse, Tools, Wiesbaden: Betriebswirtschaftlicher Verlag Gabler.

Horkheimer, Max (1942/1997), Traditionelle und kritische Theorie. Fünf Aufsätze, Frankfurt a. M.: Fischer Taschenbuch Verlag.

Hossli, Peter (2008), Ich bin ein Opfer meiner Zeit. In: Brand Eins 04/08, S. 67-74.

Jacoby; Henry (1988), Die Bürokratisierung der Welt, Frankfurt a. M./New York: Campus.

Jäger, Bernhrad (o. J.). Eigensicherung bei größeren Gefahren- und Schadenslagen. Online: http://www.polizei.hessen.de/internetzentral/nav/bd4/bd470ee1-825a-f6f8-6373-a91bbcb63046&uCon=4c828ff1-1199-bf33-62d6-1611142c388e&uTem=5dd7059f-c5be-52f8-8de0-1121c7f5087 f.htm, [Stand: 14.06.2011].

Jansen, Stephan A. (2005), Elemente »positiver« und »dynamischer« Theorien der Korruption – Multidisziplinäre Perspektiven zur Form der Korruption. In: Jansen, S. A./Priddat, B. P. (Hrsg.), Korruption: unaufgeklärter Kapitalismus. Multidisziplinäre Perspektiven zu Funktionen und Folgen der Korruption, Wiesbaden: VS Verlag, S. 11–42.

Joshi, Mahendra u. a. (2008), The role of organizational practices and routines in facilitating normalized corruption. In: Langan-Fox, Janice /Cooper, Cary L. /Klimoski (Hrsg.), Research companion to the dysfunctional workplace: management challenges and symptoms, Cheltenham: Elgar.

Jost, Peter-Jürgen (2000), Organisation und Motivation, Wiesbaden: Gabler Verlag.

Jost, Peter-Jürgen/Backes-Gellner, Uschi (Hrsg.) (2001), Die Prinzipal-Agenten-Theorie in der Betriebswirtschaftslehre, Stuttgart: Schäffer-Poeschel.

Jung, Hans (2008), Personalwirtschaft, 8., aktualis. und überarb. Aufl. Aufl., München; Wien: Oldenbourg.

Kaienburg, Hermann (2005), Zwangsarbeit. KZ und Wirtschaft im Zweiten Weltkrieg. In: Benz, Wolfgang/Distel, Barbara (Hrsg.), Der Ort des Terrors. Geschichte der nationalsozialistischen Konzentrationslager, München: Beck.

Kappelhoff, Peter (1997), Rational Choice, Macht und die korporative Organisation der Gesellschaft. In: Ortmann, Günther/Sydow, Jörg/Türk, Klaus (Hrsg.), Theorien der Organisation. Die Rückkehr der Gesellschaft, Opladen: WDV, S. 218–258.

Kieser, Alfred/Ebers, Mark (Hrsg.) (2006), Organisationstheorien, Stuttgart: Kohlhammer.

Kieser, Alfred/Kubicek, Herbert (1977), Organisation. 14 Tabellen, Berlin [u. a.]: de Gruyter.

Kirsch, Werner (1977), Die Betriebswirtschaftslehre als Führungslehre. Erkenntnisperspektiven, Aussagensysteme, wissenschaftlicher Standort, München: Inst. für Organisation.

Kliemt, Hartmut (1986), Antagonistische Kooperation. Elementare spieltheoretische Modelle spontaner Ordnungsentstehung, Freiburg [u. a.]: Alber.

Klinkhammer, Julian (2011), Korruption powered by Siemens. Alte, korruptionsaffine Wertorientierungen in den Führungsetagen des Geschäftsbereichs Power Generation. In: Pohlmann, Markus/Lämmlin, Georg (Hrsg.), Neue Werte in Führungsetagen? Kontinuität und Wandel in der Wirtschaftselite. Herrenalber Forum, Bd. 64, Karlsruhe: Evangelische Akademie Baden.

Knecht, Christine (2007), Das Kloster- eine totale Institution? GRIN Verlag GmbH.

Kneer, Georg (2001), Organisation und Gesellschaft: Zum ungeklärten Verhältnis von Organisations- und Funktionssystemen in Luhmanns Theorie sozialer Systeme. In: Zeitschrift für Soziologie 30(6), S. 407–428.

Kneer, Georg/Nassehi, Armin (2000), Niklas Luhmanns Theorie sozialer Systeme. Eine Einführung, 4. Aufl., München: Wilhelm Fink Verlag.

Knöbl, Wolfgang (2001), Spielräume der Modernisierung. Das Ende der Eindeutigkeit, Weilerswist: Velbrück Wiss.

Kocka, Jürgen/Siegrist, Hannes (1979), Die hundert größten Industrieunternehmen im späten 19. und frühen 20. Jahrhundert. In: Horn, Norbert (Hrsg.), Recht und Entwicklung der Grossunternehmen im 19. und fruehen 20. Jahrhundert. Wirtschafts-, sozial- und rechtshistorische Untersuchungen zur Industrialisierung in Deutschland, Frankreich, England und den USA, Bd. Kritische Studien zur Geschichtswissenschaft 40, Goettingen: Vandenhoeck und Ruprecht.

Krause, Peter (2002), Der Eichmann-Prozess in der deutschen Presse, Frankfurt a. M.: Campus.

Kühl, Stefan (2005), Ganz normale Organisationen. Organisationssoziologische Interpretationen simulierter Brutalitäten. In: Zeitschrift für Soziologie 34(2), S. 90–111.

Kühl, Stefan (2008), Lehrbuch: Coaching und Supervision. zur personenorientierten Beratung in Organisationen, Wiesbaden: VS Verlag.

Kuhn, Lothar (2008), Was ist Prinzipal-Agent-Thoerie? In: HARVARD BUSINESS MANAGER 8/2008.

Küpper, Willi/Ortmann, Günther (Hrsg.) (1988), Mikropolitik. Rationalität, Macht und Spiele in Organisationen, Opladen: Westdt. Verl.

Lafargue, Paul (1848/2001), Das Recht auf Faulheit. Widerlegung des Rechts auf Arbeit von 1848, Frankfurt a. M.: Trotzdem.

Lammers, Cornelis J. (1995), The Organization of Mass Murder. In: Organization Studies 16(1), S. 139–156.

Laux, Helmut/Liermann, Felix (2005), Springer-Lehrbuch: Grundlagen der Organisation. Die Steuerung von Entscheidungen als Grundproblem der Betriebswirtschaftslehre; mit 13 Tabellen, 6. Aufl. Aufl., Berlin; Heidelberg [u. a.]: Springer.

Lawrence, Peter R./Lorsch, Jeremy W. (1967/79), Organization and Environment. Managing Differentiation and Integration, Cambridge (MA): Harvard Univ. Pr.

Lazear, Edward/Rosen, Sherwin (1981), Rank-Order Tournament as Optimum Labor Contracts. In: The Journal of Political Economy 89 (5), S. 841–864.

Lerner, Daniel (1958), The passing of traditional society. Modernizing the Middle East, Pevsner, Lucille W. (Hrsg.), Glencoe, Ill.: The Free Press.

Levi, Michael u. a. (2007), Money Laundering and Corruption. In: Campos, Jose Edgardo (Hrsg.), The Many Faces of Corruption. Tracking Vulnerabilities at the Sector Level, Washington, DC: World Bank.

Lewin, Kurt u. a. (1939), Patterns of aggressive behavior in experimentally created »social climates«. In: Jornal of Social Psychology 10.

Leyendecker, Hans (2007), Die große Gier. Korruption, Kartelle, Lustreisen: warum unsere Wirtschaft eine neue Moral braucht, Berlin: Rowohlt.

Lieber, Bernd (2007), Personalführung, Stuttgart: Lucius + Lucius.

Liebig, Stefan (2002), Gerechtigkeit in Organisationen. Theoretische Überlegungen und empirische Ergebnisse zu einer Theorie korporativer Gerechtigkeit. In: Organisationssoziologie, Sonderheft 42/2002, Kölner Zeitschrift für Soziologie und Sozialpsychologie, S. 151–187.

Lieckweg, Tania (2001), Strukturelle Kopplung von Funktionssystemen ›über‹ Organisation. In: Soziale Systeme 7(2), S. 267–289.

Lindner-Lohmann, Doris u. a. (2008), BA Kompakt: Personalmanagement, Heidelberg: Physica-Verl.

Lockwood, David (1964), Social Integration and System Integration. In: Zollschan, George K./Hirsch, Walter (Hrsg.), Explorations in Social Change, London: Routledge & Kegan.

Luhmann, Niklas (1964), Funktionen und Folgen formaler Organisation, Berlin: Duncker & Humblot.

Luhmann, Niklas (1968), Zweckbegriff und Systemrationalität. Über die Funktion von Zwecken in sozialen Systemen, Tübingen: Mohr/Siebeck.

Luhmann, Niklas (1971), Zweck-Herrschaft-System. Grundbegriffe und Prämissen Max Webers. In: Luhmann, Niklas (Hrsg.), Politische Planung. Aufsätze zur Soziologie von Politik und Verwaltung, Opladen: WDV, S. 90–112.

Luhmann, Niklas (1977): Organisation und Entscheidung, in: Soziologische Aufklärung, Bd. 3, Opladen: WDV. S. 335–378

Luhmann, Niklas (1983), Legitimation durch Verfahren, Frankfurt a. M.: Suhrkamp.

Luhmann, Niklas (1984), Soziale Systeme. Grundriß einer allgemeinen Theorie, Frankfurt a. M.: Suhrkamp.

Luhmann, Niklas (1986), Die Lebenswelt – nach Rücksprache mit Phänomenologen. In: Archiv für Rechts- und Sozialphilosophie 72, S. 176–194.

Luhmann, Niklas (1988), Die Wirtschaft der Gesellschaft, Frankfurt a. M.: Suhrkamp.

Luhmann, Niklas (1989), Gesellschaftsstruktur und Semantik, Frankfurt a. M.: Suhrkamp.

Luhmann, Niklas (1995), Inklusion und Exklusion. In: Luhmann, Niklas (Hrsg.), Soziologische Aufklärung 6: Die Soziologie und der Mensch, Opladen: WDV, S. 237–264.

Luhmann, Niklas (1997), Die Gesellschaft der Gesellschaft, Bd. 2, Frankfurt a. M.: Suhrkamp.

Luhmann, Niklas (2000), Organisation und Entscheidung, Opladen/Wiesbaden: WDV.

Luhmann, Niklas (2002), Die Politik der Gesellschaft, Kieserling, André (Hrsg.), 3. Aufl., Frankfurt a. M.: Suhrkamp.

Lummis, T. (2000), Life & Death in Eden. Pitcairn Islands and the Bounty Mutineers, London: Phoenix.

Macharzina, Klaus u. a. (1997): Europäische Managementstile – Eine kulturorientierte Analyse, in: Berger, Roland, Ulrich Steger (eds.): Auf dem Weg zur Europäischen Unternehmensführung. Ein Lesebuch für Manager und Europäer. München: Beck, S. 137-164.

Mcgregor, Douglas (1960), The human side of enterprise, New York [u. a.]: McGraw-Hill.

March, James G./Simon, Herbert.A. (1958), Organizations, New York: Wiley and Sons.

March, James G. (1996), Continuity and Change in Theories of Organizational Action. In: Administrative Science Quarterly 41(June), S. 278–287.

Marshall, Alfred (1920), Principles of Economics, 8. Aufl., London: Macmillan.

Martens, Wil (1997), Organisation und Gesellschaftliche Teilsysteme. In: Ortmann, G./Sydow, J./Türk, K. (Hrsg.), Theorien der Organisation, Opladen.

Marx, Karl (1890/1968a), Der Arbeitslohn. In: MEW, Karl Marx – Friedrich Engels – Werke: Das Kapital, Bd. 1, Bd. 23 der GA, Berlin/DDR: Dietz Verlag, S. 557 – 564.

Marx, Karl (1890/1968b), Die Produktion des absoluten Mehrwerts. In: MEW, Karl Marx – Friedrich Engels – Werke: Das Kapital, Bd. 1, Bd. 23 der GA, Berlin/DDR: Dietz Verlag, S. 192–213.

Matys, Thomas (2006), Macht, Kontrolle und Entscheidungen in Organisationen. Eine Einführung in organisationale Mikro-, Meso- und Makropolitik, 1. Aufl., Wiesbaden: VS Verlag.

Maurice, Marc (1991): Methodologische Aspekte internationaler Vergleiche: Zum Ansatz des gesellschaftlichen Effekts, in: Heidenreich, Martin, Gert Schmidt (eds.): International vergleichende Organisationsforschung. Fragestellungen, Methoden und Ergebnisse, Opladen: WDV, S. 82–90.

Mauss, Marcel (1938/97), Soziologie und Anthropologie, Frankfurt a.M: Fischer Taschenbuch-Verlag.

Mayntz, Renate/Scharpf, Fritz W. (1995), Steuerung und Selbstorganisation in staatsnahen Sektoren. In: Mayntz, Renate/Scharpf, Fritz W. (Hrsg.), Gesellschaftliche Selbstregelung und politische Steuerung, Frankfurt a. M.: Campus.

Mayntz, Renate (Hrsg.) (1968/71), Bürokratische Organisation. Köln: Kiepenheuer & Witsch.

Meier, Frank (2009), Die Universität als Akteur. Zum institutionellen Wandel der Hochschulorganisation, Wiesbaden: VS Verlag.

Meiners, Kay (2009), »Jeder ist seinem Gewissen selbst verantwortlich«. In: Magazin Mitbestimmung 04/2009. Online:http://www.boeckler.de/cps/rde/xchg/hbs/hs.xsl/20618_20622. htm, [Stand: 16.05.2011].

Menrath, Andreas (2008), Die Deutschland AG im Gehaltscheck. Determinanten von Managergehältern unter Berücksichtigung von Unternehmensverflechtungen, Heidelberg: Unveröffentl. Diplomarbeit.

Mense-Petermann, Ursula (2006), Das Verständnis von Organisation im Neo-Institutionalismus: Lose Kopplung, Reifikation, Institution. In: Senge, Konstanze/Hellmann, Kai-Uwe (Hrsg.), Einführung in den Neo-Institutionalismus, Wiesbaden: Verlag für Sozialwissenschaften, S. 62–74.

Merton, Robert K. (1968), Social Theory and Social Structure, überarb. und erw. Aufl., New York: Free Press.

Meyer, John W./Rowan, Brian (1977), Institutionalized Organizations: Formal Structure as Myth and Ceremony. In: American Journal of Sociology 83(2), S. 340–363.

Meyer, John W. u. a. (1994), Ontology and rationalization in the Western cultural account. In: Scott, W. R./Meyer, J. W. (Hrsg.), Institutional Environments and Organizations: Structural Complexity and Individualism, Thousand Oaks.

Meyer, John W./Jepperson, Ronald L. (2000), The actors of modern society: The cultural construction of social agency. In: Sociological Theory 15, S. 100–120.

Meyer, Renate/Hammerschmid, Gerhard (2006), Die Mikroperspektive des Neo-Institutionalismus. Konzept und Rolle des Akteurs. In: Senge, Konstanze/Hellmann, Kai-Uwe (Hrsg.), Organisation und Gesellschaft. Einführung in den Neo-Institutionalismus, Wiesbaden: VS Verlag, S. 160–171.

Miebach, Bernhard (2010), Soziologische Handlungstheorie : Eine Einführung, 3., aktualisierte Aufl., Wiesbaden: VS Verlag / GWV Fachverlage GmbH, Wiesbaden.

Minssen, Heiner (Hrsg.) (2000), Begrenzte Entgrenzungen. Wandlungen von Organisation und Arbeit, Berlin: edition sigma.

Moldaschl, Manfred/Voß, Günter G. (2003), Subjektivierung der Arbeit, 2. Aufl., Mering: Rainer Hampp Verlag.

Morlok, Martin (2005), Politische Korruption als Entdifferenzierungsphänomen. In: Alemann, Ulrich von (Hrsg.), Politische Vierteljahresschrift: Dimensionen politischer Korruption. Beiträge zum Stand der internationalen Forschung, Sonderheft 35, Wiesbaden: VS Verlag, S. 502 ff.

Morrison, James. u. a. (1935), The journal of James Morrison, boatswain's mate of the Bounty, describing the mutiny & subsequent misfortunes of the mutineers, together with an account of the island of Tahiti, London: The Golden cockerel press.

Morsch, Günter (2005), Organisations- und Verwaltungsstruktur der Konzentrationslager. In: Benz, Wolfgang/Distel, Barbara (Hrsg.), Der Ort des Terrors. Geschichte der nationalsozialistischen Konzentrationslager, München: Beck.

Müller-Jentsch, Walther (2003), Organisationssoziologie. Eine Einführung, Frankfurt a. M.: Campus Verlag.

Münch, Richard (2004), Soziologische Theorie, Bd. 2, Frankfurt a. M.: Campus-Verl.

Negt, Oskar (2005), Die Faust-Karriere. Vom verzweifelten Intellektuellen zum gescheiterten Unternehmer, Göttingen: Steidl.

Neisser (1976), Cognition and reality: principles and implications of cognitive psychology, San Francisco: W. H. Freeman.

Nerdinger, Friedemann (2003), Motivation von Mitarbeitern, Göttingen: Hogrefe Verlag.

Neubauer, Walter (2003), Organisationskultur, Stuttgart: Kohlhammer Verlag.

Neuberger, Oswald (2006), Wirtschaftswissenschaften: Mikropolitik und Moral in Organisationen. Herausforderung der Ordnung; mit 24 Tabellen, 2., völlig neu bearb. Aufl., Stuttgart: Lucius & Lucius.

North, Douglas C. (1990), The political economy of institutions and decisions: Institutions, institutional change and economic performance, Repr. Aufl., Cambridge [u. a.]: Cambridge Univ. Press.

Northouse, Peter G. (2011), Introduction to leadership. Concepts and practice, London: Sage.

Oechsler, Walter A. (2006), Personal und Arbeit. Grundlagen des Human Resource Management und der Arbeitgeber-Arbeitnehmer-Beziehungen, 8., grundlegend überarb. Aufl. Aufl., München; Wien: Oldenbourg.

Offe, Claus (1974), Rationalitätskriterien und Funktionsprobleme politisch-administrativen Handelns. In: Leviathan 3, S. 333–345.

Ogger, Günter (1992), Nieten in Nadelstreifen, Deutschlands Manager im Zwielicht, München: Droemer Knaur.

Orth, Karin /Wildt, Michael (1995), Die Ordnung der Lager. Über offene Fragen und frühe Antworten in der Forschung zu Konzentrationslagern. In: Werkstatt Geschichte 4, S. 51–45.

Ortmann, Günther (2008), Organisation und Welterschließung. Dekonstruktionen, 2. Aufl., Opladen: VS Verlag.

Ortmann, Günther (2010), Organisation und Moral. Die dunkle Seite, 1. Aufl., Weilerswist: Velbrück Wissenschaft.

Ortmann, Günther u. a. (1997), Theorien der Organisation, Opladen.

Ortmann, Günther u. a. (Hrsg.) (2000), Organisation und Gesellschaft: Theorien der Organisation. Die Rückkehr der Gesellschaft, Wiesbaden: WDV.

Ortmann, Günther/Zimmer, Marco (1998), Strategisches Management, Recht und Politik. In: Die Betriebswirtschaft 58.

Paoli, Letizia (2003), Mafia brotherhoods. Organized crime, Italian style: Oxford University Press.

Paoli, Letizia (1999), Die italienische Mafia. Paradigma oder Spezialfall organisierter Kriminalität? In: Monatszeitschrift für Kriminologie und Strafrechtsreform 82(6), S. 425–440.

Paoli, Letizia (2008), The Decline of the Italian Mafia, In: Siegel, Dina /Nelen, Hans (Hrsg.), Organized Crime. Culture, Markets and Policies, New York: Springer-Verlag.

Parsons, Talcott (1956), Suggestions for a Sociological Approach to the Theory of Organization I. In: Administrative Science Quarterly 1(1), S. 63–85.

Parsons, Talcott (1966/1986), Gesellschaften. evolutionäre und komparative Perspektiven, 2. Aufl., Frankfurt a. M.: Suhrkamp.

Parsons, Talcott (1928), Capitalism in Recent German Literature: Sombart and Weber (I). In: The Journal of Political Economy 36(6), S. 641–661.

Paul, Axel/Schwalb, Benjamin (2011), Wie organisiert ist die organisierte Kriminalität? Warum es die Mafia nicht geben dürfte und warum es sie trotzdem gibt. In: Leviathan 39, S. 125–140.

Perrow, Charles (1985), Review Essay: Overboard with Myths and Symbols. In: American Journal of Sociology 91, S. 151–155.

Perrow, Charles (1987/1992), Normale Katastrophen. Die unvermeidlichen Risiken der Großtechnik, Frankfurt a. M.: Campus.

Perrow, Charles (2002), Organizing America. Wealth, Power, and the Origins of Corporate Capitalism, Princeton: Princeton University Press.

Pfletschinger, Bernhard/Spadi, Milvia (2004), Die langen Schatten der toten Richter. Das Erbe von Giovanni Falcone, Sendemanuskript, Köln: Westdeutscher Rundfunk.

Piëch, Ferdinand (2002), Auto.Biographie, Hamburg: Hoffmann & Campe.

Pohlmann, Markus u. a. (1995), Industrielle Netzwerke. Antagonistische Kooperationen an der Schnittstelle Beschaffung-Zulieferung, Mering: Rainer Hampp Verlag.

Pohlmann, Markus. u. a. (1998), Rationale Organisation und Management. Der Prozeß »klassischer Modernisierung« ostdeutscher Industriebetriebe. In: Soziale Welt 49(4), S. 355–376.

Pohlmann, Markus (2008a), Der diskrete Charme der Bourgeoisie? Ein Beitrag zur Soziologie des modernen Wirtschaftsbürgertums. In: Sigmund, Steffen/Albert, Gert/Bienfait, Agathe u. a. (Hrsg.), Soziale Konstellation und historische Perspektive. Festschrift für M. Rainer Lepsius, Wiesbaden: VS Verlag, S. 228–252.

Pohlmann, Markus (2008b), Management und Moral. In: Münch, Tanja /Blank, Tobias/ Schanne, Sita u. a. (Hrsg.), Integrierte Soziologie. Perspektiven zwischen Ökonomie und Soziologie, Praxis und Wissenschaft, München/Mering: Rainer Hampp Verlag.

Pohlmann, Markus (2002), Management, Organisation und Sozialstruktur. Zu neuen Fragestellungen und Konturen der Managementsoziologie. In: Schmidt, R./Gergs, H./Pohlmann, Markus (Hrsg.), Managementsoziologie. Perspektiven, Theorien, Forschungsdesiderate, Mering: Rainer Hampp Verlag.

Pohlmann, Markus (2004), Die Meuterei auf der Bounty. Über Revolutionen und einige Mythen, die sich um sie ranken. In: Artus, Ingrid (Hrsg.), Über Arbeit, Interessen und andere Dinge. Phänomene, Strukturen und Akteure im modernen Kapitalismus; Rudi Schmidt zum 65. Geburtstag, München; Mering: Hampp, S. 281 ff.

Pohlmann, Markus/Bär, Stefan (2011), Familie, soziale Herkunft und Karrieren der Spitzenmanager in Deutschland. In: Pohlmann, Markus/Lämmlin, Georg (Hrsg.), Herrenalber Forum: Neue Werte in Führungsetagen? Kontinuität und Wandel in der Wirtschaftselite, Bd. 64, Karlsruhe: Evangelische Akademie Baden.

Pohlmann, Markus u. a. (Hrsg.) (2011), Anatomie einer Elite. Top-Manager in Deutschland. Deutungsmuster, Ethik- und Organisationskonzepte im Generationswechsel, Wiesbaden: VS Verlag.

Pohlmann, Markus u. a. (Hrsg.) (2003), Dienstleistungsarbeit. Auf dem Boden der Tatsachen, Wiesbaden: VS Verlag.

Pollmann-Schult, Matthias (2006), Ausmaß und Struktur von arbeitnehmerinduzierter Abstiegsmobilität. In: Kölner Zeitschrift für Soziologie und Sozialpsychologie 58(4), S. 573–591.

Pongratz, Hans J./Voß, Günter G. (2003), Arbeitskraftunternehmer. Erwerbsorientierungen in entgrenzten Arbeitsformen, Berlin: edition sigma.

Popitz, Heinrich (1968), Recht und Staat in Geschichte und Gegenwart. Prozesse der Machtbildung, Tübingen: Mohr.

Popitz, Heinrich (1969), Prozesse der Machtbildung. 2. Aufl. Tübingen: Mohr Siebeck.

Popitz, Heinrich (1992), Phänomene der Macht, 2., stark erw. Aufl., Tübingen: Mohr.

Porter, Lyman W. (1996), Forty Years of Organization Studies: Reflections from a Micro Perspective. In: Administrative Science Quarterly, Vol. 41, June, S. 262–269.

Preisendörfer, Peter (2008), Organisationssoziologie. Grundlagen, Theorien und Problemstellungen, Wiesbaden: VS Verlag.

Pugh, Derek S. (1981), The Aston Program Perspective. In: Van De Ven, A. H./Joyce, W. F. (Hrsg.), Perspectives on Organization Design and Behavior, New York, Chichester, Brisbane, Toronto, Singapore.

Rahn, Horst-Joachim u. a. (2010), Erfolgreiche Teamführung, Hamburg: Windmühle Verlag.

Rammstedt, Ottheim (1982), Apropos Faulheit. In: Frankfurter Hefte 6, S. 36–42

Reemtsma, Jan Philipp (1993), Laboratorien der absoluten Macht. In: Die Zeit 23, Ausgabe: 04.06.1993.

Reißmann, Ole (2010), Ärger um Johanniter-Uni – Hochschule braucht Erste Hilfe, Online: http://www.spiegel.de/unispiegel/studium/0,1518,724365,00.html, [Stand: 16.05.2011].

Ridder, Hans-Gerd (2009), Personalwirtschaftslehre, 3., überarb. u. aktualis. Aufl., Stuttgart: Kohlhammer.

Ringlstetter, Max J./Kirsch, Werner (2003), Perspektiven der strategischen Unternehmensführung: Theorien, Konzepte, Anwendungen. Werner Kirsch zum 65. Geburtstag, Wiesbaden: Gabler.

Rose-Ackerman, Susan (1978), Corruption. A study in political economy, New York: Acad. Press.

Rose-Ackerman, Susan (2010), The Law and Economics of Bribery and Extortion. In: Annual Review of Law and Social Science 6, S. 217–238.

Rosenstiel, Lutz von (Hrsg.) (1999), Führung von Mitarbeitern. Handbuch für erfolgreiches Personalmanagement, Stuttgart: Schäffer-Poeschel.

Rosenstiel, Lutz Von (2007), Grundlagen der Organisationspsychologie. Basiswissen und Anwendungshinweise, 6., überarb. Aufl., Stuttgart: Schäffer-Poeschel.

Ruef, Martin/Scott, William Richard (1998), A multidimensional model of organizational legitimacy. Hospital survival in changing institutional environments. In: Administrative Science Quarterly 43, S. 877–904.

Saam, Nicole J./Kriz, Willy C. (2010), Partizipation in Großgruppen 1. Soziologische Perspektiven, Münster: Lit Verlag.

Sader, Manfred (2002), Psychologie der Gruppe, 8 Aufl., München: Juventa Verlag.

Satzger, Helmut (2009), ›Schwarze Kassen‹ zwischen Untreue und Korruption – Eine Besprechung des Urteils BGH – 2 StR 587/07 (Siemens-Entscheidung). In: Neue Zeitschrift für Strafrecht 29(6), S. 297–306.

Sauer, Dieter (2005), Arbeit im Übergang. Eine Standortbestimmung, Hamburg: VSA.

Sauerwald, Kilian (2007), Effektivität und Effizienz. Zielbeziehungen organisationaler Entscheidungen, Mering: Verlag Rainer Hampp.

Schäfers, Bernhard (Hrsg.) (1999), Einführung in die Gruppensoziologie. Geschichte, Theorien, Analysen, Wiesbaden: Quelle/Meyer.

Schein, Edgar H. (1992), Organizational culture and leadership, 2. Aufl., San Francisco: Jossey-Bass.

Scherm, Ewald/Pietsch, Gotthard (2007), Organisation. Theorie, Gestaltung, Wandel; mit Aufgaben und Fallstudien, München; Wien: Oldenbourg.

Schierenbeck, Henner (2003), Grundzüge der Betriebswirtschaftslehre, 16., vollst. überarb. und erw. Aufl., München; Wien: Oldenbourg.

Schimank, Uwe (2002), Organisationen: Akteurkonstellationen. Korporative Akteure -Sozialsysteme. In: Allmendinger, Jutta/Hinz, Thomas (Hrsg.), Sonderheft der Kölner Zeitschrift für Soziologie und Sozialpsychologie: Soziologie der Organisation, Bd. 42, Bd. 2002, S. 29–54.

Schlegel, Friedrich Von (1799/1999), Lucinde, Frankfurt/M.: Reclam.

Schluchter, Wolfgang (1969), Aspekte bürokratischer Herrschaft, München: Suhrkamp.

Schluchter, Wolfgang (1996), Unversöhnte Moderne, Frankfurt a. M.: Suhrkamp.

Schluchter, Wolfgang (2005), Handlung, Ordnung und Kultur. Studien zu einem Forschungsprogramm im Anschluss an Max Weber, Tübingen: Mohr Siebeck.

Schluchter, Wolfgang (2006), Grundlegungen der Soziologie, Bd. 1, Tübingen: Mohr Siebeck.

Schmeiser, Martin (2003), »Missratene« Söhne und Töchter. Verlaufsformen des sozialen Abstiegs in Akademikerfamilien, Konstanz: UVK.

Schneider, Wolfgang (2002), Die Enzyklopädie der Faulheit. Ein Anleitungsbuch, Frankfurt a. M.: Eichborn.

Schreyögg, Georg (2008a), Lehrbuch Organisation. Grundlagen moderner Organisationsgestaltung, 5. Aufl., Wiesbaden: Gabler Verlag.

Schreyögg, Georg (2008b), Unternehmensethik zwischen guten Taten und Korruption. Perspektiven für die Betriebswirtschaftslehre. In: Zeitschrift für betriebswirtschaftliche Forschung Sonderheft 58, S. 116–135.

Schülein, Johann August (2007), Optimistischer Pessimismus. Über Freuds Gesellschaftsbild, 3., erw. Aufl., Göttingen: Vandenhoeck & Ruprecht.

Schumpeter, Joseph Alois (1942/1993), Kapitalismus, Sozialismus und Demokratie, München: Francke.

Schütz, Alfred/Luckmann, Thomas (1979/1994), Strukturen der Lebenswelt, 3. Aufl., Frankfurt a. M.: Suhrkamp.

Schwalbach, Joachim (2011), Vergütungsstudie 2011, Berlin.

Schwind, Hans-Dieter (2010), Kriminologie. Eine praxisorientierte Einführung mit Beispielen, 20., neu bearb. und erw. Aufl., Heidelberg: Kriminalistik-Verl.

Schwinn, Thomas (2009), Inklusion und Exklusion. Probleme einer Unterscheidung. In: Hill, Paul B. (Hrsg.), Hartmut Essers erklärende Soziologie. Kontroversen und Perspektiven, Frankfurt a. M.: Campus.

Scott, William Richard (1987), The adolescence of institutional theory. In: Administrative Science Quarterly 32(4), S. 493–511.

Scott, William Richard (1994), Institutions and organizations. Towards a theoretical synthesis. In: Scott, W. R./Meyer J. W., (Hrsg.), Institutional Environments and Organizations. Structural Complexity and Individualism, London/New Delhi/Thousand Oaks: Sage.

Scott, William Richard (2001), Institutions and organizations, 2. Aufl., Thousand Oaks: Sage.

Senge, Konstanze/Hellmann, Kai-Uwe (Hrsg.) (2006), Organisation und Gesellschaft. Einführung in den Neo-Institutionalismus, Wiesbaden: VS Verlag.

Siemens (2009), Historische Beteiligungen. In: Siemens History Website, Internet <http://w1.siemens.com/history/de/beteiligte_unternehmen/historische_beteiligungen.htm:>, 22.09.2009.

Siemens (2006), Pressemitteilung vom 23.11.2006: Siemens geht entschieden gegen strafbare Geschäftspraktiken vor. Verhaltensregeln deutlich verschärft – Task Force eingerichtet.

Simmel, Georg (1890/2006), Staats- und sozialwissenschaftliche Forschungen; 10,1 = 42 [d. Gesamtw.]: Über sociale Differenzierung : sociologische und psychologische Untersuchungen, Bd. 10,1 = 42 [d. Gesamtw.], Leipzig: Duncker & Humblot.

Simmel, Georg (1908), Die quantitative Bestimmtheit der Gruppe. In: Ders., Soziologie. Untersuchungen über die Formen der Vergesellschaftung, Berlin: Duncker & Humblot, S. 32–100.

Simmel, Georg/Rammstedt, Otthein (Hrsg.) (2006), Soziologie. Untersuchungen über die Formen der Vergesellschaftung, Frankfurt a. M.: Suhrkamp.

Simon, Herbert A. (1957), Models of man, New York: John Wiley & Sons.

Simon, Herbert A. (1964), On the Concept of Organizational Goal. In: Administrative Science Quarterly 9(6), S. 1–22.

Sofsky, Wolfgang/Paris, Rainer (1994), Figurationen sozialer Macht. Autorität – Stellvertretung – Koalition, Opladen: Leske + Budrich.

Sofsky, Wolfgang (1993), Die Ordnung des Terrors, Das Konzentrationslager, Frankfurt a. M.: Fischer.

Spencer, Herbert (1877), System der synthetischen Philosophie, Stuttgart: Schweizerbart.

Sprenger, Reinhard K. (1999), Mythos Motivation. Wege aus einer Sackgasse, 16. Aufl., Frankfurt a. M./New York: Campus.

Stachura, Mateusz u. a. (Hrsg.) (2009), Der Sinn der Institutionen. Mehr-Ebenen- und Mehr-Seiten-Analyse, Wiesbaden: VS Verlag / GWV Fachverlage GmbH, Wiesbaden.

Staehle, Wolfgang H. (1994), Management. Eine verhaltenswissenschaftliche Perspektive, München: Vahlen.

Starbuck, William H. (1996), Unlearning ineffective or obsolete technologies. In: International Journal of Technology Management 11(7/8), S. 725–737.

Steger, Brigitte (2004), (Keine) Zeit zum Schlafen? kulturhistorische und sozialanthropologische Erkundungen japanischer Schlafgewohnheiten, Bd. 4 (4,2), 2., überarb. Aufl., Münster: Lit-Verl..

Steinmann, Horst/Schreyögg, Georg (2005), Management. Grundlagen der Unternehmensführung; Konzepte, Funktionen, Fallstudien, 6., vollst. überarb. Aufl., Wiesbaden: Gabler.

Stichweh, Rudolf (1997), Inklusion/Exklusion, funktionale Differenzierung und die Theorie der Weltgesellschaft. In: Soziale Systeme 3, S. 123–136.

Stock-Homburg, Ruth (2010), Lehrbuch Personalmanagement. Theorien – Konzepte – Instrumente, 2. Aufl., Wiesbaden: Gabler.

Stroebe, Rainer/Stroebe, Guntram (1977), Motivation, Heidelberg: Sauer Verlag.

Swedberg, Richard (2005), The Max Weber dictionary. Key words and central concepts, Stanford, Calif.: Stanford Social Sciences.

Tacke, Veronika (2001), Organisation und gesellschaftliche Differenzierung. Organisation und Gesellschaft, Wiesbaden: WDV.

Tajfel, Henri (Hrsg.) (1978), Differentiation between social groups. Studies in the social psychology of intergroup relations, London [u. a.]: Acad. Press.

Tannenbaum, Robert/Schmidt, Warren H. (1958), How to choose a leadership pattern. In: Harvard Business Review 36.

Täubig, Vicki (2009), Totale Institution Asyl, Weinheim, München: Juventa Verlag.

Taylor, Frederic W. (1911), The Principles of Scientific Management, New York: Harper Bros.

Thomsen, Eike-Hendrik (2006), Strategische Unternehmensführung, Sternenfels: Verlag Wissenschaft & Praxis.

Titz, Christopher (2008), Rostocker Privatuni – Schiffbruch an der Ostseeküste. Online: http://www.spiegel.de/unispiegel/studium/0,1518,573276,00.html [Stand: 17.05.2011].

Tosi, Henry L. u. a. (2000), How Much Does Performance Matter? A Meta-analysis of CEO Pay Studies. In: Journal of Management 26, S. 301–339.

Treutner, Erhard u. a. (1978), Rechtsstaat und situative Verwaltung. Zu einer sozialwissenschaftlichen Theorie administrativer Organisationen, Frankfurt a. M.: Campus Verl.

Türk, Klaus (1981), Personalführung und soziale Kontrolle, Stuttgart: Enke.

Türk, Klaus (1995), Die Organisation der Welt, Opladen: WDV.

Türk, Klaus (1997), Organisation als Institution der kapitalistischen Gesellschaftsformation. In: Ortmann, Günther/Sydow, Jörg/Türk, Klaus (Hrsg.), Theorien der Organisation. Die Rückkehr der Gesellschaft, Opladen: WDV, S. 315–354.

Türk, Klaus (1999), Organisation und moderne Gesellschaft. Einige theoretische Bausteine. In: Edeling, Thomas Et Al. (Hrsg.), Institutionenökonomie und Neuer Institutionalismus, Opladen: Leske + Budrich, S. 43–80.

Turner, John C. u. a. (1994), Self and Collective: Cognition and Social Context. In: Personality and Social Psychology Bulletin 20 (5), S. 454–463.

Vaughan, Diane (1999), The Dark Side of Organizations: Mistake, Misconduct and Disaster. In: Annual Review of Sociology 25, S. 271–305.

Verschoor, Curtis C. (2007), Siemens AG Is the Latest Fallen Ethics Idol. In: Strategic Finance 89(5), S. 11–16.

Vester, Heinz-Günter (2009), Kompendium der Soziologie 1. Grundbegriffe, Wiesbaden: VS Verlag.

Voß, Günter G. (1998), Die Entgrenzung von Arbeit und Arbeitskraft. Eine subjektorientierte Interpretation des Wandels der Arbeit. In: Mitteilungen aus der Arbeitsmarkt- und Berufsforschung 31(3), S. 473–487.

Vroom, Victor Harold/Yetton, Philip W. (1973), Leadership and decision-making, Pittsburgh: Univ. of Pittsburgh Press.

Walgenbach, Peter (2006), Neoinstitutionalistische Ansätze in der Organisationstheorie. In: Kieser, A./Ebers, M. (Hrsg.), Organisationstheorien, 6. Aufl., Stuttgart: Kohlhammer.

Walgenbach, Peter/Meyer, Renate (2008), Neoinstitutionalistische Organisationstheorie, Stuttgart: Kohlhammer.

Walgenbach, Peter/Kieser, Peter (2010), Organisation. 6., üb. Aufl., Stuttgart: Schäffer-Poeschel.

Walter-Busch, Emil (1996), Organisationstheorien von Weber bis Weick, Amsterdam: Fakultas.

Weber, Max (1904/88), Die Protestantische Ethik und der »Geist« des Kapitalismus. In: Weber, M. (Hrsg.), Gesammelte Aufsätze zur Religionssoziologie I, Tübingen: Mohr.

Weber, Marianne (1926/84), Max Weber. Ein Lebensbild, Tübingen: Siebeck/Mohr.

Weber, Max (1922/88), Gesammelte Aufsätze zur Wissenschaftslehre, Winckelmann, Johannes (Hrsg.), 7. Aufl., Tübingen: Mohr.

Weber, Max (1922/85), Wirtschaft und Gesellschaft. Grundriß der verstehenden Soziologie, Winkelmann, Johannes (Hrsg.), 5., rev. Aufl., Tübingen: Mohr.

Weick, Karl E. (1969/85), Der Prozeß des Organisierens, Frankfurt a. M.: Suhrkamp.

Weick, Karl E. (1995), Sensemaking in Organizations, Thousand Oaks: Sage.

Weitbrecht, Hansjörg (1999), Management, Kommunikation und Gerechtigkeit im organisatorischen Wandel. Anmerkungen zu einer aktuellen Diskussion. In: Berger, G./Hartmann, P. (Hrsg.), Soziologie in konstruktiver Absicht. Festschrift für Günter Endruweit, Hamburg: Knut Reim Verlag, S. 31–57.

Weitbrecht, Hansjörg (2002), Der Betriebsrat als Ressource bei der Einführung von Gruppenarbeit. In: Industrielle Beziehungen 9(1), S. 55–78.

Weitbrecht, Hansjörg (2007), Werte. Zur soziologischen Bestimmung von Wirtschaftsethik, Heidelberg: unveröffentl. Ms.

Weitbrecht, Hansjörg/Mehrwald, Sylvana (2001), Human Resource Management und Mitbestimmung: ein Gegensatz? In: Abel, J./Ittermann, P. (Hrsg.), Mitbestimmung an den Grenzen?, München/Mering: Rainer Hampp Verlag, S. 69–88.

Welzer, Harald (1997), Verweilen beim Grauen. Essays zum wissenschaftlichen Umgang mit dem Holocaust, Tübingen: Edition diskord.

Westerlund, Gunnar/Sjöstrand, Sven-Erik (1981), Organisationsmythen, Stuttgart: Klett-Cotta.

White, Harrison (1981), Where do Markets Come from? In: American Journal of Sociology 87, S. 517–547.

Wiese, Leopold von (1966), System der allgemeinen Soziologie als Lehre von den sozialen Prozessen und den sozialen Gebilden der Menschen (Beziehungslehre), 4., unveränd. Aufl, Berlin: Duncker & Humblot.

Wiesenthal, Helmut (1987), Rational Choice. Ein Überblick über Grundlinien, Theoriefelder und neuere Themenakquisition eines sozialwissenschaftlichen Paradigmas. In: Zeitschrift für Soziologie 16(6), S. 434–449.

Wiesenthal, Helmut (1990), Unsicherheit und Multiple-Self-Identität. Eine Spekulation über die Voraussetzungen strategischen Handelns, Discussion Paper 90/2, Köln: MPIFG.

Wiesenthal, Helmut (2005), Markt, Organisation und Gemeinschaft als ›zweitbeste‹ Verfahren sozialer Koordination. In: Jäger, Wieland/Schimank, Uwe (Hrsg.), Organisationsgesellschaft. Facetten und Perspektiven, Wiesbaden: VS Verlag, S. 223–264.

Williamson, Oliver E. (1990), Die ökonomischen Institutionen des Kapitalismus. Unternehmen, Märkte, Kooperationen, Tübingen: Mohr.

Wittenbecher, Iris (1999), Verstehen ohne zu verstehen. Soziologische Systemtheorie und Hermeneutik in vergleichender Differenz, Wiesbaden: Deutscher Universitäts-Verlag.

Wolf, Joachim (2003), Lehrbuch Organisation, Management, Unternehmensführung. Theorien und Kritik, Wiesbaden: Gabler.

Wolf, Sebastian (2009), Die Siemens-Korruptionsaffäre – ein Überblick. In: Graeff, Peter/Schröder, Karenina/Wolf, Sebastian (Hrsg.), Der Korruptionsfall Siemens. Analysen und praxisnahe Folgerungen des wissenschaftlichen Arbeitskreises von Transparency International Deutschland, Baden-Baden: Nomos.

Yukl, Gary A./Lepsinger, Richard (2004), Flexible leadership. Creating value by balancing multiple challenges and choices, San Francisco: Jossey-Bass.

Zald, Mayer N. (1996), More Fragmentation? Unfinished Business in Linking the Social Sciences and the Humanities. In: Administrative Science Quarterly 41(June), S. 251–261.

Zu Knyphausen, Dodo (1988), Unternehmungen als evolutionsfähige Systeme. Überlegungen zu einem evolutionären Konzept für die Organisationstheorie, Promotion, München: LMU.

Zucker, L. (1977), The role of institutionalization in cultural persistance. In: American Sociological Review 69, S. 345–364.

Zucker, Lynne (1987), Institutional theories of organizations. In: Annual Review of Sociology 13, S. 443–464.

Zucker, Lynne (1991), The role of institutionalization in cultural persistence. In: Powell, W. W./Dimaggio, P. J. (Hrsg.), The New Institutionalism in Organizational Analysis, Chicago.

Zugehör, Rainer (2003), Kapitalmarktorientierung und Mitbestimmung: Veba und Siemens. In: Streeck, Wolfgang/Höppner, Martin (Hrsg.), Alle Macht dem Markt? Fallstudien zur Abwicklung der Deutschland AG. Schriften des Max-Planck-Instituts für Gesellschaftsforschung, Bd. 47, Frankfurt a. M.: Campus.

10 Schlagwortverzeichnis